존 비비어의

은사

존 비비어의
은사

지은이 | 존 비비어
옮긴이 | 정성묵
초판 1쇄 발행 | 2022. 2. 23
등록번호 | 제1988-000080호
등록된 곳 | 서울특별시 용산구 서빙고로65길 38
발행처 | 사단법인 두란노서원
영업부 | 2078-3333 FAX | 080-749-3705
출판부 | 2078-3332

책값은 뒤표지에 있습니다.
ISBN 978-89-531-4139-1 03230

독자의 의견을 기다립니다.
tpress@duranno.com www.duranno.com

두란노서원은 바울 사도가 3차 전도 여행 때 에베소에서 성령 받은 제자들을 따로 세워 하나님의 말씀으로 양육
하던 장소입니다. 사도행전 19장 8−20절의 정신에 따라 첫째 목회자를 돕는 사역과 평신도를 훈련시키는 사역,
둘째 세계선교™와 문서선교단행본·잡지 사역, 셋째 예수문화 및 경배와 찬양 사역, 그리고 가정·상담 사역 등을 감
당하고 있습니다. 1980년 12월 22일에 창립된 두란노서원은 주님 오실 때까지 이 사역들을 계속할 것입니다.

존 비비어의

은사

존 비비어 지음

정성묵 옮김

두란노

이 책은 단순히 삶의 목적을 발견하는 것에 관한 책이 아니다. 은사를 발견하여 하나님께 영광을 돌리는 삶을 살고 남들에게 투자하기 위한 최고의 매뉴얼이다. 세상에 선한 영향을 미치고 싶다면 이 책을 두고두고 읽기 바란다.

크레이그 그로쉘_ 라이프처치(Life.Church) 목사

잠재력을 이루려면 자라야 한다. 그리고 자라려면 고도의 집중력과 적극성을 발휘해야 한다. 이 책의 저자가 당신의 성장을 가속화하고, 잠재력을 이루게 도와줄 것이다.

존 맥스웰_《리더십의 법칙 2.0》 저자

당신의 잠재력은 발견되지 않는다. 개발해야만 한다. 당신이 현실 안주에서 벗어나 과감히 운명을 향해 나아갈 수 있도록 저자가 시동을 걸어 줄 것이다!

마크 배터슨_ 내셔널커뮤니티교회(National Community Church) 담임목사

자리에서 일어나 하나님이 주신 잠재력을 향해 나아갈 준비가 된 행동가들을 위한 책이다. 쉬운 여행은 아니지만 이 책만 있으면 거뜬히 해낼 수 있다.

스티븐 퍼틱_ 엘리베이션교회(Elevation Church) 목사

존 비비어가 다시 해냈다! 기독교 고전이 될 만한 위대한 책이 탄생했다. 단, 이번에는 독자가 주인공이다. 이 책은 수많은 사람이 찾고 있는 것, 즉 인생의 목적을 찾게 도와준다. 잠재력에 관해서 말하는 책은 많지만 자신이 창조된 목적을 발견할 뿐 아니라 그 방향으로 가기 위해 오늘 해야 할 일을 실제로 하도록 차근차근 이끌어 줄 수 있는 책은 보기 드물다. 저자는 이 분야의 탁월한 선생이다. 이 책은 모든 교회의 제자 훈련팀과 자신이 배가하도록 창조되었다는 것을 아는 모든 신자들에게 꼭 필요한 자료다.

젠센 프랭클린_ 프리채플(Free Chapel) 담임목사

나는 우리가 각자의 특별한 목적뿐 아니라 하나님 나라의 건설이라는 공동의 목적을 가지고 창조되었다고 굳게 믿는다. 이 책은 당신만의 특별한 은사를 발견하고 하나님 나라의 건설을 위해 그 은사를 배가하도록 도와줄 것이다.

크리스틴 케인_ A21과 프로펠 위민(Propel Women) 창립자

너무 마음에 드는 책이다! 저자이자 친구인 존 비비어가 수많은 신자들을 깨워 하나님이 주신 잠재력을 발휘하게 만들 만한 책을 썼다. 생각만 해도 말로 표현할 수 없을 만큼 흥분된다. 저자는 자신이 타고난 능력의 수준을 넘어 은혜의 영역으로 들어간 경험을 풀어놓는다. 하나님이 그를 통해 어떻게 역사하셨는지를 읽다 보면 놀라운 일이 벌어질 것이다. 저자는 안전지대에서 나와서 성장의 영역으로 들어가라고 촉구한다. 그 영역으로 들어가면 배가를 통해 하나님의 뜻이 이 땅에서 이루어지는 역사를 보게 된다. 이 책에 담긴 통찰과 영감은 책 한 권 크기의 금과 같은 가치가 있다. 이 책이 우리 모두가 갈망하는 변화를 이끌어 낼 것이라고 믿어 의심치 않는다. 하나님이 주신 잠재력을 충성스럽게 관리하여 마지막 날에 그분 앞에 서서 "잘하였도다, 착하고 충성된 종아"라는 칭찬을 듣자.

빌 존슨_ 베델교회(Bethel Church) 담임목사

하나님이 당신 안에 두신 것은 두려움에 빠져 묻어 두고 숨겨 두기에는 너무도 귀하다. 저자는 잠재력을 발견하고 실현하도록 도와준 촉매였다. 이 책이 당신에게도 똑같은 촉매가 되어 줄 것이라 믿는다.

리사 비비어_ 메신저 인터내셔널(Messenger International) 공동 창립자

※ 일러두기

이 책에 실린 성경 말씀은 《성경전서 개역개정판》(대한성서공회)을 기본으로 사용했다. 《메시지》(복있는사람)를 사용할 경우에는 성구마다 "메시지성경"이라고 별도 표기했다. AMP(AMPC: The Amplified Bible, Classic Edition), KJV(King James Version), NIV(New International Version), NLT(New Living Translation), NKJV(New King James Version), TPT(The Passion Translation), TEV(Today's English Version), TLB(The Living Bible) 역본을 사용할 경우 이 책의 옮긴이가 직접 번역하고 별도 표기했다.

우리가 한 몸에 많은 지체를 가졌으나

모든 지체가 같은 기능을 가진 것이 아니니

이와 같이 우리 많은 사람이

그리스도 안에서 한 몸이 되어

서로 지체가 되었느니라

우리에게 주신 은혜대로 받은 은사가 각각 다르니

(롬 12:3-6).

/ CONTENTS /

내 안에 품은
하나님의 크기만큼
은사가 자라다

은사를 사용해
하나님 나라를 이루는
영광을 맛보다

가진 것으로
하나님 나라를
이루다

여호와를 경외하는 것이 지혜의 근본이요 … 나 지혜로 말미암아 네
날이 많아질 것이요 네 생명의 해가 네게 더하리라 네가 만일 지혜로
우면 그 지혜가 네게 유익할 것이나(잠 9:10-12).

2012년이었다. 나는 로스앤젤레스의 한 교회의 주일예배에서 메시지를 전하기로 되어 있었다. 토요일 늦은 오후에 비행기를 타고 날아가서 토요일 저녁과 주일 아침 사역을 하고, 주일 오후에 집으로 돌아오는 것이 평소 나의 패턴이었다. 그런데 이번에는 특별한 일이 있었다.

사역을 지원해 주는 파트너 중 한 명(여기서는 스탠(Stan)이라고 부르자)이 내가 LA 지역에 올 계획이라는 소식을 접하고서 전화를 걸어 유명한 리베라 컨트리클럽(Riviera Country Club)에서 골프를 치지 않겠냐고 물었다. 나는 "네, 물론이죠! 좋습니다!"라고 대답했다. 그곳에서 골프를 치는 것이 버킷리스트 중 하나였기 때문이다.

배경 설명을 좀 하자면, 나는 35년간 전 세계를 돌며 사역했는데 하나님의 말씀을 전할 때면 나도 모르게 청중에게 골프를 향한 나의 사랑을 내비치곤 한다. 덕분에 귀한 분들의 섬김으로 세상에서 가장 근사한 골프 코스들에서 골프를 즐기는 뜻밖의 호사를 누리곤 했다.

특히 이번 경우는 '매우 특별한' 초대였다. 리베라 컨트리클럽은 오직 회원들만 들어갈 수 있는 최고급 클럽이었다. 매년 이 클럽은 제네시스 인비테이셔널(Genesis Invitational, 이전의 로스앤젤레스 오픈)이라는 PGA 골프 행사를 개최한다. 뿐만 아니라 몇몇 US 오픈, PGA 챔피언십, US 아마추어 같은 유명한 대회를 비롯한 메이저 대회도 개최한다.

스탠은 토요일 이른 아침 드림 라운드를 위해 나를 픽업하러 왔다. 나의 절친인 아론 베들리(Aaron Baddeley)가 그 이전 해에 로스앤젤레스 오픈에서 우승한 곳이라 감회가 더 새로웠다. 2011년 우승 당시 그가 보여 준 현란한 샷들을 재현해 보이는 기분 좋은 상상을 했다.

긴장한 탓에 첫 번째 4개의 홀은 3오버파로 시작했다. 하지만 결국 2언더파로 라운드를 마쳤다. 스탠과 나는 기분 좋은 시간을 보냈다. 정말 기억에 남을 만한 시간이었다.

골프를 마치고 로스앤젤레스 도심으로 돌아오는 차 안에서 스탠은 고민을 털어놓았다. "목사님, 요즘 고민이 하나 있는데 좀 들어주실래요?" 그는 더없이 진솔한 태도로 질문했다. "목사님, 지난 수십 년간 저는 회사를 키우기 위해 밤낮없이 부지런히 일했습니다. 덕분에 이제 저희 회사의 순 자산 가치는 9백만 달러에 달합니다. 현재 고객들과의 사업이 모든 면에서 순조롭게 풀리고 있습니다. 열심히 달려온 덕분에 온 가족이 평생 먹고 살 수 있는 돈을 벌어 놓았습니다."

드디어 그가 묻고 싶은 질문이 나왔다. "그런데 나이가 50세가 다 되어 가는 지금도 똑같은 속도로 일할 필요가 있을까요? 회사 가치를 3천 5백만 달러(약 350억원)로 키워 보겠다고 또 다시 십 년간 힘들게 일할 필요가 있을까요?"

그 즉시 성령은 내게 답을 주셨다. "자, 제가 선생님께 이렇게 말한다면 어떠하시겠어요? '저는 17권의 책을 쓰느라 밤낮없이 부지런히 일했습니다. 덕분에 그 책들은 8개 이상의 언어로 번역되어 수백만 부가 팔렸습니다. 지난 25년간 저는 비행기로 수천만 킬로미터를 이동하면서 시차와 싸웠습니다. 다양한 문화와 새로운 음식을 경험하고 작은 호텔 방에서 쪽잠을 잤습니다. 덕분에 전 세계에 복음을 전할 수 있었습니다. 이제 사역이 잘 돌아가고 재정은 안정적입니다. 저희 가족도 먹고 살 걱정이 없습니다. 이런 마당에 제가 계속해서 똑같은 속도로 사역해야 할까요?"

그러자 그는 껄껄 웃으며 대답했다. "저라면 언젠가 예수님 앞에 설 때 그렇게 말하고 싶지 않네요."

나는 이렇게 말했다. "선생님은 선생님의 사업에 관해서 방금 바로 그런 말을 했습니다!"

그 즉시 그의 얼굴에서 웃음기가 사라졌다. 그는 고속도로를 바라보던 눈을 내 쪽으로 향했다. 얼굴에는 충격의 빛이 가득했다. 그는 믿을 수 없다는 표정으로 물었다. "어째서 그렇죠?"

"하나님은 그분의 모든 자녀에게 은사를 주셨습니다. 그 은사는 하나님 나라를 건설하라고 주신 것이지요. 그래서 우리는 청지기입니다. 그런데 매순간 우리는 이런 은사를 세 가지 방식 중 하나로 사용할 수 있답니다. 첫째, 하나님 나라를 세우는 데 사용할 수 있습니다. 둘째, 자신을 세우는 데 사용할 수도 있지요. 셋째, 모든 은사를 그냥 사용하지 않고 방치할 수도 있어요."

그의 눈이 커졌고, 나는 계속해서 말을 이어갔다. "저의 확실한 은사 중 하나는 저술과 강연입니다. 선생님의 은사는 사업, 그리고 나눔과 관련이 있고요. 선생님은 방금 전에 제 말에 웃으셨죠? 하지만 선생님의 말도 결국 똑같습니다. 선생님의 은사는 하나님 나라를 건설하는 데 제 은사 못지않게 중요합니다. 아니, 선생님의 은사가 더 중요하다고도 말할 수 있어요. 그런데 선생님은 은사의 중요성을 제대로 이해하지 못하고 있습니다."

우리는 계속해서 이 주제로 대화를 이어갔다. 대화 중에 스탠의 생각과 태도가 급속도로 변하는 모습을 보니 뿌듯하기 짝이 없었다. 6개월이 지난 후 그의 상황이 어떤지 보려고 연락을 취했다. 그때 나눈 대화도 평생 잊을 수 없다.

"안녕하세요? 잘 지내시죠?" 그의 대답은 뜻밖이었다. "솔직히 말씀드릴까요?"

"네, 물론이죠."

"6개월 전에 목사님이 해 주신 말씀이 매일같이 제게 선한 충격을 주고 있습니다."

"그래서 어떻게 하고 계신가요?" 그는 잠시 웃더니 곧바로 대답했다. "하나님 나라를 건설하기 위해 회사를 3천 5백만 달러까지 키워 볼 작정입니다. 그래서 발에 불이 나도록 뛰어다니고 있죠."

"아주 잘되었네요!"

그는 자신이 하나님 나라를 넓히는 일에서 구경꾼이 아니라 중요한 참가자라는 사실을 깨달았다. 자신의 독특한 능력이 일시적인 일에서만이 아니라 영원한 일에서도 귀하다는 사실을 많은 이들은 놓치고 있지만 그는 깨달았다. 이제 그는 자신의 은사가 단순히 자신과 가정을 위한 것만이 아님을 온전히 이해하고 있다. 그가 진솔하고 겸손한 사람이라서 얼마나 감사한지 모른다. 덕분에 그는 마음을 열어 삶을 송두리째 바꿔 놓을 진리를 받아들일 수 있었다. 그리고 이제 그의 증언 덕분에 그의 삶만이 아니라 수많은 인생이 변할 것이다.

스탠의 깨달음은 스스로 잠재력을 배가할 동기가 되었을 뿐 아니라 이책의 요지를 잘 보여 주는 좋은 사례가 되었다. 전 세계를 다니면서 수많은 신자와 대화를 나눠 보았는데 대부분이 스탠의 생각과 비슷했다. 이는 실로 충격적인 현실이다. 아무리 적게 잡아도 그런 사람이 다수인 것은 분명하다. 하지만 많은 사람이 스탠만큼 솔직하게 문제를 인정하지는 않지만 나와의 대화 중에 문제를 발견한다.

만약 당신도 자신의 목적을 다시 돌아보게 된다면 이 책을 쓴 보람이 있으리라. 나아가, 당신의 패러다임이 바뀌기를 간절히 소망한다. 스탠처럼 자신에게 솔직해지길 바란다. 그렇게 하면 은사의 중요성을 이해하는 데 도움이 될 것이다. 겸손한 자세를 취하면 하나님 나라를 건설하기 위해 재능을 배가하는 일이 얼마나 중요한지를 깨닫게 될 것이다. 당신은 나처럼 목사로 부름을 받지 않았을지 모른다. 하지만 당신의 소명은 빌리 그레이엄(Billy Graham) 같은 유명한 목사의 소명만큼이나 중요하다.

당신의 특별한 소명을 위해 은사를 발견하고 개발하며, 무엇보다도 배가시킬 방법을 살펴보도록 하자. 이 책에서 소개하는 하나님의 말씀과 이야기들이 당신의 믿음을 키워 훨씬 더 큰 열매를 맺도록 도와줄 것이다. 나 역시 이러한 경험을 하며 산다.

선한 일을 위해
창조된 존재

매우 익숙한 성경 구절을 분석하면서 시작해 보자.

> 너희는 그 은혜에 의하여 믿음으로 말미암아 구원을 받았으니 이것은
> 너희에게서 난 것이 아니요 하나님의 선물이라 행위에서 난 것이 아니니
> 이는 누구든지 자랑하지 못하게 함이라(엡 2:8-9).

이 구절의 초점은 '하나님의 은혜'이다. 우리가 은혜로 구원을 받고 이은혜는 하나님의 선물인 것은 더없이 분명하다. 현시대의 교회는 이 진리를 더없이 분명히 전한다. 우리가 아무리 노력하고 순결하게 살고 희생해도 전능하신 창조주 하나님과 영원히 함께 살 권리를 얻을 수는 없다. 이 익숙한 성경 구절은 이 중요한 진리를 전하기 위한 근거(주된 근거는 아니더라도)로 사용되는 구절 중 하나이다. 하지만 이 다음 구절은 자주 무시된다.

> 우리는 그가 만드신 바라 그리스도 예수 안에서 선한 일을 위하여
> 지으심을 받은 자니 이 일은 하나님이 전에 예비하사 우리로 그 가운데서
> 행하게 하려 하심이니라(엡 2:10).

원문에서는 이 구절의 가장 앞에 "왜냐하면"(for)이 놓인다. 이것은 두 진술을 하나로 연결해 주는 '접속사'이다. 다시 말해, 8절과 9절만으로는 불충분하다. 10절을 빼고서 8절과 9절만 인용해서는 곤란하다. 두 진술을 합치지 않으면 이 부분에서 전달하려는 진리 전체를 얻을 수 없다.

10절은 우리가 목적을 위해 창조된 하나님의 작품이라고 말한다. 그 목적은 선한 일을 하는 것이다. 따라서 이 구절들을 통해 바울은 사실상 다음과 같이 말하고 있다.

> 우리는 '먼저 누군가(하나님의 자녀)가 되기 위해' 은혜로 구원을 받았고, 같은
> 은혜로 '뭔가를 할' 힘을 얻는다.

어느 한 진리만 지나치게 강조해서는 안 된다. 하지만 예수 그리스도 안에서 우리가 누구인지, 무엇을 하는지가 더없이 중요하다는 진리는 아무리 강조해도 지나치지 않다. 왜냐하면 우리가 하는 모든 일이 정체성에서 흘러나오기 때문이다.

그런데 자칫 '뭔가를 하는 것'의 측면을 소홀히 하기 쉽다. 그리스도 안에서의 정체성만 얻으면 하나님 나라의 건설을 위해 일할 책임은 사라지는 것처럼 착각하기 쉽다. 하지만 일은 우리에게 힘을 준다. 예수님은 이렇게 말씀하신다. "나의 양식은 나를 보내신 이의 뜻을 행하며 그의 일을 온전히 이루는 이것이니라"(요 4:34). 그리고 이런 말씀도 하신다. "아버지께서 나를 보내신 것 같이 나도 너희를 보내노라"(요 20:21).

이 두 진술을 합치면 여기서 양식은 우리를 보내신 예수님의 뜻을 행하고 완수하는 것이다. 음식은 우리를 강하게 만든다. 음식을 먹지 않으면 연약해져서 쓸모가 없어진다.

이제 이 사실을 우리의 영적 삶에 적용해 보자. 예수님의 뜻을 행하지 않으면 우리는 약해진다. 유혹에 취약해진다. 나는 40년 동안 예수님과 동행하면서 사람들이 믿음에서 연약해지는 주된 원인 중 하나가 '행함'의 부족이라는 사실을 발견했다. 자신의 소명을 감당하는 일에 게을러지다 보면 자신도 모르는 사이에 술 취함과 부도덕에 빠져든다. 혹은 세상적인 이익에 눈이 멀어 세상적인 삶의 방식으로 살게 된다. 영적 힘을 잃는다. 요지는 다음과 같다.

우리가 하는 일은 우리를 강하게 만든다.

이 구절의 진리를 다시 정리해 보자. 우리는 거저 받은 은혜의 선물로 하나님의 자녀가 되었고, 그 은혜는 우리에게 뭔가를 행할 힘을 준다. 성경은 하나님이 사람의 일을 미리 계획하셨다고 선포한다. 예를 들어 다윗은 다음과 같이 썼다.

> 내 형질이 이루어지기 전에 주의 눈이 보셨으며 나를 위하여 정한 날이
>
> 하루도 되기 전에 주의 책에 다 기록이 되었나이다(시 139:16).

하나님은 당신이 태어나기도 전에 당신을 위한 일을 설계하셨다. 사실, 하나님은 이런 일을 책에 기록하셨다! 이 책이 얼마나 클지는 상상조차 할 수 없다. 이 책에는 삶의 모든 순간이 기록되어 있다. 하나님이 우리를 위해 계획하신 임무는 그분의 나라를 건설하기 위한 것이다. 우리가 삶을 위한 하나님의 계획을 이루는 것이 그분의 간절한 소망이다. 하지만 이는 보장된 일이 아니다. 에베소서 2장 10절의 "하려"라는 동사에 주목하라. 이 구절은 "우리가 그 가운데서 행할 것이다"라고 말하지 않는다. 이 구절은 "우리로 그 가운데서 행하게 하려"라고 말한다. 이는 우리의 자유의지가 작용함을 함축한다. 하나님은 우리의 일을 미리 계획하셨지만 그 계획대로 행할지는 우리에게 달려 있다.

나는 우리가 심판대(여기서 우리는 크리스천으로서의 일을 열심히 한 것에 대해 상을 받거나 소홀히 한 데 대해 상실을 겪을 것이다)에서 예수님 앞에 설 때 그분이 이 책을 펴서 "네가 내 아버지와 내가 너를 위해 처음 정한 계획대로 살았는지 한번 보자"라고 말하실 것이라고 굳게 확신한다(심판에 관해서 성경의 두 곳에서는 "책들이 펴졌다"라고 쓰여 있다. 다니엘서 7장 10절과 요한계시록 20장 12절 참조). 나는 이

책들이 우리가 태어나기 전에 하나님이 우리의 삶에 관해서 쓰신 책이라고 믿는다. 우리는 무엇으로 부름을 받았는지가 아니라 그 소명을 잘 감당했느냐에 따라 심판을 받을 것이다. 생각할수록 정신이 번쩍 든다. 혹시 좀 두려운 마음이 드는가? 그럴 필요가 없다!

당신이 주목해야 할 세 가지 사실이 있다. 첫째, 하나님은 당신이 받은 소명을 이루는 것을 간절히 원하신다. 그래서 하나님은 당신에게 계획을 숨기지 않으신다. 하나님은 당신이 소명을 깨닫기를 누구보다 원하신다! 둘째, 소명을 이루는 과정은 한 차례의 사건이 아니라 말 그대로, 여정이다. 그러니 조바심을 버리라. 셋째, 이 책에서 당신은 성경과 실례에서 소명을 발견하고 개발하기 위한 통찰을 얻게 될 것이다.

이해를 돕기 위해 이렇게 생각해 보라. 내가 도시 계획가이며 도심 근처에 아름다운 주상복합건물을 지을 계획이라고 해 보자. 도시 계획가로서 나는 실력 있는 개발업자와 건축가들을 모아 마스터플랜을 짠다. 이 건물에 놀이 공간, 스포츠 공간, 분수, 앉을 곳, 산책로를 만들기로 한다. 건물 위쪽은 아파트이며, 아래쪽은 식당과 영화관과 매장을 배치할 것이다. 설계가 끝난 다음에는 마스터플랜의 여러 부분을 완성할 업자들을 정한다. 여러 업자들과 계약을 맺고 마감일을 정한다. 이제 공사가 시작된다.

모든 업자가 내가 요구한 대로 정확히 한다면 공사는 물샐 틈 없이 원활하게 진행될 것이다. 하지만 일부 업자들이 이 건설 프로젝트를 우선시하지 않는다면? 이 일을 수주해 놓고서 다른 일에 시간과 노력을 집중시킨다면? 낚시나 골프나 스포츠 경기 관람을 하느라 이 일을 소홀히 한다면? 게을러서 일을 야무지게 처리하지 못한다면? 이런 업자들을 계속 믿다가는 공사를 제때 마치지 못할 것이다. 아니, 아예 공사를 포기해야 할지도 모른다.

자신이 가진 시간과 재능으로 무엇을 할지를 선택하는 일은 업자들의 몫이다. 하지만 나는 도시 계획가로서 공사가 크게 지연되거나 무산되도록 방치할 수 없다. 따라서 나로서는 다른 업자들과 다시 계약을 맺을 수밖에 없다.

그 결과는 무엇인가? 기존 업자들은 아름다운 건물을 짓는 일에 기여한 공로로 상을 받지 못한다. 그들은 자녀와 손자와 친구들에게 도심의 아름다운 랜드마크를 자신의 손으로 지었다고 자랑할 수 없다. 그들의 자녀들은 남들에게 부모가 그 건물을 짓는 일에 참여했다고 자랑스럽게 말할 수 없다. 그들도 그 일에 참여한 상을 누리지 못한다.

성경의 곳곳에서 이와 같은 원칙의 실례를 볼 수 있다. 하나님은 하나님 나라의 건설을 위한 마스터플랜을 가지고 계신다. 그런데 역사를 보면 하나님은 그분의 뜻을 실행하지 못한 사람들과 협력하셔야 했다. 그래서 기존의 계획을 자주 변경하셔야만 했다(이것은 순전히 인간의 시각에서 하는 말이다. 하나님은 처음부터 끝까지 모든 것을 알고 계시기 때문이다. 하나님은 시간에 얽매이시지 않으신다). 물론 계획 '변경'은 그분께 전혀 뜻밖의 일이 아니다. 그분은 일꾼들이 어떤 선택을 할지 미리 알고 계셨다. 그래서 그들을 대체할 인력을 이미 준비해 놓으셨다.

성경의 많은 사례 중에서 몇 가지를 소개한다. 아브라함의 아버지 데라에게서 이 원칙을 볼 수 있다(최근 우리 집 막내 아든(Arden) 덕분에 이 사실을 볼 수 있었다). 대부분의 사람들은 아브라함이 갈대아인의 우르라는 곳에서 태어나서 자라다가 하나님께 가나안 땅으로 가라는 부름을 받았다는 사실을 알고 있다. 하지만 그의 아버지 데라의 이야기를 잘 살펴보면 사람들이 모르는 사실 하나를 발견할 수 있다. 그것은 원래 이 일로 부름을 받은 사람은 데라였다는 사실이다. 성경을 보자.

> 데라가 그 아들 아브람과 하란의 아들인 그의 손자 롯과 그의 며느리
>
> 아브람의 아내 사래를 데리고 갈대아인의 우르를 떠나 가나안 땅으로
>
> 가고자 하더니 하란에 이르러 거기 거류하였으며 데라는 나이가 이백오
>
> 세가 되어 하란에서 죽었더라(창 11:31-32)

여기서 두 가지를 생각해 볼 수 있다. 첫째, 왜 한 사람이 아무런 이유도 없이 온 가족을 데리고 고향(우르)을 나와 수많은 곳 중에서 특별히 가나안 땅을 향해 천 킬로미터에 달하는 여행을 시작했을까? 낙타 여행은 느리고 고된 일이다. 여자들과 아이들까지 함께라면 그 여행은 최소한 몇 달은 걸릴 것이다. 데라가 인터넷 검색을 통해 가나안이 살기 완벽한 땅이라는 정보를 얻었을 리는 없다. 이 머나먼 여행에는 뭔가 특별한 이유가 있어야만 한다.

둘째, 데라가 가나안으로 향했다면 왜 하필 하란에 정착했을까? 왜 목적지까지 여행을 완수하지 않았을까? 어떤 유혹을 받았을까? 다른 목표나 여행길의 고초나 여행에 질린 가족의 반대 등으로 인해 여행을 멈추었을까? 하란에서 더 좋은 기회를 보았을까? 단순히 하나님의 말씀 한마디 때문에 그 엄청난 기회를 놓친 것일까?

이 모든 상황을 고려하면 데라가 '열국의 아비'를 위한 하나님의 첫 번째 선택이지 않았을까? 아브라함에게 붙은 '믿음의 조상'이라는 칭호가 원

래는 데라의 것이지 않았을까?(롬 4:16-17 참조)

데라는 멀리까지 가지 않고 하란에 정착하기로 결정했다. 만약 그가 여행을 계속했다면 지금 우리는 그의 모험과 그가 하나님과 맺은 언약에 관한 이야기를 읽고 있을 것이 분명하다. 이스라엘 백성은 그를 자신들의 조상으로 여기고 예수님은 '아브라함의 자손'(갈 3:16 참조)이 아닌 '데라의 자손'으로 불리셨을 것이 분명하다.

하나님의 마스터플랜이 바뀐 또 다른 사례는 사사이자 대제사장이었던 엘리의 이야기를 통해서 볼 수 있다. 엘리와 그의 후손들은 백성을 위해 하나님께 나아가는 제사장으로 임명되었다. 하지만 하나님이 엘리에게 보내신 선지자는 다음과 같이 선포했다.

> 이스라엘의 하나님 나 여호와가 말하노라 내가 전에 네 집과 네 조상의 집이 내 앞에 영원히 행하리라 하였으나 이제 나 여호와가 말하노니 결단코 그렇게 하지 아니하리라 나를 존중히 여기는 자를 내가 존중히 여기고 나를 멸시하는 자를 내가 경멸하리라 보라 내가 네 팔과 네 조상의 집 팔을 끊어 네 집에 노인이 하나도 없게 하는 날이 이를지라(삼상 2:30-31).

엘리의 불순종은 자신만이 아니라 후손들에게 영향을 미쳤다. 그가 하나님 앞에서 올바로 살았다면 제사장직은 그의 가문 대대로 이어졌을 것이다.

또 다른 사례는 이스라엘의 왕들이다. 그중 첫 번째 사례는 다윗의 아들 솔로몬이다. 하나님은 솔로몬에게 이렇게 말씀하셨다.

네가 내 언약과 내가 네게 명령한 법도를 지키지 아니하였으니 내가

반드시 이 나라를 네게서 빼앗아 네 신하에게 주리라(왕상 11:11).

솔로몬이 계속해서 참된 길을 걸어갔더라면 그의 아들 르호보암에 이르러 왕국이 갈라지는 비극은 없었을 것이다. 결국 왕국의 대부분은 여로보암에게 넘어갔다. 하지만 나중에는 여로보암도 하나님께 충성을 다하지 못했다. 결국 하나님은 그에게 이렇게 말씀하셨다.

내가 너를 백성 중에서 들어 내 백성 이스라엘의 주권자가 되게 하고

나라를 다윗의 집에서 찢어내어 네게 주었거늘 너는 내 종 다윗이 내

명령을 지켜 전심으로 나를 따르며 나 보기에 정직한 일만 행하였음과

같지 아니하고 … 나를 네 등 뒤에 버렸도다 그러므로 내가 여로보암의

집에 재앙을 내려(왕상 14:7-10).

여로보암이 자신의 지위와 재능을 남용하여 하나님 나라 대신 자신의 이익을 추구하지 않았더라면 그의 왕조는 길이 이어졌을 것이다. 이스라엘의 바아사 왕을 비롯해서 옥쇄를 맡은 많은 왕들에게도 같은 메시지가 선포되었다(왕상 16:1-7).

요지는 이것이다. 우리가 하나님의 부르심에 순종하고 충성을 다하지 않은 결과는 자신만이 아니라 우리의 후손에게까지 악영향을 미친다. 그리고 데라만이 아니라 수많은 사람이 이런 실수를 저질렀다.

선지자들에게서도 비슷한 상황을 볼 수 있다. 엘리사는 엘리야를 섬겨 결국 스승보다 2배나 큰 능력을 얻었다. 하지만 수년 뒤 그가 선지자의 직

분을 수행하는 내내 곁을 지켰던 종 게하시는 중요한 것에서 눈을 떼어 엉뚱한 것을 바라보았다. 그로 인해 그는 나병환자가 되었고 그가 원래 받았던 종의 소명은 다른 사람에게로 넘어갔다(왕하 5:20-27). 이름은 알려지지 않은 새로운 종이 그를 대신해 엘리사를 돕게 되었다.

신약에서는 가룟 유다가 이와 같은 상황을 겪는다. 그는 자신이 맡은 소명과 재능을 잘못 사용한 탓에 다른 일꾼으로 교체되는 수모를 당했다. 베드로는 다락방에서 제자들에게 이렇게 말했다.

> 시편에 기록하였으되 … 그의 직분을 타인이 취하게 하소서 하였도다
> (행 1:20).

이 얼마나 슬프고 비극적인가! 자신이 받은 소명이나 은사를 가치 있게 사용하지 않아 후회할 사람이 너무도 많다는 사실을 생각하면 식은땀이 흐른다.

긍정적인 측면으로 돌아가 보자. 당신은 분명한 목적을 위해 태어났다. 당신은 영원한 것을 짓기 위해 존재한다. 삶의 목적은 한낱 인간이 아닌 하나님이 결정하신 일이다.

많은 열매는
자신에게 달려 있다

놀랄 만한 사실을 소개한다. "우리가 얼마나 많은 열매를 맺을지는 하나님이 아닌 우리에게 달려 있다." 당신 삶의 모든 성취가 전적으로 '하나

26

님의 주권'에 달려 있다고 생각했다면 이 말이 불경하게 들릴지 모른다. 하지만 분명히 말하건대 이 말은 전혀 불경한 것도 아니고 하나님의 주권을 부정하는 것도 아니다. 이 말은 하나님이 우리를 믿으시며 그분의 아들딸에게 주신 자유 의지를 잘 사용하기를 바라신다는 뜻이다.

이번 장의 포문을 열었던 성경 구절을 다시 보자.

나 지혜로 말미암아 네 날이 많아질 것이요 네 생명의 해가 네게 더하리라 네가 만일 지혜로우면 그 지혜가 네게 유익할 것이나(잠 9:11-12).

이 진리는 실로 강력하며 정말 큰 힘이 된다! "네 날이 많아질 것이요"라는 부분은 무슨 뜻일까? 수명이 길어진다는 뜻이 아니다. 수명 연장에 관해서는 "네 생명의 해가 네게 더하리라"에서 다루고 있다. '네 날이 많아질 것이라'는 말씀은 매일의 효율성이 커진다는 뜻이 분명하다. 다시 말해, 우리는 하나님의 지혜가 없는 사람보다 하루에 더 많은 것을 이룰 수 있다.

필시 이런 말씀을 들어봤을 것이다.

철 연장이 무디어졌는데도 날을 갈지 아니하면 힘이 더 드느니라 오직 지혜는 성공하기에 유익하니라(전 10:10).

여기서의 초점은 지혜이다. 무딘 연장(지혜의 부족)으로는 효과적으로 혹은 생산적으로 작업할 수 없다. 반대로, 도끼를 날카롭게 갈면(지혜롭게 살면) 훨씬 더 많은 나무를 벨 수 있다. 같은 힘과 노력으로 훨씬 큰 결과를 얻을 수 있다.

하나님의 지혜는 이토록 중요하다. 나는 이와 관련해 내 친구에 관한 이야기를 나눌 것이다. 그는 수십 년간 생산적이지 못한 신자로 살다가 마침내 자신의 무기력한 상태에 환멸을 느끼게 되었다. 그때 그가 처음으로 한 일은 6개월 동안 성경에 파묻힐 정도로 읽은 것이다. 그렇게 성경에서 지혜를 얻은 덕분에 그는 훨씬 더 큰 열매를 맺을 수 있었다. 그의 인생 이야기를 들으면 놀라움을 금치 못할 것이다.

내 친구만 그런 것이 아니다.

지혜가 제일이니 지혜를 얻으라(잠 4:7).

나는 이 말씀을 사랑한다. 이 말씀은 우리 모두에게 주시는 말씀이다. 우리가 이 말씀을 진심으로 믿는다면 지혜를 얻기 위해 많은 시간과 노력을 쏟게 될 것이다. 그런데 잠언 9장 11-12절에 담긴 위대한 진리는 이것이다. 우리가 지혜를 얻으면 누구보다도 '자신'에게 유익하다.

이 책에서 풀어내려는 하나님의 지혜는 내가 오랫동안 간구하고 탐구하고 귀를 기울이며 인생의 단맛과 쓴맛을 다 본 끝에 얻은 것이다. 하지만 계속해서 읽어 보면 알겠지만 이 지혜는 나만 발견한 것이 아니다. 내가 인터뷰를 한 많은 사람도 지혜롭게 산 결과, 삶 속에서 막대한 열매를 맺었다. 내가 수년의 노력 끝에 얻은 지혜를 당신이 짧은 시간에 얻고 나보다 훨씬 더 큰 열매를 맺게 되는 것이 나의 간절한 바람이다. 이것은 하나님 나라의 문제이다. 따라서 당신이 유익을 거두면 내게도 유익이다. 당신이 나보다 더 멀리까지 가면 내게도 좋은 일이다. 왜냐하면 우리는 하나이기 때문이다. 우리는 공동의 목적과 한 분 왕의 영광을 위해 일하고 있다.

대부분의 사람이 모르는
숨은 비밀

다음 질문과 함께 이어지는 장으로 넘어가자. "대부분의 사람이 모르고 있는 숨은 비밀, 당신의 능력을 지금까지 경험해 보지 못한 수준으로 끌어올려 줄 숨은 비밀에 관심이 있는가?" 그런 비밀이 실제로 있다. 이제부터 그 숨은 진리를 밝혀 보도록 하자.

PART 1

X:MULTIPLY
YOUR GOD-GIVEN
POTENTIAL

하나님이
나에게 주신
특별한 선물, 은사

1장

바라기만
하지 말고
받은 줄로 믿으라

우리에게 주신 은혜대로 받은 은사가 각각 다르니…
(그 은사를 사용)할 것이니라

(롬 12:6-8).

나의 친구 짐(Jim)은 18년 동안 고등학교에서 여자 농구팀의 감독을 맡았다. 과거의 그 팀은 한 번도 주 챔피언십에서 우승을 하지 못했다. 매년 지역 예선에서 떨어지거나, 어쩌다 예선을 통과해 주 토너먼트에 진출해도 1라운드에서 탈락했다. 짐은 내게 이렇게 말했다. "너무 좌절해서 다 그만두려고 했죠. 그런데 그 즈음 하나님 은혜의 힘을 발견했습니다."

짐은 한 가지 굳은 결심을 했다. 그는 18년 동안 해 온 것처럼 더 이상 자신의 힘으로 팀을 이끌지 않고 철저히 '하나님의 은혜'에 의지하기로 결심했다. 그가 하나님께 무엇을 해야 할지 묻자 이런 기도 응답이 찾아왔다. "방식을 완전히 바꾸라. 이제부터는 코트에서 90분간 연습하지 말고 라커룸에서 45분간 성경책을 읽고 깨달은 점을 나누고 함께 기도해라. 그러고 나서 45분간 코트에서 연습을 해라."

짐은 내게 이렇게 말했다. "목사님, 생각할수록 비생산적으로 보였죠. 기술을 연마하고 경기를 해야 하잖아요. 90분 내내 연습을 해도 부족했어요. 하지만 그것이 하나님의 음성이라고 확신했습니다."

그는 이야기를 계속했다. "아이들에게 새로운 전략을 소개했습니다. 당연히 너무 종교적이고 황당하다는 반응이 나타났죠. 듣고서 인상을 찌푸린 아이들도 있었답니다. 하지만 진심으로 설득하자 결국 모두가 따라 주었습니다."

그는 미소를 지으며 말했다. "그 해에 우리는 처음으로 주 챔피언십에서 우승을 했습니다. 거기서 끝이 아니었죠. 다음해에도 또다시 우승을 했습니다."

그는 두 번째 주 챔피언십 우승에 관해서 더 설명했다. "정말 기적이라고밖에 표현할 길이 없어요. 마지막 결승전에서 골 가까이에서 손바닥에 공을 올려 가볍게 던져 넣는 레이업슛을 다 실패했거든요. 슛을 그렇게 많이 놓치면 절대 이길 수 없어요. 하지만 경기가 끝난 후 통계를 확인해 보니 그 게임에서 우리는 3점 슛 기록을 세웠지 뭐예요! 3점 슛 덕분에 레이업슛 실수를 만회하고 우승에 필요한 점수를 얻을 수 있었습니다."

하나님이 우리 삶을 위해
주신 은혜

짐은 하나님의 지혜를 얻었다. 사실 이 지혜는 사도 바울이 발견한 것과 같은 통찰이며, 통계적으로 현시대 교회의 90퍼센트 이상이 놓치고 있는 통찰이다. 그 통찰은 이것이다. 성경적인 '은혜'에는 하나님의 구원의 선물만 있는 것이 아니다. 하나님이 우리의 삶을 위해 '능력을 주시는 것'도 은혜이다. 바울의 말을 유심히 보되 그 말이 하나님의 입에서 나온 말씀을 그대로 인용한 것임을 생각하면서 보라. "내 은혜가 네게 족하도다 이는 내 능력이 약한 데서 온전하여짐이라 하신지라"(고후 12:9).

이 말씀에서 헷갈리거나 애매한 부분은 일체 없다. 하나님은 '그분의 은혜'가 '그분의 능력을 주시는 것'이라고 분명히 말씀하신다. 위 구절에서 '약한'은 '능력이 없음'을 의미한다. 이 구절에서 하나님은 바울, 나아가 당신과 내게 이렇게 말씀하신다. "너의 능력으로 감당할 수 없는 상황에서 내 능력(은혜)이 가장 완벽하게 나타난다."

짐이 팀을 챔피언십 우승으로 이끌기 위해 자신의 능력으로 최선을 다한 결과는 어떠했는가? 계속된 부진이었다. 하지만 그가 나중에 발견한 지혜로 인해 그간의 모든 고뇌와 실망은 넘치도록 보상을 받았다. 그 지혜는 하나님의 은혜가 우리로 하여금 자신의 능력 이상을 발휘하게 만든다는 것이다.

다른 편지에서 바울은 다소 대담한 주장을 펼친다. "내가 모든 사도보다 더 많이 수고하였으나." 이것이 정말로 바울이 쓴 글이란 말인가? 이 리스트에 누가 포함되어 있는지 생각해 보라. 베드로, 야고보, 요한, 바나바, 아볼로이다. 하나같이 위대한 사도들이다. 그렇다면 좀 교만한 말처럼 들리지 않는가? 하지만 이 진술의 나머지 부분을 읽어 보면 그렇지 않다는 것을 알 수 있다. "내가 모든 사도보다 더 많이 수고하였으나 내가 한 것이 아니요 오직 나와 함께하신 하나님의 은혜로라"(고전 15:10).

바울은 자신의 능력이 아니라 하나님의 능력을 자랑했다. 개인적인 자랑이 전혀 아니다. 감독으로서 오랫동안 좌절을 경험하다가 마침내 깨달음을 얻은 점은 이제 자신의 능력이 아닌 하나님의 능력(은혜)을 의지해야 한다는 것이다. 그는 이 지혜를 삶의 모든 측면에 적용했다. 덕분에 그의 도끼가 날카로워졌다.

이 점을 기억하면서 우리의 개인적인 사명에 관한 이야기로 돌아가자. 다시 말하지만 성경은 이렇게 선포한다. "우리는 그가 만드신 바라 그리스도 예수 안에서 선한 일을 위하여 지으심을 받은 자니 이 일은 하나님이 전에 예비하사 우리로 그 가운데서 행하게 하려 하심이니라"(엡 2:10). 우리가 태어나기도 전에 하나님이 직접 우리의 일을 예비하셨다. 이 소명은 우리에게 참된 만족을 준다. 그 외에 어떤 일이나 놀이도 우리에게 그런 만족을 줄 수 없다. 이것은 우리의 목적이며, 더없이 중요하다. 이 목적을 이루기 위해서는 다음과 같은 중요한 진리를 반드시 알아야 한다.

하나님이 우리를 위해 예비하신 운명은 우리의 능력 밖에 있다!

더 이해하기 쉽게 말하자면, 하나님이 주신 일을 우리의 능력으로 감당하는 것은 절대적으로 불가능하다. 내가 이것을 어떻게 알까? 그것은 하나님이 그분의 영광을 누구와도 나누지 않겠다고 분명하게 선포하고 계시기 때문이다(사 48:11 참조). 혹시 누구라도 하나님이 주신 운명을 자신의 힘으로 이룬다면 하나님은 그와 영광을 나누셔야 하는데, 하나님은 절대 그렇게 하시지 않는다! 하나님은 우리가 철저히 그분의 '은혜'를 의지하도록 일부러 소명을 우리의 힘으로는 이루지 못하도록 만드셨다.

은혜로 주어지는
특별한 능력들

다음으로 우리는 은혜로 주어지는 특별한 능력들이 있는지 물어야 한다. 다시 말해, 우리가 자신의 능력으로는 살 수 없는 삶을 살도록, 은혜를 받아 사명을 이루도록 하나님께 특별한 능력들을 받았는가?

몇 가지 사례로 답을 대신하고 싶다. 테니스 라켓과 공이 없었다면 로저 페더러(Roger Federer)는 세계 최고의 테니스 선수가 될 수 없었을 것이다. 도구가 없었다면 세상에서 가장 솜씨가 뛰어난 목공 장인은 나타나지 못했을 것이다. 조각칼과 붓과 물감이 없었다면 지금 우리는 미켈란젤로

(Michelangelo)라는 인물을 알지 못할 것이다. 하나님이 주신 소명도 마찬가지일까?

간단한 이야기를 듣고 나면 답이 분명해질 것이다. 나는 처음 목회를 시작할 때 세상에서 보기 드문 찬양 인도자를 만났다. 그는 1900년대 중반 세계적으로 유명한 복음 전도자의 행사에서 찬양을 인도했다. 그 복음 전도자가 1970년대에 세상을 떠난 뒤로 이 찬양 리더는 따로 나와서 자신의 사역 단체를 설립했다.

1980년대에 그는 우리 교회에 자주 찾아왔다. 나는 그를 보고 그의 음악을 들을 때마다 벌린 입을 다물지 못했다. 그의 재능은 실로 엄청났다. 아직까지도 그렇게 피아노를 치는 사람을 보지 못했다. 그가 피아노를 치는 모습을 보면 조금의 힘도 들지 않게 보였다. 그가 찬양을 시작하자마자 수천 명의 사람들이 자리에서 일어나 열정적으로 찬양을 하고 춤을 추었다. 그가 무대에 오르는 즉시 분위기가 변했다. 하나님의 임재가 더없이 강하게 느껴졌다.

그가 우리 교회에 마지막으로 오기 전까지 몇 차례에 걸쳐 나는 그를 대접하는 특권을 누렸다. 그와 함께하는 동안 많은 질문을 던졌다. 특히, 그가 하나님께 받은 능력에 관해서 알고 싶었다. 들어보니 독실한 신자였던 그의 어머니는 하루에 몇 시간씩 깊은 기도를 하셨다. 그는 이렇게 말했다. "목사님, 어머니가 저를 임신하고 얼마되지 않아, 한 남자가 찾아왔습니다(그의 어머니는 천사라고 믿었다). 한 번도 본 적이 없던 그 남자는 어머니에게 이런 말을 했지요. '아드님은 수많은 사람을 하나님의 임재로 이끌고 어린 나이에 피아노를 뛰어나게 연주할 겁니다.'"

그의 이야기의 다음 대목은 실로 놀라웠다. 아마 평생 잊지 못할 것이다. 겨우 걸음마를 떼고 난 어느 날, 그는 갑자기 피아노 앞에 앉아서 완벽하게 연주했다. 그 전까지 피아노 레슨을 받은 적도 연습을 한 적도 없었다. 게다가 그 곡은 '젓가락 행진곡'이 아니라 경험이 많은 학생들이나 겨우 칠 수 있는 복잡한 곡이었다. 물론 그는 악보 없이 그 곡을 쳤다.

그 이후로 그는 완벽하게 피아노를 연주했다. 오직 귀로만 듣고서 곡을 쳤다. 그는 어떤 곡이든 한번 들으면 바로 칠 수 있는 불가사의한 능력을 가지고 있었다. 그는 어린 나이에 고향 교회의 예배 피아노 반주자로 사역을 시작했다. 은사 덕분에 그 유명한 복음 전도자의 팀에서 연주할 기회의 문이 열렸다. 그가 은사를 지닌 것은 분명하다. 그에게는 하나님이 주신 특별한 능력이 있다.

재능이 뛰어난 또 다른 사람을 소개한다. 아키아나 크라마리크(Akiane Kramarik)는 미술 레슨을 한 번도 받은 적이 없는데 4세부터 놀라운 그림을 그리기 시작했다. 6세에는 복잡한 물체뿐 아니라 독특한 상상을 그림으로 표현했다. 8세에는 유명한 '평강의 왕'(Prince of Peace)이라는 그림을 완성했다. 이 그림은 내 책상 뒤에 걸려 있다. 그녀가 재능을 지닌 것은 분명하다. 그녀에게는 하나님이 주신 놀라운 능력이 있다.

그런데 왜 소수만 은사를 가지고 있는가? 이것은 우리 모두가 던져야 할 질문이다. 꽤 많은 하나님의 자녀, 아니 모든 자녀가 은사를 받는가? 이번 장의 포문을 연 성경 구절을 다시 보자.

> 하나님은 우리가 특정한 일들을 잘하도록 그분의 '은혜'(grace)안에서
> 각자에게 다른 '은사'(gift)를 주셨다(롬 12:6, NLT).

이 구절에서 우리는 매우 중요한 두 단어를 볼 수 있다. 첫 번째 단어는 우리가 이미 논한 '은혜'이다. '은혜'는 헬라어로 '카리스'(charis)이다. '카리스'에 '마'(ma)를 더하면 '카리스마'(charisma)가 된다. '카리스마'는 위의 구절에서 '은사'에 해당하는 단어이다. 이 단어에 초점을 맞춰 보자.

나는 오랫동안 헬라어 사전들을 연구하고 신약에서 '카리스마'가 사용된 배경을 조사한 끝에 다음과 같은 정의를 내놓았다.

카리스마: 개인이 특별한 능력을 갖추도록 특정한 은혜를 받는 것

이 능력은 하나님이 개인에게 주시는 능력이며, 언제나 그 사람 자체의 능력을 능가한다. 어떤 은사들은 누가 봐도 초자연적이다. 반면, 인간의 일반적인 능력처럼 보이지만 실상은 특별한 능력인 경우도 있다. 태어날 때 받는 은사가 있는가 하면 하나님의 말씀으로 특정한 순간에 받는 은사도 있다.

'글쓰기'의
카리스마

나의 삶을 사례로 '카리스마'에 관한 탐구를 시작해 보자(이 이야기는 내 책 《구원》에서 짧게 소개한 적이 있다).

내 삶의 '카리스마'는 글쓰기이다. 나와 함께 오랫동안 사역한 사람이 아니라면 국어, 창작, 외국어가 학교에서 내 최악의 과목이었다는 사실을 모를 것이다. 가끔 내가 국어 과목에서 낙제하지 않은 것이 선생님들이 나

를 또 만나기 싫어서 그냥 합격시켜 주었기 때문이 아닌가 하는 생각을 한다. 국어 선생님이 거우 1-2페이지에 불과한 숙제를 내주어도 나는 그것을 해내기 위해 몇 시간을 끙끙 앓아야 했다. 1-2개의 문장을 쓰고 나서 한참 보다보면 너무 말이 되지 않아 머리를 쥐어박고 싶을 정도였다. 결국 종이를 구기고 새로 시작했다. 이 과정을 수없이 반복하다보면 종이와 함께 정신적 에너지가 다 떨어졌다. 1시간을 씨름했는데도 처음 두 문단조차 완성하지 못한 경우가 많았다.

믿지 못하는 독자들이 있을지 몰라 SAT 점수를 공개한다. 알다시피 SAT는 많은 대학에서 요구하는 시험이다. 내가 그 시험을 치를 때 두 가지 주요 과목이 있었던 기억이 난다. '수학'과 '언어'가 그것이었다. '언어'는 그냥 국어 시험이라고 보면 무방하다. 읽기와 쓰기 능력을 평가하는 시험이었다. 가장 높은 점수는 800점이었다. 그런데 내 점수는 무려 370점이었다(그렇다. 370점이다. 당신이 잘못 읽은 것이 아니다). 대부분의 경우 이 정도면 낙제점이다. 30년 넘게 전 세계를 돌아다녔지만 SAT 언어 영역에서 나보다 낮은 점수를 받은 사람은 딱 한 명밖에 만나보지 못했다.

시계를 빨리 돌려, 내 인생의 30대 초로 가 보자. 1991년의 어느 여름날 아침, 한적한 곳에서 기도를 하던 중 하나님의 음성을 들었다. "아들아, 글을 써라."

나는 속으로 웃었다. "하나님, 지구상에 당신의 아들딸이 너무 많아서 저를 다른 사람과 혼동하신 것 아닌가요? 제가 글을 쓰는 것은 원치 않으실 거예요. 제 고등학교 국어 선생님들에게 물어보세요."

아무런 응답이 없었다. 침묵만 흘렀다. 나는 하나님의 침묵을 동의로 해석했다. 하나님의 반박이 없었기 때문에 내 설명이 통했다고 생각했다.

하지만 마음 깊은 곳에서는 그렇지 않다는 것을 알았다.

그로부터 10개월이 지난 뒤, 다른 주에 사는 두 명의 여성이 2주 간격으로 나를 찾아와 같은 말을 했다. "목사님, 하나님이 쓰라고 주시는 것을 쓰시지 않으면 하나님은 그 메시지를 다른 사람에게 주실 겁니다. 그리고 언젠가 목사님은 하나님 앞에서 이 일에 대해 설명해야 할 겁니다."

텍사스 주에서 온 두 번째 여성이 플로리다 주에서 온 첫 번째 여성과 똑같은 말을 했을 때 하나님에 대한 거룩한 두려움이 나를 감쌌다. 결국 나는 행동을 했다. 그 당시에는 아이패드 같은 기기는 없었다. 그저 펜과 종이만 있었다. 그래서 나는 노트 한 장을 찢어 맨 위에 굵은 글씨로 '서약서'라고 적었다. 그러고 나서 다음과 같이 썼다.

> 하나님 아버지, 저는 글을 쓸 줄 모릅니다. 그래서 당신의 명령에 순종하기 위해서는 은혜가 필요합니다! 제가 꼭 글을 써야 한다면 단어 하나하나가 성령의 영감으로 쓰이게 해 주십시오. 글자 하나하나에 넘치도록 기름을 부어 주십시오. 제 글이 수많은 남녀와 교회, 도시들, 열국을 변화시키게 해 주십시오. 모든 영광과 찬송과 감사를 오직 당신께만 드리기로 서약합니다. 예수님의 강하신 이름으로 당신과 이 계약(언약)을 맺습니다.
>
> 당신의 아들이자 종, 존 비비어

다시 시간을 현재로 빨리 돌려 보자. 거의 30년이 지난 지금 나는 20권이 넘는 책을 썼고, 그 책들은 수천만 부가 팔렸다. 몇몇 책은 미국을 넘어 전 세계적으로 일반 분야와 기독교 분야에서 베스트셀러 반열에 올랐다. 내 책들은 100개가 넘는 언어로 번역되었고, 몇몇 나라에서는 일반 분야와 기독교 분야를 통틀어 가장 많이 판매된 책들로 꼽힌다.

대부분의 책에서 전체 분량의 20-30퍼센트는 내가 듣지도 읽지도 생각하지도 못한 것들이다. 그 내용들은 내가 글을 쓰며 떠오른 것들이다. 우리 집 서재나 호텔방에서 내가 쓰고 있는 글에 스스로 깜짝 놀랄 때가 얼마나 많았는지! 자리에서 펄쩍 뛰면서 "와우, 이건 너무 좋다!"라고 외친 적도 몇 번이나 된다.

어떻게 이런 말을 할 수 있냐고 말할지도 모르겠다. 교만한 말이라고 생각할지도 모른다. 답변을 하자면, 나는 이런 내용이 어디서 왔는지 정확히 알고 있다. 나 자신에게서 나온 것은 절대 아니다. 나는 이런 책에 내 이름이 저자로 적혀 있는 것은 하늘 외에 내가 이런 내용을 처음 읽은 사람이기 때문이라고 확신한다. 나는 이 모든 일들이 성령님이 하신 일임을 알고 있다. 이는 사도 바울이 "내가 모든 사도보다 더 많이 수고하였으나"라고 말한 것과 크게 다르지 않다. 사도 바울의 말도 다소 교만하게 들린다. 경쟁적이고 자기중심적이며 심지어 자기애가 심한 사람의 말처럼 들린다. 하지만 성경을 통해 우리는 바울이 자신의 능력이 아닌 하나님 은혜의 선물을 자랑하는 것임을 안다.

개인적으로 나는 그 여름날 하나님이 기도 중에 말씀하셨을 때 글쓰기의 '카리스마'가 삶 속으로 '들어왔다'고 믿는다. 하지만 내가 하나님의 뜻에 순종하기로 결심하기 전까지 그 카리스마는 내 삶 속에서 '활성화되지' 않았다. 물론 반박하는 사람들이 있을 것이다. 하지만 단도직입적으로 말하면, 이것은 그리 중요한 문제가 아니다. 그래도 어쨌든 내 생각이 틀렸을 가능성도 있으니 반대 의견에 관해서 잠시 생각해 보자.

어떤 이들은 내가 1979년 거듭나는 순간에 이 은사를 받았다고 주장할 것이다. 나는 1979년에서 1992년까지 글쓰기라는 것을 시도해 본 적이 없기 때문에 뭐라고 확실히 말하지 못하겠다. 하지만 한 가지만은 확실하게 말할 수 있다. 나는 앞서 소개했던 피아니스트처럼 이 은사를 타고 나지 않았다. 하지만 역으로 말하면, 그 피아니스트처럼 어떤 은사는 잉태와 함께 주어진다. 예를 들어, 성경을 보면 세례 요한은 어머니의 배 속에서부터 (은사를 주시는) 성령으로 충만했다. 그는 어머니 엘리사벳의 복중에 있을 때 마리아의 복중에 계신 그리스도를 알아보았다(눅 1:41 참조). 30년 뒤 요한이 세례를 받으러 오신 예수님을 누구보다도 먼저 알아본 것도 같은 은사 덕분이었다(요 1:29 참조).

반면, 어떤 은사들은 나중에 찾아온다. 기스의 아들 사울은 처음부터 예언을 하지 않았다. 그가 예언을 하게 된 것은 청년이 되어 사무엘에게 기름부음을 받고 이스라엘의 초대 왕이 되면서부터다. 사무엘은 사울이 나중에 악기를 연주하며 예언을 하는 무리를 보게 될 것이라고 말했다. 사무엘의 말을 그대로 인용하면 "네게는 여호와의 영이 크게 임하리니 너도 그들과 함께 예언을 하고 변하여 새 사람이 되리라"(삼상 10:6).

성경의 두 가지 사례를 보면 어떤 은사들은 어머니의 복중에서 바로 받고 어떤 은사들은 나중에 주어지는 것이 분명하다.

'설교'의 카리스마

내 삶의 또 다른 '카리스마'는 설교이다. 이에 관한 이야기를 들어보면 은사에 관해서 더 깊이 알게 될 것이다.

아내 리사(Lisa)가 처음 들었던 내 예배 설교가 지금도 생생히 기억이 난다. 그 설교는 완전한 실패였다. 전혀 과장이 아니다. 아내는 내 설교가 시작된 지 5분 만에 눈을 감고 깊은 잠을 잤다. 정말 형편없는 설교였다. 심지어 아내 옆에 앉았던 아내의 친구 에이미(Amy)는 활짝 벌린 입에서 침이 줄줄 흐를 정도로 잤다. 당시의 나는 내가 생각해도 지독히 형편없는 설교자였다.

그때 나는 한 교회에서 담임목사의 비서로 사역하고 있었다. 그 교회는 미국에서 매우 영향력이 높은 교회로, 유급 직원만 400명이 넘었다. 나의 일은 담임목사 가족들이 필요한 것들을 챙기고 교회에 찾아온 강사 목사들을 접대하는 것이었다. 당시 하나님 나라를 위한 나의 임무는 더없이 분명했다. 내 임무는 설교의 은사를 발휘하는 것이 아니라 무대 뒤에서 섬기는 것이었다.

하지만 내가 수많은 나라에 말씀을 선포할 것이라는 하나님의 음성을 들은 터라 어떻게든 나 자신의 사역을 시작하려고 했다. 내 실수는 그것을 내 힘으로 하려고 했다는 것이다. 그리고 당시의 나는 주로 다른 사람의 사역을 돕는 역할이었다. 당분간은 "남의 것에 충성"해야 하는 시기였다 (눅 16:12 참조). 하지만 나는 나의 메시지를 만들고 포장하고 홍보하는 데 남는 시간과 에너지를 전부 쏟아 부었다(당시 내가 더 좋은 종이요 남편이 되는 데 집중했더라면 좋았을 것이다. 하지만 때로 우리는 실패의 학교에서 배워야 한다).

요컨대 나는 '이스마엘 사역'을 낳고 있었다. 무슨 뜻인지는 성경을 보면 알 수 있을 것이다. 하나님은 75세가 된 아브람(아브라함)에게 약속의 아들을 낳고 그 아들이 나중에는 열국의 아비가 될 것이라고 말씀하셨다. 그런데 그 약속이 선포된 지 10년이 지나도록 자녀는 없고 아브라함의 나이는 어느새 85세가 되었다. 기다리다 못한 아브라함과 그의 아내 사라는 하나님이 약속을 지키시도록 '도울' 방법을 생각했다. 그런 헛된 인간적인 노력에서 이스마엘이 태어났다. 그래서 나는 이런 종류의 인간적인 노력을 이스마엘 사역이라고 부른다.

믿기 어렵겠지만 몇몇 사람들이 실제로 내게 돈을 주었다. 나는 그 돈으로 자칭 '비비어 미니스트리'(Bevere Ministries)를 설립했다. 슬로건은 "주님의 놀라운 빛으로 온 세상을 비춘다"였다. 이 글을 쓰는 지금, 내 어리석음과 미성숙함을 생각하면 실소가 터져 나온다. 총 4개로 이루어진 내 이스마엘 사역의 카세트테이프 시리즈는 사실 아내와 친구를 단잠에 빠뜨렸던 그 설교를 복사한 것이었다! 얼마나 많은 사람이 그 테이프 시리즈를 듣고 침을 질질 흘리며 잠을 잤을까? 생각만 해도 얼굴이 화끈거린다!

하지만 상황은 점점 점입가경으로 흘렀다. 당시 나의 영웅은 지금은 천국에 있는 위대한 전도자 T. L. 오스본(Osborn)이었다. 오스본과 그의 아내는 평생에 5천만 명 이상을 구원의 길로 인도했다. 나는 그의 설교 방법을 따라하고 싶었다. 그래서 그의 설교를 몇 시간 동안 들으며 그의 음조, 억양, 예화, 심지어 유머까지 내 것으로 흡수하려고 노력했다. 원래도 따분하기 짝이 없던 설교에 내게 맞지 않는 다른 누군가의 껍데기까지 씌우니 닭살이 돋을 정도로 이상해졌다.

오스본은 탁월한 설교자였다. 그가 우리 교회에서 메시지를 전할 때면 모든 사람이 그의 말에 유심히 귀를 기울였다. 한번은 그가 아프리카에서 거대한 전도집회 중 한 명에게 일어난 하나님의 위대한 역사를 소개했다. 메시지를 전하는 그도 흥분해서 "와우!"라는 감탄사를 연발했다. 우리 모두가 엉덩이를 들썩이며 흥분을 감추지 못하고 있는데 그가 말을 멈추었다가 불쑥 이렇게 말했다. "이 단어는 정말 놀라워요. 거꾸로 해도 똑같잖아요(와우의 영어 스펠링은 wow이다-편집자 주)!" 그러자 장내가 웃음바다로 변했다. 남이 하면 썰렁할 수 있는 농담이 그의 입에서 나오면 유머로 변했다.

어리석고 순진했던 나는 그 유머를 가져와 틈만 나면 "와우!"를 외치기 시작했다. 나는 오스본을 똑같이 흉내냈다. 유일한 문제점은 아무도 웃지 않았다는 것이다. 물론 나는 그 이유를 전혀 이해할 수 없었다.

나의 개인적인 노력은 계속해서 실패로 끝났다. 결국 나는 완전히 무너졌다. 하지만 그때 놀라운 변화가 나타났다. 섬김이라는 내 현재의 일이 다시 즐거워지기 시작한 것이다. 이제 내 여가 시간을 가정과 친구들에게 집중했다. 나의 힘으로 노력하기를 그만두고 나자 인생이 풍요롭고 완전해졌다. 진정한 만족을 찾고 나서 보니 내 모든 노력이 헛된 것이었다는 사실이 분명하게 눈에 들어왔다. 덕분에 '비비어 미니스트리'를 미련 없이 버릴 수 있었다. 언젠가 하나님이 약속하신 것을 이루어 주실 줄 믿었지만 그것을 내 힘으로 이룰 수는 없다는 것을 깨달았다.

이렇게 평안함과 고요함의 자리에 이르자 몇 개월 만에 하나님의 역사가 나타났다. 미국에서 가장 빠르게 성장하는 교회 중 한 곳에서 나를 중고등부 전도사로 초빙하는 연락이 왔다. 그 교회에서의 첫 주일을 평생 잊지 못한다. 담임목사는 세계적으로 유명한 분이었다. 당시에는 주일마다 사람들이 좋은 자리를 차지하려고 뜨거운 햇볕 아래서 1시간 넘게 줄을 서서 기다렸고, 모든 예배의 자리는 사람들로 꽉 찼다. 다른 주와 국가에서 찾아오는 방문객들이 끊이지 않았다.

뜨거운 찬양으로 주일 아침의 예배 분위기가 한층 무르익었다. 담임목사가 설교단으로 올라와 가장 먼저 한 일 중 하나는 새로운 중고등부 전도사, 즉 나를 소개한 것이었다. 그런데 갑자기 그가 내게 설교단에 올라와 몇 분간 메시지를 전하라고 권했다.

당시 나는 몰랐지만 아내는 공포에 질렸다. 나도 생각할 틈이 있었다면 마찬가지로 공포에 질렸을 것이다. 하지만 갑작스러운 초대에 거의 정신이 나간 상태에서 설교단에 올랐다. 앞에는 수천 명의 인파가 앉아 있었다. 아내는 나의 볼썽사나운 모습을 워낙 많이 본 터라 두려움에 사로잡혔다. 곧 닥칠 이 재난을 어떻게 피해가야 한단 말인가. 그것이 나의 마지막 설교가 될지도 몰랐다. 담임목사가 다시는 나를 설교단에 올리지 않을 것이 분명했기 때문이다. 아내가 이런 생각을 하며 걱정하는 동안 나는 설교단으로 걸어갔다. 나중에 아내는 내가 오스본의 흉내를 내지 않기를, 특히 매번 분위기를 썰렁하게 만들었던 "와우!" 유머를 사용하지 않기를 간절히 기도했다고 고백했다.

설교단에 오르자 담임목사는 내게 마이크를 넘겼다. 그리고 60초 만에 온 교인이 자리에서 일어나 내 설교에 박수갈채와 환호성으로 화답했다. 내가 4-5분간 메시지를 전하는 내내 모든 성도가 자리에서 일어나 있었다. 설교를 마친 나는 담임목사에게 마이크를 돌려 주고서 자리로 돌아왔다. 그리고 아드레날린인지 하나님의 임재인지 모를 뭔가로 인해 5분 동안 덜덜 떨었다. 아내는 방금 일어난 일을 도저히 믿을 수 없어 충격에 휩싸였다. 예배 후에 아내는 이렇게 말했다. "여보, 누가 당신의 몸에 들어간 거 같았어요."

내가 처음 사역을 하는 동안 우리는 텍사스 주에서 살았고, 이 새로운 교회는 플로리다 주에 있었다. 오랫동안 아내는 물어보는 사람들에게 이렇게 설명했다. "남편은 플로리다 주 경계선을 넘는 순간, 다른 사람으로 변했어요." 이는 사울이 하나님의 은사를 받고 일어난 상황에 관한 묘사와 비슷하다(삼상 10:6 참조).

그때부터 나는 청중 앞에서 설교하고 가르쳤으며, 대부분의 경우 그 일을 아주 쉽게 할 수 있었다(힘들었던 상황에 관해서는 뒤에서 설명하겠다). 더 이상 예전처럼 힘들지 않다. 나의 이스마엘 시기에서처럼 애를 쓸 필요가 없었다. 이스마엘 시기와 이삭 시기의 차이는 그야말로 하늘과 땅만큼 차이가 난다.

플로리다 주 교회에서의 첫 주일로부터 8-10년 뒤로 시계를 빨리 감아보자. 이때는 메신저 인터내셔널(Messenger International)이 자리를 잘 잡은 상태였다. 어느 봄날, 차고를 청소하던 중 상자들을 정리하다가 아내와 친구를 잠들게 만들었던 테이프가 포함된 그 시리즈의 원본을 발견했다. 나는 일말의 망설임도 없이 그것을 쓰레기통에 처넣었다. 그때 갑자기 성령의 음성이 느껴졌다. "아들아, 그 설교 테이프를 버리지 말아라."

나는 즉시 이의를 제기했다. "왜요? 이건 형편없는 설교에요. 다시는 누구도 이런 설교를 듣지 않도록 아예 없애버려야 해요."

다시 음성이 들여왔다. "그렇게 하지 말아라."

그것이 하나님의 음성인 줄 분명히 알면서도 나는 반박했다. "도대체 왜요?"

"그건 너를 보호하기 위해서이다." 하나님이 내 마음속에서 분명히 말씀하셨다.

"보호요?" 다시 지혜의 음성이 들여왔다. "아들아, 내가 없는 네가 얼마나 형편없는 설교자인지 늘 잊지 않기를 바란다."

해를 지날수록 '보호'의 의미를 더 깊이 이해하게 된다. 지난 30년 동안 나는 하나님께 받은 은사로 강력한 역사를 경험하고 풍성한 열매를 맺었다. 순식간에 분위기가 바뀌고, 뜨거운 찬양이 터져 나오고, 수많은 생명이 구원을 얻고, 수많은 기적이 나타나는 것을 목격했다. 자신의 인생이나 교회가 근본적으로 변했다는 고백을 수없이 들었다. 이토록 많은 열매를 맺다 보면 내가 뭔가 대단한 일을 했다고 착각하기 쉽다. 하지만 나는 진심으로 사도 바울처럼 고백할 수 있다. "그러나 내가 나 된 것은 하나님의 은혜로 된 것이니"(고전 15:10). 하나님의 '카리스마'가 아니면 내가 얼마나 형편없는지를 한시도 잊지 않고 있다.

당신은
은사를 받았는가

내가 남들을 섬기고 세워 주기 위해 하나님께 받은 은사는 두 가지이다. 내가 겪은 어려움에 공감이 되는가? 당신도 자신의 '카리스마'를 찾는 것이 어려워 고생을 하고 있는가? 혹은 당신에게는 아무 은사가 없는 것 같아 좌절감에 빠져 있는가? 다음 장들에서 분명한 답을 얻을 수 있을 테니 걱정하지 말라.

꽤 많은 하나님의 자녀, 아니 모든 자녀가 은사를 받는가? 이 책에서 이 문제를 확실히 풀어 주겠다. 일단 답부터 말하자면 "그렇다"이다. 곧 성경을 근거로 증명해 보이겠다. 이 질문을 철저히 다룰 것이다. 나아가 이 책이 끝나기 전에 당신의 '카리스마'를 찾고 개발하고 사용함으로 하나님 나라 건설을 위한 열매를 배가할 방법을 확실히 알게 될 것이다.

2장

이미 주어진
은사를
묻어 둔 것은 아닌가

지혜롭게 생각하라

(롬 12:3).

나의 '카리스마'를 찾고 실행하는 데서 겪었던 어려움을 소개했으니 이번에는 내가 재능이 '없는' 영역을 간단히 소개하고자 한다. 내가 재능이 없는 영역을 일일이 다 열거하는 것은 불가능하다. 너무 많기 때문이다. 가장 먼저 떠오르는 것은 노래를 부르고 악기를 다루는 재주가 없다는 것이다. 내가 집에서 노래를 부를 때마다 아내와 아이들은 그만해 달라고 정중하면서도 단호하게 부탁한다.

고등학교 체육 시간에 체육관 라커룸에서 샤워를 하면서 딱 한 번 노래를 부른 적이 있다. 반응은 강렬했다. 몇몇 녀석들이 그만 좀 하라고 소리를 질렀고, 한 녀석은 장난으로 샴푸 통을 던졌다.

나의 부모님은 자녀들에게 피아노 레슨을 시켰다. 피아노 선생님은 우리 고향에서 꽤 유명한 피아니스트였다. 피아노 교습에도 재능이 있었다. 하지만 선생님은 4년간 나를 훈련시키느라 진을 뺀 끝에 부모님을 찾아와 제발 내 교습을 그만하게 해 달라고 애원했다. 나는 그만큼 재능이 없었다.

나는 그저 피아노에만 재능이 없다고 생각했다. 그래서 몇 년 뒤 다른 악기를 시도했다. 부모님은 클래식 기타를 사 주고 유명한 선생님을 물색했다. 선생님은 나를 인내해 주셨고 꼼꼼하게 가르쳐 주었다. 나도 최선을 다해 연습했다. 하지만 도무지 실력이 늘지 않았다. 1년 반의 레슨 끝에 나는 음악 재능이 아예 없다는 사실을 받아들일 수밖에 없었다. 수년간 노력했지만 별다른 성과가 없었다. 이 이야기는 내 글쓰기에 관한 이야기와 완전히 다르다. 지금까지도 내게서 음악 재능은 나타나지 않고 있다.

솔직한
자기 평가

내가 재능이 없는 분야를 계속해서 나열할 수 있지만 이 정도면 요지를 이해했으리라 생각한다. 우리는 스스로 잘하지 못하는 것들을 대체로 잘 알고 있다. 어찌 보면 우리의 은사를 찾는 것보다 은사가 없는 것들을 찾는 것이 더 쉬워 보인다.

이런 점을 염두에 두고서 바울의 권고를 살펴보자.

> 내게 주신 은혜로 말미암아 너희 각 사람에게 말하노니 마땅히 생각할 그 이상의 생각을 품지 말고 오직 하나님께서 각 사람에게 나누어 주신 믿음의 분량대로 지혜롭게 생각하라 우리가 한 몸에 많은 지체를 가졌으나 모든 지체가 같은 기능을 가진 것이 아니니 이와 같이 우리 많은 사람이 그리스도 안에서 한 몸이 되어 서로 지체가 되었느니라 우리에게 주신 은혜대로 받은 은사가 각각 다르니(롬 12:3-6).

여기서 바울은 이렇게 권고한다. "자신을 실제보다 더 낮게 여기지 말라. 자신을 솔직히 평가하라." 이는 솔직한 자기 평가에 관한 권고이다. 무엇을 평가하라는 말인가? 하나님이 우리에게 '현재' 주신 은사들에 관해서 평가하라는 말이다.

내가 왜 '현재'라는 표현을 사용했을까? 앞서 사용했던 성경의 예를 다시 들어보자. 사무엘을 만나기 전 사울의 솔직한 자기 평가는 "나는 예언을 할 수 없다"였다. 이 평가는 당시에는 옳고 정확한 것이었다. 하지만 사무엘을 만나 하나님의 은사를 받은 뒤 그의 평가는 이렇게 달라졌다. "나는 예언을 할 수 있다."

내가 이스마엘 사역을 탄생시키려고 했을 때 이 구절을 좀 더 유심히 읽었더라면 얼마나 좋았을까? 내가 자신을 솔직히 평가했다면 내가 '당시에는' 설교의 은사가 없다는 것을 깨달았을 것이다. 하지만 나는 담임목사를 섬기는 은사가 있었다. 그것을 깨닫지 못하고서는 하나님이 음성으로 주시고 기도 가운데 드러나고 리더들이 예언한 '미래'를 내 힘으로 당장 이루려고 했다. 그것은 당시 나의 '현재' 은사가 아니었다. 내가 성경의 이 명령에 유의해서 솔직한 자기 평가를 했더라면 아직 준비가 되지 않았음을 깨달았을 것이다. 그렇게 되면 많은 시간과 노력과 자원을 아낄 수 있었을 것이다. 또한 '당시' 내 재능이 있는 일에서 더 효과적으로 일할 수 있었을 것이다.

각기 다른 은사에 관한 바울의 말은 더없이 분명하다. "우리가 한 몸에 많은 지체를 가졌으나 모든 지체가 같은 기능을 가진 것이 아니니 이와 같이 우리 많은 사람이 그리스도 안에서 한 몸이 되어 서로 지체가 되었느니라"(롬 12:4-5).

우리의 몸을 생각하면 이 말은 단순하면서도 깊은 통찰을 담고 있다. 생각해 보라. 손가락은 코가 할 수 없는 일을 할 수 있다. 코는 귀가 할 수 없는 일을 할 수 있다. 귀는 위가 할 수 없는 일을 할 수 있다. 위는 간이 할 수 없는 일을 할 수 있다. 이런 식으로 계속 이어진다. 요지는 다음과 같다.

- 자신의 은사를 알고 그 은사를 사용하는 사람은 행복하고 복이 있다.
- 다른 누군가의 은사를 추구하는 사람은 비참하고 스트레스가 가득하다.

어느 날 아침 당신의 엄지가 이렇게 말한다면 얼마나 이상한가. "이젠 더 이상 못 참겠어! 입, 너는 혼자서 오랫동안 말을 해 왔어. 오늘부터는 내가 말을 할 거야."

얼토당토않다. 엄지는 입처럼 소리를 낼 능력이 없다. 하지만 엄지는 입에게 없는 특별한 능력을 가지고 있다. 입이 "오늘부터는 내가 키보드를 치겠어!"라고 말한다고 해 보자. 역시 말도 안된다.

다음으로 중요한 질문은 이것이다. 왜 우리는 '설교단 은사'를 훨씬 더 중시하는가? 왜 우리는 설교하는 목사들과 교인들을 이끄는 찬양 인도자들이 궁극적인 은사를 가졌다고 생각하는가? 바울은 이 주제에 관해서 고린도 교인들에게 이렇게 말했다. "더 약하게 보이는 몸의 지체가 도리어 요긴하고"(고전 12:22).

실질적인 예를 들어보자. 다리가 사람들의 관심을 끈다는 것을 아는가? 사람들은 "저 여자, 정말 멋진 다리를 가졌군" 혹은 "저 남자의 다리는 정말 근육질이군"이라는 식으로 말한다.

누구보다 보수적이고 신중하고 과묵했던 우리 아버지가 십대인 내게 전혀 아버지답지 않은 말을 했던 기억이 난다. 아버지는 절대 남들의 관심을 끌려는 타입의 사람이 아니었다. 그런데 어느 날 아버지가 불쑥 이런 말을 하셨다. "아들아, 다리가 참 멋지다."

나는 아무 말 없이 어리둥절한 표정으로 아버지를 쳐다만 보았다. 아버지는 아랑곳없이 계속해서 말하셨다. "이유가 뭔지 아니? 그건 이 아빠의 다리가 멋지기 때문이야. 부전자전이지."

평소의 아버지답지 않은 행동에 데굴데굴 구르면서 웃어야 할지 그냥 고개를 끄덕여야 할지 몰라 고민했다. 그래서 그냥 미소를 지으며 말했다. "아빠, 멋진 다리를 주서서 감사해요."

사실이다. 다리는 시선을 끈다. 하지만 사람이 다리 없이도 살 수 있다는 사실에 관해서 생각해 본 적이 있는가? 나는 교통사고로 다리 한 쪽을 잃은 사람을 알고 있다. 하지만 그 사람은 여전히 일상을 살고 있다.

간이라면 얘기가 달라진다. 누구도 간 없이는 살 수 없다. 간은 극도로 중요하다. 다리보다 훨씬 더 중요하다. 하지만 이런 말을 들어본 적이 있는가? "정말 멋진 간을 가지고 계시네요. 정말 매력적인 간이에요." 이렇게 말하는 사람은 세상 어디에도 없다. 따라서 바울의 말에 다시 귀를 기울이라. "더 약하게 보이는 몸의 지체가 도리어 요긴하고."

다시 묻자. 왜 우리는 설교단 은사를 훨씬 더 중시하는가? 그 은사는 '눈에 보이는' 부분이고 꼭 필요한 부분이다. 하지만 하나님의 말씀에 따르면 그것은 가장 중요한 부분은 아니다.

프롤로그에서 소개한 내 친구 스탠은 돈을 벌고 나누면서 비즈니스 세계에서 사람들을 전도하는 은사를 가지고 있다. 그렇다 해도 그의 은사는 설교단 은사보다 덜 중요해 보이며, 실제로 그것이 현재의 교회 문화의 암묵적인 가정이다. 우리는 대놓고 말하지는 않아도 속으로 이렇게 말하고 있다. "설교단에 서는 사람들이야말로 진정한 소명을 받은 자들이다." "그들이야말로 선택받은 자들이다."

생각해 보라. 우리는 소명을 떠올리면 당연히 목사, 찬양 인도자, 청소년 사역자, 기독교 저자, 선교사 등을 생각한다. 반면 이렇게 말하는 사람은 거의 없다. "그는 의료계로 부름을 받아 새로운 암 치료법을 연구하고 있어." "그는 정부에서 하나님 나라를 넓히기 위한 법을 제정하는 데 온 힘을 쏟고 있어." "그는 교육계에서 젊은이들의 마음속에 하나님의 지식과 지혜를 불어넣기 위해 애를 쓰고 있어." "그는 경제계에서 잃어버린 사람들을 전도하고 하나님 나라의 건설에 재정적인 지원을 하기 위해 사업가로 부름을 받았어."

이런 시각의 결과는 분명하다. 스탠은 교회에 오랫동안 다니면서도 자신이 나만큼 '부름'을 받은 사람이라는 사실을 전혀 깨닫지 못하고 있었다. 그가 하나님께 받은 능력은 내 능력 못지않게 중요하지만 '교회 관련' 은사가 다른 은사보다 중요하다는 암묵적인 가정 때문에 그리 중요하지 않게 보였다. 이런 상황은 바뀌어야만 한다! 우리는 모두 부름을 받았고 하나님 나라의 일을 하는 데 꼭 필요한 독특한 은사를 가지고 있다.

이 주제에 관해서 바울이 고린도 교인들에게 쓴 편지의 전문을 보자.

> 이제 하나님이 그 원하시는 대로 지체를 각각 몸에 두셨으니 만일 다 한 지체뿐이면 몸은 어디냐 이제 지체는 많으나 몸은 하나라 눈이 손더러 내가 너를 쓸 데가 없다 하거나 또한 머리가 발더러 내가 너를 쓸 데가 없다 하지 못하리라 그뿐 아니라 더 약하게 보이는 몸의 지체가 도리어 요긴하고 우리가 몸의 덜 귀히 여기는 그것들을 더욱 귀한 것들로 입혀 주며 우리의 아름답지 못한 지체는 더욱 아름다운 것을 얻느니라 그런즉 우리의 아름다운 지체는 그럴 필요가 없느니라 오직 하나님이 몸을 고르게 하여 부족한 지체에게 귀중함을 더하사 몸 가운데서 분쟁이 없고 오직 여러 지체가 서로 같이 돌보게 하셨느니라(고전 12:18-25).

우리가 교회 관련 은사들을 여타 은사보다 중요하게 여기는 이유는 바울의 논의를 교회나 콘퍼런스 상황에만 국한해서 적용하기 때문은 아닐까? 이 환경에서 설교나 가르침의 은사가 더 필요한 것은 사실이다. 하지만 하나님 나라의 일은 어디서나 이루어질 수 있다. 따라서 이것도 역시 근본적으로 바뀌어야 할 패러다임이다. '교회'에 해당하는 헬라어는 '에클레시아'(ekklēsías)이다. 이는 '불러내다'라는 뜻이다. 헬라어 사전을 보면 "부름을 받은 사람들 혹은 불러내진 사람들 혹은 자유 국가의 공적 행사에 모인 사람들, 전령이 불러 모은 자유 시민들의 집단이라는 추가 설명이 있다."[1]

우리가 건물 안에서 모일 때만 교회인가? 우리가 기도, 예배, 설교, 목회를 하기 위해서 모일 때만 교회인가? 이런 패러다임은 이런 배경에서의 행동과 사회 속으로 돌아갔을 때의 행동을 다르게 만든다. 우리는 언제 어디에 있든 교회이며 언제 어디에 있든 하나님 나라를 건설하기 위해 은사를 사용해야 한다.

최근 한 억만장자를 만났다. 그는 스스로 '하나님 투어'(God Tour)라고 부르는 일을 행하고 있었다. 그것은 특정한 목사들을 만나기 위해 여러 도시의 교회와 콘퍼런스를 방문하는 일이었다. 그의 목표는 자신의 사업을 더 갈고 다듬어 5배로 키우는 것이었다. 나와 그의 만남은 한 좋은 친구의 소개로 성사되었다. 그와 함께한 3시간 동안의 점심식사는 실로 즐겁고 유익했다. 오히려 내가 한 수 배운 자리였다.

그는 초기에는 사업이 잘 되지 않았다고 말했다. 그러다가 눈이 뜨이는 날이 왔다. 하나님 나라의 일이 교회나 콘퍼런스 배경에서만 이루어지는 것에 의문을 품은 뒤 깨달음이 찾아왔다. 하나님 나라의 일을 어디서나 할 수 있는 건 아닌가? 그는 자신이 일터에서 비신자들과 다를 바 없이 사업을 한다는 사실을 깨닫고 깊이 반성했다. 일할 때 그는 세상 사람들과 전혀 차이가 없었다.

그는 사업을 할 때도 '하나님과 동행'하고 설교단에 서는 목사처럼 성령님의 음성에 귀를 기울이기로 결심했다. 본질적으로 그는 소명의 문제에 직면했고, 자신이 목사만큼이나 하나님께 부름을 받은 자라고 확신했다. 이어서 그는 하나님께 받은 은사를 돌아보고 그 은사를 사용하기로 결심했다. 그는 홀로 경건의 시간을 가질 때만이 아니라 사업을 위한 회의 중에도 하나님의 음성에 귀를 기울였다. 그러자 하나님은 그에게 사업을 위한 지식과 지혜의 말씀을 주셨다.

결과는 뻔하다. 그의 사업은 더 이상 힘들지 않다! 그는 하나님께 구체적으로 받은 말씀들을 나누었는데, 대개는 크게 중요해 보이지 않는 말씀들이었다. 하지만 그는 그 말씀들이 전통적인 비즈니스 전략에 맞지 않더라도 무조건 따르기로 결심했다. 물론, 고객이나 팀원들의 의문과 우려와 심지어 저항도 무시하지 않고 이해해 주었다. 하지만 그는 하나님 말씀을 굳게 믿었고, 그 믿음은 수백억 달러의 가치를 낳았다. 나는 그가 전해 주는 기적 같은 이야기에 정신없이 빠져들었다.

열국의
제자들

오늘날의 교회들이 은사에 관한 마음가짐을 바꾸면 어떤 결과가 나타날까? 우리의 메시지를 듣는 모든 이들에게 하나님 나라의 건설을 위해 부름을 받고 은사를 받은 귀한 일꾼들이라는 사실을 효과적으로 전달한다면 어떤 일이 벌어질까? 답은 간단하다. 모든 사람이 빌리 그레이엄, 오럴 로버츠(Oral Roberts), 마더 테레사(Mother Teresa), 사도 바울과 같은 목적과 열정으로 일하게 될 것이다. 그날 점심식사 자리에서 나는 그 억만장자를 통해 이 목적과 열정을 보았다. 그는 자신의 사명을 알았고, 그 사명을 이루는 데 하나님이 주신 은사가 얼마나 중요한지를 알았다.

우리가 모든 민족을 제자로 삼기 위해서는 이런 시각이 필요하다. 이 점을 좀 더 깊이 파헤쳐 보자. 예수님은 "교인들을 제자로 삼으라"라고 말씀하시지 않았다. 예수님은 "모든 민족을 제자로 삼아"라고 명령하셨다(마 28:19). 여기서 '민족'으로 번역된 헬라어 단어는 '에드노스'(ethnos)다. '에드노스'는 "혈연, 문화, 공통의 전통으로 연합된 사람들의 집단"으로 정의된다.[2] 여기에는 국가, 부족, 영토, 민족이 포함된다. 하지만 거기서 끝이 아니다. 여기에는 사이클 선수, 배우, 물리학자, 기업 소유주, 파일럿, 법률가, 전업주부, 공무원, 운동선수 같은 공통분모를 가진 사람들의 집단도 포함된다. 이런 집단을 나열하자면 끝이 없다. 우리는 삶의 이 모든 영역에서 사람들을 제자로 삼아야 한다.

하지만 여기서 한걸음 더 나아가 보자. 예수님은 "모든 민족의 사람들을 제자로 삼으라"라고 말씀하시지 않고 "모든 민족을 제자로 삼으라"고 말씀하셨다. 이 차이를 아는 것이 중요하다. 우리는 이 모든 영역의 행동 방식을 바꾸어야 한다. 물론 그렇게 하려면 먼저 이 모든 영역에서 사람들에게 복음을 전해야 한다. 이제 여기서 더 깊이 들어가야 한다. 우리는 성부와 성자와 성령의 이름으로 사람들에게 세례를 베풀 뿐 아니라 그들의 행동 방식을 성부와 성자와 성령의 방식으로 바꾸어야 한다. 예를 들어, 그 억만장자처럼 시장에서 활동하는 사람들이 사고방식을 바꾸도록 도와야 한다. 하지만 단순히 이 정도의 차원을 말하는 것이 아니다.

삭개오를 생각해 보라. 삭개오는 세리장이었다. 세리들의 '우두머리'였다는 말이다. 사실상 그는 그 지역 마피아의 우두머리라고 할 수 있다. 그는 여느 세리들처럼 사람들에게 미움을 받았을 가능성이 높다. 당시 세리들은 이기적인 욕심을 위해 자신의 지위를 이용했기 때문이다. 필시 삭개오도 시민들을 속이고 위협해서 돈을 뜯어냈을 것이다. 그는 악명 높은 무리의 우두머리였다. 따라서 아랫사람들은 그의 행동을 보고 그대로 따라했을 것이다.

나는 여러 나라에서 비슷한 상황을 목격했다. 그 국가들의 지도자는 부패해서 관리들에게 뇌물을 요구했다. 그리고 그 행동은 아랫사람들에게서도 똑같이 나타났다. 예를 들어, 그런 국가에서 공항 출입국 관리 공무원들에게 뒷돈을 주지 않으면 출국 승인이 떨어지지 않을 수 있다.

삭개오 이야기로 돌아가 보자. 예수님은 그의 이름을 부르며 이렇게 말씀하셨다. "삭개오야 속히 내려오라 내가 오늘 네 집에 유하여야 하겠다"(눅 19:5). 흥미롭게도 예수님은 오직 삭개오에게만 이런 말씀을 하셨다. 삭개오는 주님 앞에 서서 이렇게 대답했다. "내 소유의 절반을 가난한 자들에게 주겠사오며 만일 누구의 것을 속여 빼앗은 일이 있으면 네 갑절이나 갚겠나이다"(눅 19:8).

이제 그 지역의 세금 징수 관행이 어떻게 바뀌었을까? 우두머리의 행동 방식이 어둡고 세상적인 모습에서 하나님 나라의 모습으로 바뀌었다! 이제 사업과 정부의 관행이 하늘나라의 방식에 훨씬 더 가까워졌다. 사회의 변화가 나타났다. 이 변화는 예배 도중이나 예수님이 콘퍼런스에서 메시지를 전하며 삭개오가 제자가 되도록 설득하시는 중에 이루어지지 않았다. 이 변화는 도심 한복판에서 이루어졌다. 삭개오가 예수님을 만나자 그의 행동 방식이 갑자기 변했다. 모든 민족(우리가 영향을 미치는 영역)들이 크리스천을 만날 때마다 이런 변화가 나타나야 한다.

현재 나는 전직 NFL 풋볼 선수를 멘토링하고 있다. 그는 많은 SNS 보디빌더 팔로워들을 거느리고 있다. 그가 이 보디빌더들을 지도하는 방식을 통해 하늘나라의 문화가 이 집단 속으로 흘러가고 있다. 이 보디빌더들 중 심지어 예수님을 주로 영접하지 않은 이들도 하늘나라의 문화에 젖어들고 있다. 그가 이 보디빌더들에게 하는 말 한마디에서 하늘나라의 방식이 묻어나오기 때문이다.

우리의 은사는 단순히 건물로 신자들을 모으기 위한 것만이 아니다. 물론 그것도 중요하다. 모임을 경시할 생각은 추호도 없다. 여기서 내 의도는 하나님의 은사를 보는 시각을 확장하는 것이다. 대부분의 사람들처럼 우리가 교회 밖에서 부름을 받았다면 각자 영향을 발휘하는 영역, 즉 각자의 '에드노스' 집단 안에서 은사를 잘 사용할 책임이 있다.

구별된 삶을 살고 있는가? 그렇다면 그런 시각을 바꾸어야만 한다. 의사나 간호사로서 병실에 들어가든, 교사로서 교실에 들어가든, 기계 운전자로서 공장에 들어가든, 우리는 그곳에 거룩한 하나님의 생각을 불어넣고 성부와 성자와 성령의 이름으로 그곳의 사람들을 제자로 삼을 재능을 가지고 있다. 다시 말해, 예수님이 삭개오에게 하셨던 것처럼 우리도 천국을 이 땅으로 가져올 책임과 권위가 있다. 우리는 각자 영향을 미치는 영역에서 하늘나라의 행동 방식을 배가하도록 부름을 받았다.

이렇게 생각하면 사무실이나 학교에 가는 일이 지루한 일상이 아닌 새롭고 놀라운 일들로 가득한 흥미로운 시간이 될 것이다.

3장

나의 한 달란트,
배가할 것인가
묻어 버릴 것인가

사람이 마땅히 우리를 그리스도의 일꾼이요
하나님의 비밀을 맡은 자로 여길지어다(고전 4:1).

앞서 우리는 '은혜'와 '은사'라는 단어를 살펴보았다. 이제 '청지기 직분'이라는 단어에 초점을 맞출 차례이다. 이 단어를 정확히 이해한 뒤에는 성경에서 찾은 이 세 단어를 합쳐서 우리 삶이 나아갈 분명한 방향을 발견할 수 있다.

메리엄 웹스터(Merriam-Webster) 사전은 '청지기 직분'을 "자신이 맡은 뭔가를 신중하고도 책임감 있게 관리하는 것"이라고 정의한다. 핵심적인 단어들의 헬라어 정의를 조사하는 것이 좋다. 번역된 단어가 정확한 의미를 담지 못하는 경우가 많기 때문이다. 하지만 청지기 직분의 경우에는 헬라어와 영어의 의미가 매우 비슷하다. 위의 구절에서 '맡은 자'는 '청지기'이며, 이 단어에 해당하는 헬라어는 '오이코노모스'(oikonomos)이다. 이것의 정의는 "뭔가에 대해 권위와 책임을 지닌 사람, 뭔가를 맡은 사람, 뭔가를 책임지는 사람, 관리자"이다.[3]

두 정의에서 청지기 직분의 세 가지 측면을 발견할 수 있다.

- 남에게 속한 것을 관장한다.
- 맡은 것을 관리할 권위를 지닌다.
- 책임이 있다. 나중에 주인에게 설명을 해야 한다.

하나님은 모든 것을 창조하셨고 소유하신다! 시편 24편 1절은 이렇게 선포한다. "땅과 거기에 충만한 것과 세계와 그 가운데에 사는 자들은 다

여호와의 것이로다."

우리는 이 모든 것을 맡은 청지기들이다. 우리는 이 땅과 그곳에 있는 모든 땅, 물, 공기, 자원, 동물, 물고기, 조류를 관리해야 한다. 우리는 영적, 정서적, 지적 물질적인 면에서 인류의 좋은 것들을 돌볼 책임이 있다. 여기에는 경건하고 유익한 지식, 지혜, 통찰이 포함된다. 계속해서 예를 들 수 있지만, 우리는 눈에 보이는 것과 보이지 않는 것을 포함한 이 땅의 모든 것을 돌볼 책임이 있다.

바울의 진술에서 청지기 직분의 정확한 용례를 분석해 보자. 그는 "하나님의 비밀을 맡은 자"에 관해서 이야기한다. NLT 성경은 우리가 "하나님의 비밀을 설명할 '책임'을 맡았다"고 말한다. 바울의 은사(카리스마) 중 하나는 계시였다. 비밀, 즉 아직 드러나지 않은 숨은 진리를 전해 주는 것이었다. 따라서 그가 말한 '청지기 직분'은 돈, 시간, 자원을 관리하는 일(모두 중요한 청지기 직분)이 아니라 자기 삶의 은사(카리스마)를 관리하는 일이다. 이는 우리에게도 적용된다.

베드로는 이렇게 썼다. "각각 '은사'를 받은 대로 하나님의 여러 가지 '은혜'를 맡은 선한 '청지기' 같이 서로 봉사하라"(벧전 4:10). 이 한 구절에 내가 강조했던 단어들이 다 등장한다(은사: 카리스마, 청지기: 오이코노모스, 은혜: 카리스). 베드로는 바울과 비슷하게 카리스마를 맡은 청지기 정신과 관련해서 이야기한다. 이 한 구절에 많은 것이 계시되어 있기 때문에 지세히 분석해 볼 필요성이 있다.

보다시피 베드로는 '각각' 은사를 받았다고 말한다. 그가 각 목사나 각 선교사 혹은 각 찬양 리더 같은 식으로 목회의 은사를 지칭하지 않고 '각각'이라고 말했다는 사실이 중요하다. 그렇다. 누구든지 거듭나면 은사를 맡게 된다. 이것이 우리가 1장 전에 던진 질문에 대한 성경의 대답이다. 즉 우리는 은사를 가지고 있다. 그리고 다시 말하지만 이 은사는 특별한 능력을 갖추도록 특정한 은혜를 받는 것이다.

은혜가 얼마나 중요한지 알기 위해서 바울의 태도를 유심히 보자. 그는 자신의 청지기 직분을 정말 진지하게 받아들였다. 고린도 교인들에게 보낸 편지의 뒷부분을 보자.

> 내가 복음을 전할지라도 자랑할 것이 없음은 내가 부득불 할 일임이라
> 만일 복음을 전하지 아니하면 내게 화가 있을 것이로다 내가 내 자의로
> 이것을 행하면 상을 얻으려니와 내가 자의로 아니한다 할지라도 나는
> 사명(청지기 직분)을 받았노라(고전 9:16-17).

나는 이 구절을 읽는 즉시 "내게 화 있을 것이로다"라는 표현이 눈에 들어왔다. 이것은 강한 표현이다. 우리가 생각하는 것보다 훨씬 강한 표현이다. 여기서 "화 있다"에 해당하는 헬라어는 '우아이'(ouaí)다. 이 단어의 정의는 '재난, 공포'이다.[4] 다른 사전은 이 단어의 의미를 '슬픔이나 분개의 감탄사'로 정의한다.[5] 신약에서 이 단어가 나타날 때마다 해당되는 사람들을 기다리는 매우 진지하고 무시무시한 심판을 의미한다. 바울이 "화 있다"라고 말한 것은 자신을 저주한 것과 비슷하다. 따라서 이 표현에 주목하지 않을 수 없다. 하나님이 주신 은사를 경시하는 것은 그만큼 심각한 문제이다.

바울은 하나님이 아주 중요한 뭔가를 자신에게 맡기셨다는 것을 알았다. 만약 그가 그것을 제대로 관리하지 못하면 남들이 그 유익을 누리지

못하고 심지어 하나님이 그들에게 주시려는 것을 놓칠 수도 있다. 생각할수록 식은땀이 흐른다. 바울은 자신의 은사가 자신만을 위해서 주신 것이 아니라 자신을 '통해' 남들'에게' 주신 것임을 이해했다. 다시 말해, 그는 하나님이 남들에게 주시려는 것을 맡은 자였다. 이 청지기 직분을 무시하면 자신에게 "화가 있다"라고 선언할 만큼 이것은 심각한 문제였다.

이를 우리에게 적용해 보자. 여기서 주목해야 할 두 가지 흥미로운 점이 있다. 첫째, 바울의 은사는 '눈에 띄는' 은사였다. 그런데 앞서 살폈듯이 하나님은 눈에 띄는 은사보다 눈에 띄지 않는 은사를 더 중요하게 여기신다. 바울이 눈에 띄는 은사를 그토록 진지하게 여겼다면 우리는 하나님이 주신 은사, 특히 눈에 띄지 않는 은사를 절대 가볍게 여겨서는 안 된다.

둘째는 더 중요하다. 하나님의 은사는 우리만을 위한 것이 아니라 남들을 '위한' 것이기도 하다. 은사는 우리를 '통해' 남들도 유익을 얻게 하기 위해 주신 선물이다. 글쓰기의 은사는 나만을 위한 것이 아니라 당신을 위한 것이다. 설교의 재능은 나만을 위한 것이 아니라 내 메시지를 들을 사람들을 위한 것이다. 리더십의 은사는 나만을 위한 것이 아니라 내가 이끄는 사람들을 위한 것이다. 이 외에도 모든 면에서 그렇다.

은사

사용법

우리의 은사를 잘 사용할 수도 있고 잘못 사용할 수도 있다. 선택은 우리에게 달려 있다. 은사를 하나님의 뜻에 따라 그분의 나라를 건설하는 데 사용하지 않아도 은사는 여전히 작용한다. 아돌프 히틀러(Adolf Hitler)는 리더십의 은사를 지녔다. 그래서 그는 국가를 잘 이끌어 수많은 독일인, 유태인, 러시아인, 프랑스인, 영국인, 나아가 온 인류에 큰 유익을 끼칠 수도 있었다. 그가 이 은사를 하나님의 영광을 위해서 사용했는가? 아니면 자신과 좋아하는 사람들만을 위해서 사용했는가? 그가 은사를 사용해 오히려 사람들에게 해를 끼쳤는가? 불경한 목적을 위해 유태인들을 비롯한 수많은 사람을 약탈하고 유린하고 고문하고 죽였는가? 리더십의 은사를 잘못 사용했는가? 이런 질문에 대한 답은 고민할 필요도 없다.

아돌프 히틀러가 청지기 직분을 어떻게 감당했는지에 대해서는 답이 분명하다. 이번에는 답이 분명하지 않은 다른 유명인들에 관해서 이야기해 보자. 첫째, 휘트니 휴스턴(Whitney Houston)은 내가 들어본 가장 뛰어난 목소리 중 하나이다. 그녀의 삶 속에서는 하나님의 은사가 분명하게 나타났다. 그녀가 노래를 부르면 모든 이들이 깊은 감명을 받았다. 그녀의 목소리는 천상의 목소리, 천사의 목소리라고 할 만큼 강력했다.

또 다른 예는 록 그룹 퀸(Queen)의 리드 싱어였던 프레디 머큐리(Freddie Mercury)이다. 그는 작곡과 노래의 은사로 스타디움 전체를 열광의 도가니로 바꿀 만한 능력을 지니고 있었다. 그의 능력은 보기 드문 것이었다. 심지어 초자연적인 능력이라고 치켜세우는 이들도 있다. 그는 어떤 무대에서든 군중을 휘어잡을 수 있었다. 그가 세상을 떠난 지 한참이 지난 지금도 그의 노래는 널리 불리고 있다.

휴스턴이나 머큐리는 자신의 은사를 잘 관리했을까? 분명 많은 이들이 그렇다고 대답할 것이다. 하지만 예수님의 말씀을 통해 이 질문을 보자.

• 지혜는 그 행한 일(결과)로 인하여 옳다 함을 얻느니라(마 11:19).

- 지혜는 자기의 모든 자녀(자기를 따르는 이들의 삶)로 인하여 옳다 함을
  얻느니라(눅 7:35).

청지기 직분의 단기적인 결과와 장기적인 결과에 따라 이 놀라운 연예
인들을 평가해 보자. 휘트니 휴스턴은 자신의 은사를 이용하여 사람들을
하나님의 임재 가운데로 이끌었는가? 청중이 그녀의 노래를 듣고서 경건
한 삶에 끌렸는가? 그녀의 노래가 가정을 화목하게 만들었는가? 아니면 남
녀 사이에 비현실적인 기대를 일으킴으로써 불만족을 조장했는가? 프레디
머큐리는 청중이 의로운 삶에 끌리도록 자신의 은사를 활용했는가? 그는
사람들이 창조주를 높이도록 만들었는가? 휴스턴과 머큐리는 어떤 식으로
세상을 떠났는가? 그들은 영원한 유산을 남겼는가? 아니면 덧없는 유산을
남겼는가? 그들의 유산은 영원히 지속될까? 이 세상과 함께 소멸될까?

예수님은 결과를 보라고 말씀하신다. 휘트니 휴스턴과 프레디 머큐리
가 청지기로서 맺은 결과에 대한 판단은 당신에게 맡기겠다. 하지만 궁극
적인 판단은 창조주 앞에서 이루어질 것이다. 둘 다 심판대에서 자신의 삶
에 대해 설명을 해야 할 것이다.

당신이 휴스턴이나 머큐리의 팬이라면 이런 이야기가 불편할 수도 있
을 것이다. 하지만 그들의 청지기 직분이 심판대에서 어떤 평가를 받을지
좀 더 분명히 알기 위해서 한 가지 질문을 해 보자. 그들의 유산을 지금으
로부터 천만 년 뒤의 관점에서 보자. 천만 년 뒤 휴스턴과 머큐리는 자신
의 삶을 돌아보며 자신이 하나님께 받은 은사를 어떻게 관리했다고 생각
할까? 영원한 관점에서 보면 당신의 기존 관점이 변할지도 모른다.

관점은 너무도 중요하다. 8년의 관점에서 볼 때와 영원한 관점에서 볼

때의 상황이 전혀 다르게 보인다. 이런 시나리오를 생각해 보라. 당신이 저녁을 먹기 위해 식당에 갔다. 정해진 가격에 원하는 것을 다 먹을 수 있는 식당이다. 온갖 먹음직한 디저트가 가득하다. 하루의 관점에서 이 음식들을 보면 어떻게 할까? 아마도 모든 디저트를 가져와 마구 먹을 것이다. 하지만 같은 음식들을 1년의 관점에서 보면 어떻게 될까? 아마도 디저트를 기껏해야 1개 정도만 먹을 것이다. 아예 먹지 않을 수도 있다. 왜일까? 내일 아침의 위장을 부담스럽게 만들고 싶지 않기 때문일 것이다. 몸무게가 몇 킬로그램이라도 늘고 싶지는 않기 때문이다. 장기적으로 건강을 해치고 싶지 않기 때문일 것이다.

휴스턴과 머큐리의 열매를 영원의 관점에서 보면 그들의 은사를 잘 관리했는지가 더 분명해진다. 아돌프 히틀러, 심지어 프레디 머큐리나 휘트니 휴스턴에 관해서 이야기하는 것도 크게 부담스럽지 않다. 하지만 여기 정신이 번쩍 들게 만드는 사실이 있다. 당신과 나도 재판장 앞에 설 때 우리가 받은 은사들에 대해서 설명을 해야 할 것이다. 하나님 나라를 건설하라는 그분의 영원한 말씀에 따라 우리의 청지기 직분이 평가를 받을 것이다. 우리의 유산이 영원히 지속될 것인가? 아니면 세상과 함께 소멸할 것인가?

은혜의 선한
청지기가 되라

프롤로그에서 논의한 것을 다시 살펴보자. 우리는 은사를 다음의 세 가지 방식 중 하나로 관리할 수 있다.

- 하나님 나라의 건설을 위해 사용할 수 있다.
- 자신의 이익을 위해 사용할 수 있다.
- 전혀 사용하지 않고 무시할 수 있다.

두 번째 방식에 대해서 부연 설명을 할 필요가 있다. 헷갈릴 수 있기 때문이다. 스스로 남들을 세워 주고 하나님 나라를 건설한다고 생각하지만 사실은 자신의 이익이라는 동기로 하는 사람이 너무도 많다.

나도 부지불식간에 이 함정에 빠진 적이 있다. 목회를 처음 할 당시 우리 팀과 교회와 세상의 모든 사람에게 늘 기분 좋은 말만 했었다. 심지어 듣기 좋으라고 사실이 아닌 말을 하기도 했다. 그렇게 하다 보니 나는 친절하고 사랑이 많은 사람으로 소문이 났다. 이런 칭찬이 좋아 더더욱 귀에 즐거운 말만 했다. 하루는 기도하던 중에 하나님이 내게 말씀하셨다. "사람들이 너를 사랑과 배려가 많고 친절한 사람이라고 하더냐?"

평소 같으면 이런 말씀을 칭찬으로 받아들였을 것이다. 하지만 이번에는 칭찬처럼 들리지 않았다. 그래서 조심스럽게 대답했다. "네, 맞습니다."

그 즉시 다시 음성이 들여왔다. "네가 사람들에게 듣기 좋은 말만 하는 이유를 아느냐?"

나는 더욱 조심스럽게 대답했다. "이유가 뭔가요?"

"그것은 네가 사람들의 거부를 두려워하기 때문이다. 네 사랑의 초점은 누구냐? 너 자신이냐? 사람들이냐?"

나의 동기가 적나라하게 드러난 것을 알고 나는 하나님의 지적을 받아들였다. 이어서 하나님은 이렇게 말씀하셨다. "네가 사람들을 진심으로 사랑한다면 진실을 말해라. 설령 거부당하는 한이 있더라도 진실을 말해라."

하나님의 지적 덕분에 사람들을 대하는 나의 태도가 바뀌었다. 이제 묻고 싶다. 우리가 이런 식으로 하나님이 주신 은사를 오용하고 있지는 않는가? 다시 말해, 남들의 눈에는 우리가 하나님 나라의 건설을 위해 은사를 사용하는 것처럼 보여도 실상은 이기적인 동기를 위해 사용하고 있지는 않은가? 분명 그럴 수 있다. 나 자신에 관한 사례를 하나 더 소개한 다음, 성경의 사례로 뒷받침해 보겠다.

평소의 나는 콘퍼런스나 교회 예배에서 무슨 말을 해야 할지 하나님께 직접적인 음성을 듣지 않는다. 하지만 성령님의 인도하심을 분간하기 위해 언제나 마음의 소리에 귀를 기울인다. 그런데 메시지를 전하기 전에 하나님의 음성을 분명하게 들은 적이 있다. 중서부에서 열린 한 콘퍼런스에서 메시지를 전하기로 한 날이었다. 행사 당일 호텔 방에서 눈을 떴는데 성령님의 음성이 분명하게 들려왔다. "오늘밤 콘퍼런스에서는 《관계》에 관한 메시지를 전해라." 그것은 내가 기분 나쁜 일을 떨쳐 내고 상처를 준 사람들을 값없이 용서하라는 주제로 1994년에 쓴 책이다.

나는 하나님의 지시와 하루 종일 씨름을 벌였다. 《관계》의 메시지는 수년 전의 것이었기 때문이다. 이미 그 책은 베스트셀러였고, 그 안의 메시지를 오랫동안 여러 나라에서 전했다. 그만큼 그 메시지를 접한 사람이 정말 많았다. 성령님의 지시를 따르기가 더 어려웠던 이유는 당시 내가 새 원고를 집필하는 중이었기 때문이다. 몇 달 동안 글을 쓰는 중에 있으면 그 글에서 다루는 진리들이 마음속에서 더 강하고 생생하게 살아나기 마련이다. 솔직히 나는 낡은 메시지를 전하고 싶지 않았다. 하지만 성령님이 직접적으로 하신 말씀이기 때문에 무시할 수도 없었다. 그야말로 이러지도 저러지도 못하는 상황이었다.

그날 저녁 강당에 도착하자 콘퍼런스 주최 측은 내 메시지를 듣기 위해 먼 발걸음을 한 사람이 많다는 말을 전했다. 그들 중 대부분의 사람이 《관계》를 읽었을 가능성이 높았다. 이미 아는 메시지를 다시 전하는 것일 수 있어서 내키질 않았다.

강단으로 들어가면서 보니 분위기가 한껏 달아올라 있었다. 사람들의 기대감이 눈에 보였다. 그날 아침 성령님께 받은 지시를 따르기가 더 부담스러워졌다. 사람들을 실망시키고 싶지 않았다. 결국 나는 그 압박에 굴복하여 '새' 메시지를 전했고, 결과적으로 잘했다는 생각이 들었다. 설교는 강력했고 사람들은 열화와 같은 반응을 보였다. 많은 사람이 자리에서 일어나 박수갈채를 보냈다. 하나님의 지시를 어겼어도 아무 문제가 없어 보였다. 아니, 그날 아침 내가 잘못 들은 것이 아닌가 하는 생각마저 들었다. 어떤 경우든 결과는 만족스러웠다. 설교를 마치고 휴게실에서 마주치는 사람마다 정말 탁월한 설교였다며 엄지를 들어 보였다.

그날 나는 만족감과 기쁨을 안고 행사장을 떠났다. 마치 하나님이 웃으시는 것 같은 기분이었다. 하지만 그 행사를 마친 다음날의 기분은 전혀 그렇지 못했다. 매우 무거운 마음으로 눈을 떴다. 온몸에 기운이 없었다. 심지어 우울한 기분까지 들었다. 그 즉시, 이유를 알았다. 그것은 내가 하나님께 불순종했기 때문이었다. 그날 아침 내가 가장 먼저 한 행동은 바닥에 무릎을 꿇고 회개하고 용서를 구한 것이었다. 예수님의 보혈로 나를 깨끗하게 씻겨 달라고 간청했다.

그렇게 하고 나서도 전혀 마음이 편하지 않았다. 무거운 마음과 슬픔은 종일 가시지 않았다. 호텔을 떠나 공항으로 가고, 연착으로 공항에서

대기하고, 서부 해안으로 날아가는 내내 가슴이 답답했다. 슬픔과 무거움과 우울함이 견디기 힘들 정도였다. 샌디에이고를 돌던 중에서야 비로소 답답함이 사라졌다. 나는 하나님께 물었다. "아버지, 오늘 아침 회개하고 용서를 구했는데 마음의 기쁨과 평안과 만족이 왜 이제야 회복되었나요?"

주님의 음성이 들렸다. "네가 이 일의 심각성을 깊이 느끼도록 네 불순종의 무게를 감당하게 놔 두었다. 지난밤 예배 때 내가 너한테 맡긴 《관계》의 메시지를 필요로 하는 목사가 있었다. 지금이 그의 인생과 목회에서 정말 중요한 시기이다. 그런데 너는 내 지시에 불순종했다. 다시는 이런 일이 일어나지 않게 하라는 경고의 차원에서 네가 마음의 무거움을 느끼도록 놔 두었다. 이제 새로운 도시이다. 이곳에서는 내 말에 순종해라."

지난밤은 청중, 콘퍼런스 팀, 리더까지 모두가 만족한 시간이었다. 나중에 나는 그곳에 다시 초빙을 받았고, 그 예배의 결과로 일어난 놀라운 역사에 관한 소식도 들었다. 그날 밤 내가 하나님의 뜻대로 은사를 사용하지 않았지만 하나님이 내 은사를 통해 역사하신 것이 분명했다. 이런 일이 일어날 수 있다고 생각하는가?

성경에서 하나님께 받은 은사가 오용된 사례들을 보자. 모세를 생각해 보라. 모세는 이스라엘 백성을 약속의 땅으로 이끌고 가는 임무를 받았고, 그 임무를 위해 놀라운 기적을 행할 은사를 받았다.

한번은 하나님이 모세에게 바위를 향해 말을 하면 사람들이 마실 물이 나올 것이라고 말씀하셨다. 하지만 모세는 그 지시를 어기고 분노 가운데 바위를 쳤다. 그런데도 물은 나왔다. 사막 한복판에서 수백만 명이 마실 만큼 충분한 물이 나왔다. 이로써 모세의 이력에 또 하나의 눈부신 기적이 더해졌다! 다시 한 번 사람들은 리더의 은사에 감탄했다. 하지만 나중에

'콘퍼런스'가 끝나고 모세는 은사를 하나님의 지시대로 사용하지 않은 데 대한 문책을 당했다. 은사를 잘못 사용한 벌로 그는 약속의 땅에 들어가지 못하게 되었다. 생각할수록 정신이 번쩍 든다.

또 다른 예는 발람이다. 그는 이스라엘 백성에게 예언을 했고, 그의 말은 성경에 기록되어 오늘날까지 읽히고 있다. 자신의 예언이 하나님의 영원한 말씀에 포함되었으니 얼마나 영광인가! 하지만 이야기는 아직 끝이 아니다. 하나님은 발람에게 가지 말라고, 남들이 원하는 것을 하지 말라고 분명히 명령하셨다. 하지만 그가 "너는 그들과 함께 가지도 말고"(민 22:12)라는 명령을 어겼다. 그러나 그의 은사는 통했다. 이번에도 은사는 하나님의 뜻 밖에서 작용했다.

요지는 이것이다. 하나님은 우리에게 맡긴 은사를 사사건건 통제하시지 않는다. 하나님이 그런 식으로 우리를 관리하신다면 우리는 '청지기'라고 불릴 수 없다. 청지기는 맡은 것을 자율적으로 관리할 권위를 지닌 자이기 때문이다. 불의한 청지기에 관한 예수님의 비유에서 이를 알 수 있다.

> 어떤 부자에게 청지기가 있는데 그가 주인의 소유를 낭비한다는 말이
> 그 주인에게 들린지라 주인이 그를 불러 이르되 내가 네게 대하여 들은
> 이 말이 어찌 됨이냐 네가 보던 일을 셈하라 청지기 직무를 계속하지
> 못하리라(눅 16:1-2).

오늘날 청지기의 직분은 성경 시대만큼 흔하지 않기 때문에 중요한 것을 놓치기 쉽다. 우리는 부자가 상황을 알지 못하는 기간이 있었다는 사실에 주목할 필요가 있다. 부자는 매일 청지기의 일거수일투족을 감시하지

않았다. 청지기가 꽤 오랫동안 재산을 잘못 관리해 왔다는 사실을 그가 알게 된 것은 어디까지나 누군가가 고했기 때문이다.

창세기에 기록된 요셉의 이야기에서도 이것을 볼 수 있다. 요셉은 애굽 보디발 집 안의 노예로 시작했지만 승진을 거듭한 끝에 집 안 전체를 관리하는 '청지기'가 되었다. "주인이 그의 소유를 다 요셉의 손에 위탁하고 자기가 먹는 음식 외에는 간섭하지 아니하였더라"(창 39:6).

보디발은 요셉의 일을 일일이 간섭하거나 통제하지 않고 전적으로 그의 손에 맡겼다. 하나님이 당신과 나에게 은사를 맡기시는 것이 이와 비슷하다. 사도 베드로는 우리에게 하나님이 주신 여러 은혜(카리스마)의 선한 청지기가 되라고 권고한다.

내가 아닌 남을 위해
주신 은사

이 주제를 더 깊이 파헤쳐 보자. 먼저, 베드로의 말을 다시 한 번 되새기자. "각각 은사를 받은 대로 하나님의 여러 가지 은혜를 맡은 선한 청지기 같이 서로 봉사하라"(벧전 4:10).

청지기로서 우리는 은사를 사용하여 서로 '봉사해야' 한다. 다시 말하지만 은사는 우리가 아닌 남들을 위한 것이다. 여기서 '봉사하다'에 해당하는 단어는 '디아코네오'(diakonéō)이며 "해야 할 일에 초점을 맞추어 섬기다, 시중을 들다"란 뜻으로 정의된다.[6] 우리는 자신의 은사에 대해 섬김의 태도를 유지해야 한다. 우리의 은사는 값없이 받은 것이므로 다른 이의 삶을 세워 주는 일에 기꺼이 사용해야 한다.

우리는 하나님의 '여러 가지' 은혜를 관리하는 선한 청지기로서 '맡은 은사'를 사용하여 봉사해야 한다. 여기서 '여러 가지'에 해당하는 단어는 '다양한 종류'를 의미한다.[7] 하나님이 그분의 백성에게 주신 다양한 은사를 다 나열하려면 너무 많은 지면이 필요하다. 아니, 그런 리스트를 작성하는 것 자체가 불가능할지도 모른다. 어떤 은사들은 하나님 나라 건설과의 연관성이 분명히 보인다. 하지만 그 연관성을 찾기가 어려운 은사가 훨씬 더 많다. 예를 들어보자.

최근 한 유명한 목사에게서 그가 매년 진행하는 콘퍼런스 직전에 이루어진 흥미로운 대화에 관해서 들었다. 그 콘퍼런스는 유명해서 매번 자리가 없을 정도로 꽉 찬다. 팀이 행사장을 꾸미던 중 목사는 의사인 교인이 콘퍼런스 임원들의 자리에 유인물을 놓고 있는 것을 보았다. 목사는 그 의사에게 가서 말했다. "선생님은 이 일을 하실 필요가 없습니다. 이 일은 교역자들과 자원봉사자들이 해도 충분합니다."

그러자 의사는 매우 진지하면서도 정중하게 대답했다. "저는 매년 이 콘퍼런스를 위해 휴가를 냅니다. 하나님 나라의 건설을 위해서 뭔가를 할 수 있어서 제게 이번 주는 연중 가장 귀한 시간입니다."

목사에게서 이 이야기를 듣노라니 실로 안타까웠다. 그 의사는 하나님 나라의 건설에서 자기 은사의 가치를 제대로 모르고 있었다. 다시 말하지만, 하나님 나라의 건설과 직접적으로 연결된 은사들이 있는가 하면 간접적으로 연결된 은사들도 있으며 그런 은사라고 해서 조금도 덜 중요하지 않다.

이 의사는 프롤로그에서 소개한 스탠과 다르지 않다. 세상에 의사들이 없다면? 하나님 나라의 건설에서 다른 영역으로 부름을 받은 사람들이

다치거나 병에 걸려서 아프게 되면 어떻게 하는가? 의사의 도움이 없다면 많은 사람이 요절할 것이다.

이 점을 설명하기 위해 가상의 시나리오를 생각해 보자. 의사가 전업주부의 건강을 회복시키기 위해 자신의 은사를 사용한다. 그 결과, 이 여성은 병상에 누워 병과 싸우다가 일찍 죽지 않고 자녀들을 신앙 안에서 키우는 데 자신의 재능을 사용할 수 있다. 그 자녀들 중 한 명이 혁신 분야에서 은사를 보이고, 엄마는 그 은사를 키우도록 격려해 준다. 그 자녀가 컴퓨터 프로그래밍 학과를 졸업한 뒤에 소프트웨어 개발업체에 취직한다. 장성한 자녀는 이제 자신의 은사를 한껏 발휘하여 기존에 나온 그 어떤 기술보다도 훨씬 효과적인 새로운 커뮤니케이션 방식을 개발한다. 하지만 그녀의 혁신은 광고부서에 있는 동료가 아니면 큰 빛을 볼 수 없다. 그 동료는 자신의 은사를 사용하여 이 새로운 소프트웨어의 잠재력을 소매업체들과 소비자들에게 알린다.

탁월한 여성 사업가가 소유한 한 소매업체가 이 제품을 선택한다. 이 업체의 판매 팀에서 한 사람이 재능을 발휘하여 모든 민족을 제자로 삼는 사역 단체에 이 소프트웨어 패키지를 판매한다. 이 사역 단체에는 이 소프트웨어의 가치를 알아보고 구매할 것을 추천한 뛰어난 IT 전문가가 있다. 그는 이 소프트웨어를 기존의 시스템에 접목시킨다. 그 결과, 이제 이 사역 단체는 전 세계의 목회자들과 리더들에게 더 효과적으로 영향을 미칠 수 있게 된다. 결과는 무엇인가? 이 소프트웨어를 통해 구원을 받고 제자가 되는 남녀가 기하급수적으로 늘어난다.

심판대에서 예수님은 그 전업주부를 치료해 준 의사에게 그가 수많은 나라에서 구원으로 이끈 사람들을 보여 주실 것이다. 의사가 어떤 반응을 보일지는 충분히 예상 가능하다. 분명 그는 손사래를 칠 것이다. "저랑은 상관없는 일입니다. 저는 저런 나라에 가 본 적도 없습니다."

그러면 예수님은 그가 은사를 충성스럽게 사용한 결과 전 세계적으로 수많은 사람이 구원을 받고 믿음이 더욱 굳건해지는 연쇄반응이 있어난 과정을 낱낱이 보여 주실 것이다. 필시 예수님은 이 의사에게 말씀하실 것이다. "너는 의술을 펼칠 때 사람에게 하듯 하지 않고 주께 하듯 했다. 그 열매는 분명하다. 너의 순종은 많은 사람에게 영향을 미쳤다. 잘하였도다, 착하고 충성된 종아!"

혹시 이것이 정말로 성경적인 개념인지 궁금한가? 그렇다면 다음 구절을 읽어 보라.

> 무슨 일을 하든지 마음을 다하여 주께 하듯 하고 사람에게 하듯 하지 말라
>
> 이는 기업의 상을 주께 받을 줄 아나니(골 3:23-24).

이것은 하나의 시나리오이다. 이 외에도 가능한 시나리오는 무궁무진하다.

친구 목사에 관한 실제 이야기로 돌아가 보자. 그 의사가 1년에 한 주 동안만 만족감을 느끼는 삶에 신물이 난다면 어떠할까(물론 만족이 없는 것은 자신의 은사가 얼마나 중요한지 모르기 때문이다)? 그렇게 되면 결국 그는 1년 52주 내내 만족감을 느끼기 위해 의료계를 떠날 가능성이 높다. 그가 교회에서 전임 교역자가 되어 제자 훈련 수업을 위한 커리큘럼을 개발한다고 해 보자. 심판대에서 어떤 상황이 벌어질까? 그가 맡은 은사를 버린 결과, 큰 상을 받을 수 있을까?

안타깝게도 나는 자신의 은사가 교회 밖에서 빛을 볼 수 있다는 사실을 깨닫지 못해 고생을 하는 전임 교역자들을 많이 보았다. 하나님 나라를 위한 눈에 띄지 않는 역할들을 보기 위해서는 지식과 영적 분별력과 성숙함이 필요하다. 의료계에서 교육 분야, 정부, 체육계, 시장, 예술계, 언론계, 가정까지 어느 분야에 요긴한지에 상관없이 모든 은사는 하나님 나라의 건설에 중요하다. 창조주는 세상을 그렇게 설계하셨다.

심판대에서 예수님 앞에 서게 될 때까지 우리의 순종과 성공이 어떻게 연결되는지 보기 어려운 경우가 많다. 바울의 말처럼 "이와 같이 선행도 밝히 드러나고 그렇지 아니한 것도 숨길 수 없느니라"(딤전 5:25). 따라서 우리의 재능이 하나님 나라의 건설에 어떤 도움이 되는지 당장 알 수 없어도 "하나님이 각 사람을 부르신 그대로 행하라"(고전 7:17).

심판의 날
모든 것이 드러나다

우리가 청지기 직분에 관한 교과서로 사용하고 있는 바울의 말을 다시 보자.

> 내가 부득불 할 일임이라 만일 복음을 전하지 아니하면 내게 화가 있을 것이로다 내가 내 자의로 이것을 행하면 상을 얻으려니와(고전 9:16-17).

다음으로 강조할 부분은 '자의'가 '상'과 직결되어 있다는 점이다. 여기서 '자의'는 '태도'에 관한 것이다. 간단히 말해, 우리의 태도가 '이타적'이면 상을 받고 '이기적'이면 상을 받지 못한다.

'이타적'인 동기와 '이기적인' 동기에 관한 예를 들자면 끝이 없을 것이다. 그래서 그냥 몇 가지 차이점을 살펴보고 넘어가자. 이타적인 태도는 이렇게 말한다. "내가 맡은 능력으로 남들을 섬기는 것이 얼마나 귀한 특권인가." 반면, 이기적인 태도는 이렇게 말한다. "내 능력으로 내가 무엇을 얻을 수 있을까?" 보다 직접적으로 표현하면 첫 번째 태도는 "당신을 위해 내가 무엇을 해 줄 수 있을까?"인 반면 두 번째 태도는 "내게 무슨 이익인가?"라고 말한다.

이타적인 태도는 "내게 무엇이 돌아오든 상관없이 최선을 다할 것이다"라고 말하는 반면, 이기적인 동기는 "내게 별로 이익이 없는데 왜 열심히 일하는가?"라고 말한다.

이타적인 동기는 "내 도움을 필요로 하는 사람이 너무 많기 때문에 계속해서 최선을 다해야 한다"라고 말하는 반면, 이기적인 동기는 "나는 이제 먹고 살 만큼 성공했으니 편하게 살 것이다"라고 말한다.

바울은 '태도' 혹은 '동기'의 중요성에 관해서 이렇게 말했다. "사람이 마땅히 우리를 그리스도의 일꾼이요 하나님의 비밀을 맡은 자(청지기)로 여길지어다." 그리고 곧바로 다음과 같은 말이 이어진다.

> 너희에게나 다른 사람에게나 판단받는 것이 내게는 매우 작은 일이라 나도 나를 판단하지 아니하노니 내가 자책할 아무것도 깨닫지 못하나 이로 말미암아 의롭다 함을 얻지 못하노라 다만 나를 심판하실 이는 주시니라 그러므로 때가 이르기 전 곧 주께서 오시기까지 아무것도 판단하지 말라 그가 어둠에 감추인 것들을 드러내고 마음의 뜻(마음속의 동기)을

나타내시리니 그때에 각 사람에게 하나님으로부터 칭찬이 있으리라(고전 4:3-5).

바울은 친구나 비판자, 자칭 권위자들의 평가, 심지어 자기 자신의 의견에도 신경을 쓰지 않았다. 이런 평가는 우리 모두가 결국 마주할 것, 즉 하나님의 평가에 비하면 아무런 의미가 없다. 진정 중요한 것은 우리의 청지기 직분에 대한 '예수님'의 평가이다.

물론 우리의 순종적인 '행동'이나 '일'은 심판의 날에 매우 중요한 역할을 한다. 예수님은 분명 이렇게 말씀하셨다. "보라 내가 속히 오리니 내가 줄 상이 내게 있어 각 사람에게 그가 행한 대로 갚아 주리라"(계 22:12). 이것은 어느 하나를 선택하는 문제가 아니다. '동기'와 '행함'은 둘 다 중요하다. 심판대에서 둘 다 조사를 받을 것이다.

바울이 비신자들의 심판을 말하는 것이라고 생각하는 이들도 있을 것이다. 이것이 비신자들이 예수 그리스도의 구원하시는 은혜를 받지 못한 탓에 죄의 심판을 받을 '백보좌 심판'(great white throne judgment)을 말하는 것일까? 절대 그렇지 않다. 크고 흰 보좌의 심판에서는 누구도 바울이 말한 하나님의 '상'을 받지 않기 때문이다.

이 구절의 배경을 놓치지 말아야 한다. 지금 바울은 '청지기 직분'을 논하고 있다. 따라서 이 구절의 의미는 더없이 분명하다. 우리가 재능을 사용할 때의 '감추인 것들'과 '마음의 뜻'이 심판대에서 훤히 드러날 것이다. 나로서는 이 사실이 심히 마음에 걸린다.

내가 설교해야 할 메시지에 관한 하나님의 지시를 거부했던 이야기가 기억나는가? 그 모임에 참석했던 사람들은 그날 내가 '새로운' 메시지를 전한 것이 하나님께 순종한 것이라고 믿고 있을 가능성이 높다. 하지만 그것은 사실이 아니다. 심판대에서 그들은 나의 불순종을 알게 될 것이다. 예수님은 분명 그렇게 말씀하셨다.

> 감추인 것이 드러나지 않을 것이 없고 숨긴 것이 알려지지 않을 것이 없나니 이러므로 너희가 어두운 데서 말한 모든 것(우리의 숨은 동기와 비밀)이 광명한 데서 들리고 너희가 골방에서 귀에 대고 말한 것이 지붕 위에서 전파되리라(눅 12:2-3).

심판대에서 나는 그날 저녁 내게서 《관계》에 관한 메시지를 듣지 못한 이들에게 사과를 해야 할 가능성이 크다.

예수님은 우리에게 무엇을 기대하시는가?

이제 우리는 청지기 직분을 정확히 이해하는 것이 얼마나 중요한지를 분명히 알았다. 이제 가장 중요한 질문은 이것이다. "예수님은 우리에게 무엇을 기대하시는가?"

다시 말해, 예수님은 심판대에서 우리가 맡은 은사를 어떻게 사용했는지 확인하실 때 어떤 결과를 원하실까? 우리는 맡은 은사를 사용한 것에 대한 심판을 받을 것이다. 그것을 어떻게 아는가? 예수님이 그렇게 말씀하셨기 때문이다. "내가 한 그 말이 마지막 날에 그를 심판하리라"(요 12:48).

다음 장에서부터는 예수님이 우리에게서 무엇을 기대하시는지에 관해서 논해 보자. 이것이 이 책의 핵심 주제이다.

PART 2

X:MULTIPLY
YOUR GOD-GIVEN
POTENTIAL

내 안에 품은
하나님의 크기만큼
은사가 자라다

4장

하나님을 향한
사랑이
출발점이다

맡은 자들에게 구할 것은 충성이니라

(고전 4:2).

사도 바울은 자신과 아볼로를 예수 그리스도의 '종'이요 맡은 은사의 '청지기'로 여겼다. 앞서 우리는 이런 정체성이 이 두 위대한 사역자나 현대 교회의 리더만이 아닌 모든 신자에게 적용된다는 사실을 배웠다. 당신과 나도 예수 그리스도의 종이며, 이 역할을 수행하기 위한 주된 방식은 맡은 은사의 선한 청지기가 되는 것이다.

이제 청지기에게 무엇이 요구되는지에 관한 문제로 관심을 돌려 보자. 위의 구절에서 언급된 특성은 하나뿐이다. 바로 충성이다. 이 주제를 본격적으로 파헤치기에 앞서 2-3개 이상의 특성이 언급되지 않았다는 사실에 관해 생각해 보자. 바울은 청지기가 기뻐하거나 강해지거나 성경에 통달하거나 동정심이 많은 것 같은 경건한 특성들을 갖추어야 한다고 말할 수도 있었겠지만 그렇게 하지 않았다. 물론 이런 특성이 중요하지 않다는 말이 아니다. 다만 여기서는 분명 한 가지 특성만 언급되고 있으며, 바로 이것이 예수님이 우리에게 '요구하시는' 바이다. 따라서 우리가 선한 청지기가 되어 언젠가 우리 주인께 "잘하였도다"라는 칭찬을 듣기 위해서는 이 특성을 정확히 이해하는 일이 매우 중요하다.

충성의
정의

나는 전 세계의 리더들에게 메시지를 전하는 특권을 누려 왔다. 그들의 대다수는 목회자들이었지만 기업, 정부, 교육계, 체육계의 리더들도 있었다. 나는 그들에게 '충성'을 한 단어로 정의해 보라는 말을 자주 한다. 그러면 리더답게 너도 나도 의견을 제시한다. 가장 많이 나온 답은 다음과 같다.

- 변함없는
- 일관된
- 믿을 만한
- 충실한
- 헌신된
- 진실한
- 굳은
- 순종적인

다른 답들도 있었지만 이런 답이 가장 많이 나왔다. 그리고 이 모든 답은 '충성'의 사전적 정의와 잘 어울린다. 하지만 내가 듣지 못한 아주 중요한 정의가 하나 있다. 그 어디서도 듣지 못한 답은 바로 '배가'이다.

혹시 방금 이런 생각을 했는가? '배가? 그것은 충성의 정의가 아니야!' 혹시 내 국어 선생님들처럼 나의 언어 재능이 형편없어서 일도딩도않은 정의를 내놓았다고 생각하는가? 하지만 이번 장이 끝날 무렵에는 내 말에 동의할 뿐 아니라 이것을 충성의 가장 중요한 정의 중 하나로 인정하게 될 것이다.

달란트 비유를
통해 보는 '배가'

배가를 소개하기 위해 먼저 예수님의 달란트 비유를 보자. 수없이 읽은 구절이라고 해도 찬찬히 다시 읽어 보라.

> 어떤 사람이 타국에 갈 때 그 종들을 불러 자기 소유를 맡김과 같으니(마 25:14).

첫째, 이것은 비유이다. 따라서 문자 그대로 보면 안 되고 상징으로 봐야 한다. 성경 전체에 비추어서 해석해야 한다. 타국에 간 사람은 예수님을 의미한다. 종들은 당신과 나를 상징한다.

둘째, 주인이 멀리 타국으로 갔다는 것은 예수님이 우리에게 하나님 나라의 건설(그분이 돌아가신 목적)을 맡기신 지 2천 년이 흘렀다는 사실과 연결된다. 그분은 아직 돌아오시지 않았지만 지금만 해도 긴 시간이 흘렀다.

셋째, 이 비유는 청지기가 일일이 간섭을 받지 않는다는 점을 다시 보여 준다. 이 비유에서 주인은 멀리 떠났고, 매달 돌아와서 종들의 실적을 확인하지 않았다. 이 비유에 따르면 그는 돌아올 때까지 종들의 일을 점검하지 않았다.

이야기는 계속된다.

> 각각 그 재능대로 한 사람에게는 금 다섯 달란트를, 한 사람에게는 두 달란트를, 한 사람에게는 한 달란트를 주고 떠났더니(마 25:15).

이 이야기에서 종들이 맡은 것은 돈이다. 대부분의 역본은 '달란트'란 단어를 사용하는데 이 단어에 해당하는 헬라어 단어는 '탈란톤'(tálanton)이다. 달란트는 무게의 단위였으며, 주로 금이나 은의 무게를 잴 때 사용되었다. 한 달란트는 약 75파운드(약 34킬로그램)이다. 대부분의 전문가들은 은 한 달란트의 가치를 약 18,000달러로 추정한다(약 2천만 원; 추정치는 다양하지만 크게 차이가 나지는 않는다). 모든 전문가가 동의하는 사실은 신약이 1달란트를 매우 큰 액수로 제시한다는 것이다. 은 75파운드는 결코 푼돈이 아니다!

하지만 개인적으로 나는 이 비유를 해석하는 데 정확한 액수는 중요하지 않다고 생각한다. 어쨌든 1달란트는 매우 큰 책임을 의미하는 것만큼은 확실하다.

그리고 나는 이 비유가 돈에도 적용될 수 있지만 예수님은 기본적으로 돈에 관해 말씀하신 것이 아니라고 생각한다. 실제로 예수님은 비유에서 문자 그대로를 의미하신 적이 별로 없다. 예수님의 비유에서 알곡은 경건한 사람, 쭉정이는 악한 사람, 씨앗은 말씀, 가시는 삶에 대한 걱정, 추수는 세상의 끝, 추숫꾼은 천사를 의미하는 식으로, 문자 그대로를 의미하지 않는다. 신약 전체를 보면 이 달란트는 '카리스마', 즉 우리가 맡은 은사를 의미하는 것이 분명하다.

이 이야기에서 또 다른 중요한 점은 모든 종이 똑같은 양을 받지는 않았다는 것이다. 이 점은 뒤에 가서 자세히 살펴보겠지만, 이 점은 내가 앞서 우리가 맡은 것을 '은사'로 해석한 이유이다. 어떤 이들은 1개, 어떤 이들은 2개, 어떤 이들은 그 이상을 받았다.

양이 다른 것은 은사의 크기를 의미하기도 한다. 솔직해져 보자. 남들보다 큰 은사를 받은 이들이 있다. 노래의 은사를 받아 노래로 사람들의 심금을 울리는 사람은 많다. 하지만 모든 가수가 셀린 디온(Céline Dion)이나 안드레아 보첼리(Andrea Bocelli)만한 재능을 갖고 있지는 않다. 따라서 각 달란트는 특정한 은사나 은사의 크기를 의미한다고 말할 수 있다. 이 비유를 계속해서 보자.

> 다섯 달란트 받은 자는 바로 가서 그것으로 장사하여 또 다섯 달란트를 남기고 두 달란트 받은 자도 그같이 하여 또 두 달란트를 남겼으되 한 달란트 받은 자는 가서 땅을 파고 그 주인의 돈을 감추어 두었더니 (마 25:16-18).

이 비유에 현실감을 불어넣기 위해 이 종들에게 이름을 붙여 보자. 세 종을 각각 갑을병으로 부르자. 갑은 다섯 달란트로 시작하여 받은 것을 '배가시켰다.' 을은 두 달란트를 '배가시켜' 네 달란트로 시작하여 받은 것을 '배가시켰다.' 하지만 을은 자신이 맡은 은사를 배가시키지 않고 그대로 '유지시켰다.' 이제 계산식으로 정리를 해 보자.

갑: $5 \times 2 = 10$

을: $2 \times 2 = 4$

병: $1 = 1$

이제부터 이 이름을 계속해서 사용하도록 하겠다.

배가하지 못한
가장 큰 이유, 두려움

다시 말하지만, 이 비유에서 예수님이 '타국'이란 표현을 사용하셨다는 점에 주목할 필요가 있다. 이야기는 긴 여행을 언급하면서 시작되었다. 그리고 또 예수님은 이렇게 말씀하신다. "오랜 후에 그 종들의 주인이 돌아와 그들과 결산할새"(마 25:19). 주인이 각 종에게 요구한 결산은 우리 모두가 맡은 은사를 사용한 데 대해 받게 될 심판을 의미한다. 먼저 갑을 살펴보자.

> 다섯 달란트 받았던 '갑'은 다섯 달란트를 더 가지고 와서 이르되
> 주인이여 내게 다섯 달란트를 주셨는데 보소서 내가 또 다섯 달란트를
> 남겼나이다(20절).

주인의 판결을 들어보자.

> 그 주인이 이르되 잘하였도다 착하고 충성된 종아 네가 적은 일에
> 충성하였으매 내가 많은 것을 네게 맡기리니 네 주인의 즐거움에
> 참여할지어다 하고(21절).

이것은 절대 놓치지 말아야 할 중요한 점이다. 주인은 "네가 충성하였으매"라고 말한다. 주인의 말을 어떻게 분석해도 다른 해석은 있을 수 없다. 예수님은 '충성'을 '배가'와 직접적으로 연결시키신다. 주인의 말을 찬찬히 다시 읽어 보라. 이 외에 주인이 강조한 갑의 다른 행동들은 없다. 주

인은 갑이 변함없거나 믿을 만하거나 충실하거나 헌신되거나 진실하다는 식으로 '충성'의 다른 정의를 꼽지 않았다. 그렇다고 오해해서는 안 된다. 이런 훌륭한 특성들이 충성과 상관없다는 뜻이 전혀 아니다. 단지 이런 특성이 언급되거나 강조되지 않았다는 말이다. 그는 청지기 직분의 다른 미덕이나 행동이나 결과를 언급하지 않고 오직 갑이 받은 것을 배가했다는 점만 강조한다. 즉 그는 '충성'을 '배가'에 직접적으로 연결시키고 있다.

을에 대해서도 마찬가지다. 을에 관한 기술을 자세히 읽어 보라.

> 두 달란트 받았던 '을'도 와서 이르되 주인이여 내게 두 달란트를 주셨는데 보소서 내가 또 두 달란트를 남겼나이다(22절).

주인의 판결은 처음과 동일하다.

> 그 주인이 이르되 잘하였도다 착하고 충성된 종아 네가 적은 일에 충성하였으매 내가 많은 것을 네게 맡기리니 네 주인의 즐거움에 참여할지어다 하고(23절).

이번에도 예수님은 '충성'과 '배가'를 직접적으로 연결시키신다. 다른 행동이나 미덕이나 결과는 강조하시지 않는다! 예수님은 주인의 강조점을 희석시키시지 않는다. 강조점은 하나뿐이다. 이 종은 맡은 것을 배가했고, 그것이 충성과 동일시되고 있다.

을은 갑이 받은 것과 정확히 같은 평을 듣는다. 이는 심판의 날 우리의 배가 '점수'는 우리의 노력에 달려 있다는 사실을 보여 준다. 예수님은 은사의 개수나 크기에 상관없이 우리를 똑같이 기뻐하실 것이다. 중요한 것은 우리가 은사를 배가했느냐 하는 것이다.

자신의 열매를 배가한 전업주부가 좋은 예이다. 그녀는 자신의 사업을 배가해서 하나님 나라의 건설을 위해 드린 기업가와 동일한 칭찬을 받을 것이다.

이제 병에게서 시선을 돌려보자.

> 한 달란트 받았던 '병'은 와서 이르되 주인이여 당신은 굳은 사람이라
>
> 심지 않은 데서 거두고 헤치지 않은 데서 모으는 줄을 내가 알았으므로
>
> 두려워하여 나가서 당신의 달란트를 땅에 감추어 두었었나이다 보소서
>
> 당신의 것을 가지셨나이다(24-25절).

병의 판결로 넘어가기 전에 몇 가지 중요한 사실을 짚고 넘어가자. 첫째, 병은 자신이 맡은 것을 배가하지 않고 그대로 유지시켰다. 그가 맡은 것을 배가하지 않은 이유에도 주목해야 한다. 무엇보다도, 그는 주인의 성품을 알지 못했다. 그는 주인을 가혹한 사람으로 오해했다. 오랫동안 나는 세상의 많은 곳에서 다양한 이력을 가진 신자들을 목회하면서 그들이 열매를 맺지 못하는 주된 장애물 중 하나는 하나님의 본성을 알지 못하기 때문이라는 사실을 발견했다(이 문제는 뒤에 가서 자세히 살펴보자).

하나님을 제대로 보지 못하면 은사를 배가하지 않는 원인이 증폭된다. 그 원인은 바로 '두려움'이다. 병은 두려웠다! 두려움이나 겁은 우리의 은사를 사장시킨다. 이것은 너무 중요해서 아무리 강조해도 지나치지 않다. 나는 오랫동안 두려움에 시달렸기 때문에 이것을 누구보다 잘 안다(이것도

나중에 자세히 이야기하도록 하겠다). 이제 병에 대한 판결을 보자.

> 그 주인이 대답하여 이르되 악하고 게으른 종아(26절).

잠시 이 진술을 찬찬히 뜯어보자. 세 사람 다, 즉 갑과 을만이 아니라 병도 '외부인'이 아니라 '종'이라는 사실을 기억하자. 그들의 노력을 평가하는 사람은 '그들 모두의' 주인이다. 하지만 병만은 다른 두 종처럼 "잘하였도다, 착하고 충성된 종아!"라는 칭찬을 듣지 못한다. 대신 "악하고 게으른 종아!"라는 꾸지람을 듣는다. 여기서 예수님은 구원이 아니라 우리가 재능을 관리한 것에 대한 심판을 이야기하고 계신다. 우리는 각자 노력에 따라 상을 받거나 꾸지람을 듣게 된다.

주인의 두 가지 엄한 질책을 보자. 먼저 소화하기 쉬운 부분부터 살펴보자. '게으른'에 해당하는 헬라어 단어는 '오크네로스'(oknērós)다. 이 단어의 정의는 "지체하는, 느린, 더딘, 나태한, 게으른"이다.[8] 다른 사전은 이것을 "가치 있는 뭔가에 참여하기를 꺼려하거나 머뭇거리는 것과 관련된, 야망이 부족한 것을 함축하는"으로 정의한다.[9]

헬라어 전문가인 내 친구 릭 레너(Rick Renner)는 '오크네로스'에 관해서 이렇게 말한다. "삶에 대해 빈둥거리고 무기력하고 태만하고 냉담하고 무관심하고 미적지근한 태도를 가진 사람을 의미한다." 이 세 가지를 종합하면 보다 광범위하고 깊이 있는 정의를 얻을 수 있다.

두려움에 빠지면 우리가 해야 하는 일 혹은 할 수 있는 일에 참여하기를 머뭇거리거나 꺼려하게 된다. 무기력하면 해야 할 일을 할 열정이 없다. 무관심하면 만사가 귀찮아 행동할 생각조차 하지 않는다. 이 두 경우를 비롯해서 이 헬라어 단어가 의미하는 '게으른'은 다양한 상황에서 비롯할 수 있다. 하지만 이 종은 '두려워하여'라고 고백한다. 이 종에게 게으름의 다양한 측면이 작용했을 수 있지만 주된 요인은 두려움이었다.

뭔가를 반드시 해야 한다는 생각을 해 본 적이 있는가? 그 생각을 떨쳐 낼 수 없다. 특히 기도할 때마다 그 생각이 떠오른다. 하지만 실패할까 봐 두려워서 그 일을 계속해서 미룬다. 너무 오래 미루다보니 결국 다른 누군가가 그 일을 해 버린다. 후회가 막급하다. "저건 내 아이디어인데. 내가 했어야 하는데." 이것이 이 종에 관한 예수님의 요지이다. 그는 망설이고 또 망설였다. 한두 번이 아니라 청지기 직분을 맡은 기간 내내 망설였다. 그리고 대개 우리는 한두 번 이후에는 시도를 한다. 하지만 계속해서 미루고 피하면 결국 우리의 청지기 직분은 아무런 열매를 맺지 못한다.

하나님이 처음 내게 글을 쓰라고 말씀하셨을 때 나는 10개월 동안 주저했다. 글을 쓰기가 두려웠다. 글쓰기에 자신이 없었기 때문이다. 대학교에서는 한 학우가 남들 앞에서 내 글을 비판했다. 그룹 토론 중에 서로의 글을 읽는 시간이 있었는데 그 친구는 대놓고 내 글의 문제점을 지적했다. 그날 학우에게 비판을 받은 학생은 오직 나뿐이었다.

내가 글쓰기를 두려워한 데는 그럴 만한 이유가 있었다. 나는 언어 영역에서 늘 형편없는 점수를 받았고 많은 선생님께 부정적인 의견을 들었으며 학우에게까지 비판을 받았다. 전적이 너무 좋지 않았다. 그래서 망설일 수밖에 없었다. 그리고 글을 쓰면 많은 시간을 빼앗길 수밖에 없다. 글을 쓰면 이제 막 시작한 사역을 키우는 일을 소홀히 할 수밖에 없었다. 그래서 내가 하나님의 명령에 순종하기 위해서는 이런 두려움과 걱정을 떨쳐 내야만 했다.

내가 오래 머뭇거리다가 결국 하나님의 명령에 순종하지 않았다면 어떻게 되었을까? 앞서 언급했던 두 여성을 통해 하나님이 말씀하셨던 것과 같은 결과가 나타났을 것이다. 그러니까 하나님은 그 사명을 이룰 수 있는 다른 사람, 이를테면 '갑'에게 내 재능을 주셨을 것이다. 갑이 나의 일을 대신 받았을 것이다. 그러면 나는 지금 어떤 모습일까? 그런 일이 반복되면 심판대 앞에서 '게으른' 종이라는 꾸지람을 받을 수밖에 없다.

내 운명이 글쓰기에 있는 줄 전혀 몰랐다. 이십대의 나에게 누구라도 "하나님이 책을 통해 당신을 열국으로 보낼 것입니다"라고 말하면 나는 코웃음을 쳤을 것이다. "정신이 나갔군! 나는 책은 고사하고 3페이지 글도 쓸 줄 모르는 사람이오." 하지만 지금 내 책들은 전 세계적인 베스트셀러로, 100개 이상의 언어로 번역되어 수천만 부가 팔렸다. 내가 순종하지 않았다면? 내가 두려움에 발목이 잡혀 주저앉았다면? 나는 이 놀라운 기회를 놓칠 수도 있다. 생각을 해도 끔찍하다.

이번에는 주인이 세 번째 종에게 한 말에서 좀 더 받아들이기 힘든 부분에 초점을 맞춰 보자. '악한'이란 표현은 너무 심해 보인다. 하지만 예수님은 어떤 단어도 경솔하게 사용하시지 않았다. '악'에 해당하는 헬라어 단어는 '포네로스'(ponērós)이다. 이 단어의 정의는 '심각한 흠을 지녀, 결과적으로 쓸모가 없는'이다.[10]

병이 맡은 것을 어떻게 관리했는지를 보면 이 정의가 딱 어울린다. 바울은 자신이 하나님의 은사를 충성스럽게 관리하지 않으면 "내게 화가 있을 것이로다"라고 말했는데, 이 표현도 병에게 딱 어울린다. 병이 주인의 성품을 잘못 이해한 것은 보통 심각한 흠이 아니었다. 그것이 두려움을 불러 일으켰기 때문이다. 그래서 그는 은사를 관리하는 일에 '쓸모없는' 종이었다. 물론 이것은 매우 강한 표현이다. 하지만 바울이 재능을 방치한 것에 대해 실로 강한 표현을 사용한 것을 보면 병의 행동에 '쓸모없는'이란 표현은 지극히 합당하다.

다시 말하지만 이것은 우리의 구원에 관한 것이 아니라 맡은 은사의 사용에 관한 것이다. 이에 관한 하나님의 시각은 다음과 같다.

- 배가하는 자는 선하고 충성되다.
- 단순히 유지만 하는 자는 심각한 흠이 있고 쓸모없고 게으르다.

충성에 대한 우리의 시각이 불완전한 것은 아닐까? 이런 예를 생각해 보자. 경기가 매우 좋은 지역에 사는 사업가가 있다. 그가 아버지에게서 물려받은 작은 상점을 통해 수익은 내고 있지만, 성장하지는 못하고 있다. 그는 도시의 다른 지역에 지점들을 낼 기회가 있었다. 하지만 그는 사업의 은사가 충분했음에도 현상 유지에 만족했다.

자, 앞서 비유에서 병이 받은 판결에 비추어 두 가지 중요한 질문을 해 보자. 이 사업가는 하나님 나라의 건설을 위해 새로운 상점들을 열어 다른 시장들로 사업을 확장해야 할까? 그가 몸을 사린 것은 불충한 종의 '유지' 전략과 다를 바 없지 않은가?

우리가 충성에 대해 예수님과 똑같은 잣대를 사용해 왔는가? 이 사업가는 나름대로 풍족하게 살고 있지만 중요한 질문은 이것이다. 그가 은사를 배가하고 있는가? 유지하고 있는가? 우리의 평가 방식을 솔직히 반성해 보자. 우리가 배가라는 요소를 고려하지 않고 신뢰성만으로 충성을 평가하고 있는가? 확장하는지는 따지지 않고 변함없는지만 보는가? 배가에는 관심을 기울이지 않고 일관성만 따지는가? 우리가 충성의 모든 의미를 두루 고려하지 않고 있지는 않은가? 받은 은사를 배가하는 부분을 간과하고 있지는 않은가?

하나님이 남자와 여자를 이 땅에 두실 때 처음 주신 명령은 "생육하고 번성하여(배가하여)"였다(창 1:28). 물론 이는 자손을 낳아 땅을 가득 채우라는 명령이었다. 하지만 이는 하나님이 우리에게 무엇을 맡기시든 배가하여 돌려 드려야 한다는 의미로도 해석할 수 있다. 우리는 뭐든 배가해야 한다. 달란트 비유에서 예수님은 이 창세기의 첫 명령을 특별히 우리가 맡은 은사들에 적용시키신다.

나의 능력이 아닌 하나님의 능력으로!

부담감이 느껴지는가? 충분히 그럴 수 있다. 하지만 명심하라. 하나님의 은혜면 충분하다. 하나님은 이 일을 우리의 힘으로 하라고 명령하시지 않았다. 그분의 '카리스'와 '카리스마'로 하라고 명령하셨다. 내가 이 책을 쓴 것은 당신을 낙심시키기 위해서가 아니라 하나님이 주신 잠재력을 깨닫고 하나님의 은혜와 은사에 대한 믿음이 강해지도록 돕기 위해서이다. 당신에게 너무 무거워서 도저히 감당할 수 없는 짐을 지울 생각은 추호도 없다. 바울은 하나님께 짐을 벗겨 달라고 세 번이나 울부짖었는데 하나님이 어떻게 대답하셨는지 보라.

내 은혜가 네게 족하도다 이는 내 능력이 약한 데서 온전하여짐이라 하신지라 그러므로 도리어 크게 기뻐함으로 나의 여러 약한 것들에 대하여 자랑하리니 이는 그리스도의 능력이 내게 머물게 하려 함이라 그러므로 내가 그리스도를 위하여 약한 것들과 능욕과 궁핍과 박해와 곤고를 기뻐하노니(고후 12:9-10).

'약함'에 해당하는 헬라어의 정의 중 하나는 '한계'이다. 당신과 나만 때로 한계를 느끼는 것은 아니다. 모든 사람은 한계를 안고 살아가며, 그 대단한 사도 바울도 다르지 않았다. 물론 이 구절에서 그는 특별히 모든 도시에서 마주했던 저항, 반대, 육체적 핍박을 말하고 있다(고후 11장 참조). 하지만 이 진리는 우리 모두가 겪는 한계 상황이나 불가능해 보이는 상황에도 적용된다. 쉽지는 않지만 이런 진리로 인해 우리는 하나님의 능력을 의지하면서 결심을 굳게 해야 한다. 우리의 마음을 향해 외치는 한계의 소리에 '귀를 기울이지' 말고 하나님 말씀을 '말해야' 한다. 자신의 소리에 너무 귀를 기울이지 말고 자신을 향해 말해야 한다.

바울은 하나님의 개입을 세 번이나 간구했지만 매번 하나님은 그에게 '카리스'를 상기시키셨다. 세 번 만에 바울은 깨달았다. 그는 제약이 자신을 의지하지 않고 하나님의 은혜와 은사를 믿고 의지하게 만드는 고마운 선물임을 깨달았다. 이것이 그의 태도가 "하니님, 이것을 거두어 기십시오!"에서 "내 한계를 '기뻐'한다"로 바뀐 이유이다. 그가 정말로 '기쁨'이라고 말했는가? 그렇다! 이제 그는 '자신이 믿기만 하면' 눈앞의 일이 더 불가능할수록 하나님의 능력이 더 크게 나타난다는 사실을 깨달았다.

자, 중요한 진리를 소개한다. 우리가 배가하기 위해 필요로 하는 은혜는 믿음을 통해서만 받을 수 있다! 바울은 이렇게 말한다. "우리가 믿음으로 서 있는 이 은혜에 들어감을 얻었으며"(롬 5:2). 이렇게 상상해 보라. 믿음은 배가에 필요한 은혜가 우리의 마음속으로 들어오는 도관이다. 이 메시지를 들으면 믿음 혹은 도관이 줄어드는 것이 아니라 커져야만 한다. 하지만 어디까지나 선택은 당신의 몫이다. 성경은 다음과 같이 말한다.

> 그 말씀이 그들에게 유익하지 못한 것은 듣는 자가 믿음과 결부시키지
> 아니함이라 이미 믿는 우리들은 저 안식에 들어가는도다(히 4:2-3).

당신이 읽고 있는 메시지를 '유익하지 못한' 시각으로 보지 말고, 이 메시지를 믿음과 결부시키라. 하나님의 말씀은 이스라엘 백성에게 두 가지 효과를 낳았다. 첫째, 모세와 여호수아와 갈렙에게는 '유익'했다. 그들은 말씀을 긍정적인 시각으로 보고서 강해졌다. 하지만 같은 말씀이 다른 이스라엘 백성에게는 '유익하지' 않았다. 그들은 그 말씀을 부정적인 시각으로 보았다. 이것이 믿음과 불신의 차이점이다.

하나님이 그분의 능력보다 더 큰 능력을 부어 주실 줄 믿으라. 하나님은 은혜에 의지하는 것 외에 능력으로 갈 수 있는 다른 길을 주시지 않았다. 믿는 자는 '참된 안식에 들어간다.' 결과를 얻기 위해 자신의 힘으로 애쓰는 천형에서 벗어난다. '안식'이란 무엇인가? 하나님의 능력에 의지해서 자신의 임무를 이루는 일이다. 안식에 들어가면 우리가 배가할 수 있도록 하나님이 인도해 주신다.

이것이 다윗이 "하나님의 마음에 맞는 사람"이라 불린 이유 중 하나이다. 그는 자신의 힘이 아닌 하나님의 능력을 의지했다. 그는 반복적으로

"여호와는 내 생명의 능력이시니"라고 선포했다(시 27:1). 그가 성취한 모든 일에는 한 가지 공통분모가 있었다. 언제나 하나님의 능력을 의지했다는 것이다. 그래서 하나님의 능력이 그의 안에서, 그리고 그를 통해서 나타났다. 이것이 바울이 두려움과 무기력에 시달리던 자신의 영적 아들 디모데에게 이렇게 말한 이유이다. "내 아들아 그러므로 너는 그리스도 예수 안에 있는 은혜 가운데서 강하고"(딤후 2:1).

이것이 내가 달란트 비유를 논하기 전에 먼저 첫 번째 장과 두 번째 장에 걸쳐 '카리스'와 '카리스마'를 자세히 설명한 이유이다. 우리의 힘으로 청지기 직분을 감당하려고 하면 버겁고 낙심이 될 수밖에 없다. 소명은 우리의 능력으로 감당하기에는 너무 크다는 사실을 절대 잊지 말라! 이것이 성경에서 다음과 같이 말하는 이유이다.

형제들아 너희를 부르심을 보라 육체를 따라 지혜로운 자가 많지 아니하며 능한 자가 많지 아니하며 문벌 좋은 자가 많지 아니하도다 그러나 하나님께서 세상의 미련한 것들을 택하사 지혜 있는 자들을 부끄럽게 하려 하시고 세상의 약한 것들을 택하사 강한 것들을 부끄럽게 하려 하시며 하나님께서 세상의 천한 것들과 멸시받는 것들과 없는 것들을 택하사 있는 것들을 폐하려 하시나니 이는 아무 육체도 하나님 앞에서 자랑하지 못하게 하려 하심이라(고전 1:26-29).

왜 부름을 받은 자들 중에 지혜롭고 강하고 문벌이 좋은 자들은 적을까? 재능을 타고난 사람들은 자기 힘으로 '성공하기가' 쉽기 때문이 아닐까? 그들은 어리석다. 그들은 자신을 남들과 비교하며 우월감을 느낀다.

하지만 그렇게 하지 말고 창조주의 부르심을 통해 자신을 보아야만 한다.

바울은 달랐다. 그는 남들에 비해 지혜롭고 문벌이 좋았다. 하지만 구원을 받고 나서는 이 모든 타고난 능력을 배설물로 여기고 철저히 하나님의 능력을 의지해서 살았다. 그는 웬만한 사람들보다 지혜로웠지만 그 지혜도 하나님의 지혜에 비하면 어리석음일 뿐이라는 사실을 깨달았다(빌 3:4-11 참조).

하나님은 부지런한 자의
풍요를 인정하신다

예수님의 비유에 관해서 계속해서 살펴보자. 이 비유는 더 이상 강하고 충격적일 수 없을 것 같지만 점점 더 심해진다.

그에게서 그 한 달란트를 빼앗아 열 달란트 가진 자에게 주라(마 25:28).

잠깐! 지금 우리가 제대로 읽은 것인가? 그렇다. 주인은 병에게서 은 달란트를 빼앗아 갑에게 주라고 명령한다. 계산식으로 정리를 해 보자.

갑: 5 × 2 = 10 + 1(병에게서) = 11

병: 1 - 1(갑에게) = 0

갑의 것은 11개가 되고 병의 것은 0이 된다!

하루는 기도를 하던 중 마음속에 들린 소리에 깜짝 놀랐다. 그때 나는 달란트 비유에 관한 생각을 하지 않은 지 꽤 오래였다. 그날 아침 성령의 음성이 들렸다. "아들아, 내 생각은 사회주의적이라기보다는 자본주의적이다."

무슨 말인가? 나도 모르게 눈이 커졌다. 하지만 당시는 하나님과 동행한 지 꽤 오래된 터라 하나님이 내가 모르는 것을 밝혀 주시려는 것임을 금방 알아챘다. 때로 하나님은 종교적이거나 정상적인 생각과 상반되어 보이는 진리, 심지어 황당하기까지 해 보이는 진리를 깨우쳐 주기도 하신다. 이번 말씀은 황당하게 들렸다. 나는 하나님이 자본주의적이기보다는 사회주의적이라고 생각했기 때문에 깨우쳐 달라고 요청했다.

그날 아침 하나님은 나를 이 비유로 이끄시며, 그분의 생각이 사회주의적이라면 이 비유는 전혀 달라졌을 것이라는 점을 보여 주셨다. 이야기는 3명의 종이 모두 똑같은 양의 달란트를 받는 것에서 시작된다.

갑: 3

을: 3

병: 3

갑과 을은 충성스럽게 일했지만(배가했지만) 병은 쓸모없고 게으른 탓에 현상 유지를 했다. 그 결과는 다음과 같을 것이다.

갑: $3 \times 2 = 6$

을: $3 \times 2 = 6$

병: $3 = 3$

사회주의적인 가상의 하나님은 다음과 같이 하셨을 것이다.

갑: 6 - 1 = 5

을: 6 - 1 = 5

병: 3 + 1(갑에게서)

    + 1(을에게서) = 5

모든 종이 5달란트를 갖게 될 것이다! 하지만 실제 비유는 이렇게 끝나지 않는다. 하나님은 병에게서 1달란트를 빼앗아 10달란트 가진 종에게 주신다. 왜일까? 예수님은 이렇게 설명하신다.

무릇 있는 자는 받아 풍족하게 되고 없는 자는 그 있는 것까지
빼앗기리라(마 25:29).

하나님이 자본주의자라는 말은 아니다. 하나님은 절대 자본주의자가 아니시다! 단지 이 사회주의보다 자본주의가 더 비유를 이해하기가 쉽기 때문이다. 하나님의 뜻은 더 많이 배가하는 이들에게 상을 주시는 것이며 하나님은 부지런히 노력해서 성공하고 풍요를 누리는 것을 전혀 반대하시지 않는다. 위에서 예수님은 "풍족하게 되고"라고 말씀하셨다. 우리의 마음이 하나님 나라의 건설을 향해 있고 우리가 풍요를 타인을 위해 사용하는 한, 하나님은 우리가 풍요로워지기를 바라신다.

혹시 이런 말을 들어봤을지 모르겠다. "하나님은 물질을 반대하시지 않는다. 물질이 우리를 소유하는 것을 반대하실 뿐이다." 지극히 맞는 말

이다. 하나님 나라를 향한 열정으로 타오르는 이들에게 만족감은 물질을 쌓는 데서 오지 않는다. 그들은 하나님과 동행하고 그분이 주신 물질을 하나님 나라의 건설을 위해 사용하면서 만족감을 느낀다. 물질은 다른 사람을 세워 주기 위한 도구일 뿐이다. 지혜로운 자는 도구와 사랑에 빠지지 않는다.

잠시 멈춰서 중요한 진리 하나를 되새기자. 세상에는 가난한 사람들이 있다. 일할 능력이 없거나 스스로 밥벌이를 하기까지 이끌어 줄 사람을 필요로 하는 사람들이 있다. 우리는 그들을 돌봐 주어야 한다. 바울은 말한다. "너희가 짐을 서로 지라 그리하여 그리스도의 법을 성취하라 만일 누가 아무것도 되지 못하고 된 줄로 생각하면 스스로 속임이라"(갈 6:2-3).

초대 교회 지도자들은 맡은 임무도 달랐고, 사소한 문제들에 대한 의견도 천차만별이었다. 하지만 힘든 사람들을 도와야 할 책임에 대해서만큼은 의견을 같이 했다. 바울은 다음과 같이 썼다.

> 다만 우리에게 가난한 자들을 기억하도록 부탁하였으니 이것은 나도 본래부터 힘써 행하여 왔노라(갈 2:10).

그런데 누가 '어려운' 사람이고 누가 단순히 '게으른' 사람인지 분별할 줄 알아야 한다.

당신 안의 열정과
잠재력을 깨우라

　어떤 경우든 우리가 은사를 맡았으며 그것을 잘 사용하여 배가할 책임이 있다는 사실이 중요하다. 하나님을 사랑한다면 그분의 영광을 위해 은사를 열심히 사용할 수밖에 없다. 이 책에서 나의 주된 목적은 당신 안의 열정과 잠재력이 깨어나도록 돕는 것이다. 당신은 특별한 목적을 위해 창조되었다. 당신은 우리 왕의 영광을 위해 받은 것을 배가할 능력이 있다. 이것이 이번 장의 핵심이다.

　달란트 비유의 의미를 알았으니 이제 실질적인 문제들로 넘어갈 준비가 된 셈이다. 이것이 실제 삶 속에서는 어떻게 적용되는가?

　다음 장의 논의는 이 방향이 될 것이다.

5장

부지런한 자에게
더 많은 것을
맡기신다

지극히 작은 것에 충성된 자는 큰 것에도 충성되고 지극히 작은 것에
불의한 자는 큰 것에도 불의하니라(눅 16:10).

예수님의 말씀에 따르면 성실하고 변함없고 믿을 만하고 정직하고 부지런하게 살면서 현재 관리하고 있는 것을 배가하면 더 큰 책임을 받는다. 다시 말해, 현재 맡은 것을 열심히 배가하면 하나님이 더 큰 책임을 맡겨 주신다. 하나님이 높여 주신다. 이것이 하나님 나라의 법이다.

자신을 돌아보라. 가진 것을 배가하려는 자세로 살고 있는가? 아니면 현상 유지를 최우선으로 삼고 있는가? 여느 사람들 혹은 부모님보다 많은 것을 이룬 뒤로 안주해 왔는가? 먹고 살 만해진 뒤로 노력을 그만두었는가?

자신을 솔직히 평가해 보라. 배가할 생각은 없고 그저 현상 유지만으로 만족하고 있는가? 그렇다 해도 좋은 소식이 있다. 당신은 아직 이 땅에 있다. 변화될 시간이 충분하다. 배가하여 더 많은 책임을 받을 시간이 아직 있다.

두 가지
다른 결과

어린 시절에도 나는 유지하는 태도와 배가하는 태도 사이의 극명한 차이를 알고 있었다. 나의 두 할아버지가 눈앞에서 두 가지 태도의 차이를 분명히 보여 주셨기 때문이다. 한 할아버지는 65세에 은퇴한 뒤, 빈둥거리는 삶에 젖어 들었다. 할아버지가 1년에 2주씩 우리 집에서 지내셨기 때문에 곁에서 지켜볼 수 있었다. 할아버지는 매일 아무것도 하지 않고 쉬기만 하셨다. 아침에 눈을 뜨면 뒷마당에 있는 커다란 떡갈나무 아래에 앉아 담배를 피우며 시간을 보내셨다. 할아버지의 집에 가 봐도 상황은 별로 다르지 않았다. 안타깝게도 말년의 할아버지는 사는 것이 아니라 그냥 생존해 있는 것에 만족해 보이셨다.

다른 할아버지는 62세에 은퇴해서 제2의 인생을 시작하셨다. 할아버지는 럿거스대학(Rutgers University)에 입학하여 농학을 공부하셨다. 이후 꽤 오랜 시간 동안 책을 쓰고, 넓은 정원을 가꾸고, 동물들을 기르고, 플로리다 해변에 노인들을 위한 요양소를 짓는 일을 돕고, 많은 기업 및 지역 사회 활동에 참여하셨다. 할아버지는 어려운 사람들만 보면 언제나 발 벗고 나서서 도우셨다.

할아버지가 찾아오시거나 우리가 찾아가면 항상 흥미진진한 행사가 잇따랐다. 할아버지는 낚시 여행, 놀이동산 방문, 뉴욕 시 여행 등을 계획하셨다. 우리와 게임을 하고, 이웃들을 만나러 부지런히 돌아다니고, 동네 가게들을 돕고, 매일밤 우리에게 맛난 요리를 해 주셨다. 반면, 다른 할아버지는 주방 근처에는 얼씬도 하시지 않았다.

한 할아버지는 75세에 세상을 떠나셨고, 다른 할아버지는 91세에 하늘나라로 가셨다. 누가 더 오래 사셨는지 아는가? 그렇다. 비전을 품고 맡은 것을 베기한 할아버지이다. 흥미로운 사실이 있다. 이 할아비지는 89세가 되어서야 구원을 받으셨다. 하지만 그 전에도 하나님의 원칙, 하나님 나라의 법대로 살면서 풍성한 복을 누리셨다.

내가 그 할아버지를 예수님께로 인도하기 전에 할아버지는 나를 만날 때마다 내 신앙을 조롱하셨다. 그런 할아버지에게 얼마나 많이 복음을 전했는지 모른다. 마침내 할아버지가 "예수님을 구주로 영접하고 싶구나"라고 말씀하셨을 때 나는 너무 감격해서 쓰러질 뻔했다.

할아버지가 회심하신 지 한 달이 지나고 찾아갔던 기억이 난다. 당시 할아버지는 우리 집에서 1시간 정도 떨어진 거리에 사셨다. 할아버지는 데이토나 비치(Daytona Beach)의 아파트에서 나와 오르몬드 비치(Ormond Beach)의 실버타운으로 막 들어가신 상태였다. 그날 방문했을 때 할아버지는 이렇게 말씀하셨다. "애야, 내 일이 뭔지 아니? 내가 이 땅에서 무엇을 하는지 아니?"

나는 그 나이에 또 무엇을 하신다는 소리에 살짝 놀랐지만 티를 내지 않고 차분히 물었다. "할아버지, 뭐예요?"

할아버지는 씩 웃으며 대답하셨다. "성령님이 내게 여기 있는 모든 사람에게 예수 그리스도를 전하라고 하셨단다"(그 실버타운에 어르신들은 족히 몇 백 명은 되었다).

2년 뒤 어머니와 삼촌은 할아버지를 삼촌 집에서 가까운 오클라호마 주로 모셔 왔다. 그곳에 오자마자 할아버지는 새로 배정된 간호사에게 밤새도록 자신의 인생 이야기를 하셨다. 이른 아침 동이 트기 직전, 할아버지는 간호사에게 말하셨다. "이제 집에 가야 할 때가 되었네. 아들에게 잔치를 열라고 하게." 그 말을 끝으로 할아버지는 육체를 떠나 하늘나라로 가셨다.

어머니는 플로리다 주에서 오클라호마 주로 이사한 것이 할아버지에게 너무 큰 스트레스를 주었다며 자책하셨다. 나는 그 말을 듣자마자 오히려 할아버지에게 더 좋은 일이었다고 어머니를 위로했다. "어머니, 할아버지는 89세이셨을 때 오르몬드 비치에서 사명을 마치기 위해 2년을 더 살

것이라는 하나님의 음성을 들었다고 하셨어요. 할아버지는 사명을 완수하고 오클라호마 주에 오셔서 얼마 안 되어서 돌아가신 거예요."

어머니는 이 말에 안도하면서도 놀라워하셨다. 할아버지는 구원을 받기 전에도 부지런함과 충성이라는 하나님의 원칙대로 사셨다. 신자가 되기 전부터 두 할아버지의 전혀 다른 삶을 곁에서 지켜보았던 나는 숨을 거두는 순간까지 목적 의식으로 배가하는 삶을 사셨던 할아버지의 길을 따르기로 결심했다.

하지만 거짓말을 하고 싶지는 않다. 다른 길로 빠지고 싶은 유혹이 수도 없이 찾아왔다. 편안한 삶의 유혹은 너무도 강했다. '현상 유지'의 삶이 훨씬 쉬웠기 때문에 그 삶의 유혹에 굴복하지 않기 위해서는 내 생각을 바로잡기 위한 의식적인 노력이 필요했다.

게으르고 머뭇거리고 소홀하고 무관심한 마음에서는 배가의 삶의 나타나지 않는다. 사도 바울은 이렇게 말한다. "부지런하여 게으르지 말고 열심을 품고 주를 섬기라"(롬 12:11).

무엇보다도 이것이 제안이 아니라 명령이라는 사실을 기억하라. "부지런하여"라는 부분에 주목하라. 배가하기 위해서는 부지런함이 가장 먼저 길러야 하는 특성 중 하나이다. 우리는 '부지런히' 일할 뿐 아니라 그 일에 '열정'을 품어야 한다. 오해하지는 말라. 믿음, 비전, 끈기는 배가에 매우 중요한 세 가지 요소이다. 히지만 열정과 노력이 없다면 이 요소들은 아무런 소용이 없다.

아내와 나는 예수님을 영접한 날부터 누구보다 부지런히 달려왔다. 열정이 우리 안에 있었다. 하나님은 모든 신자에게 열정을 불어넣어 주신다. 우리의 열정은 외부 환경에서 비롯하지 않았다. 우리의 깊은 열정은 두 가지에서 비롯한다. 예수님을 향한 변함없는 사랑과 그분의 백성을 향한 사랑이다. 이 열정은 수시로 변하는 감정이 아니라 마음의 굳은 결심에 뿌리를 두고 있다. 이 열정은 하나님 나라를 건설하겠다는 포부에 불을 붙인다. 마음의 결심이 너무도 중요하다. 항상 감정적으로 불타오를 수는 없기 때문이다. 감정이 차디차게 식는 시기가 찾아올 수도 있다.

'열심' 혹은 '열정'의 어원 중 하나는 헬라오 '엔데오스'(entheos)다. 이는 "안에 하나님을 품다"라는 뜻이다.[11] 우리의 부지런함과 열정은 감정이나 외적인 환경이 아닌 하나님의 내주하심에서 비롯해야 한다.

다른 사람에게 속한 것을
배가하라

우리 부부가 결혼하고 나서 처음 둥지를 튼 교회는 텍사스 주 댈러스에 있었다. 그곳은 전국에서 가장 유명한 교회 중 하나로, 직원만 수백 명에 이르렀다. 우리 부부는 기회가 있을 때마다 교회 사역에 지원했다. 나는 안내위원으로 봉사하고, 교도소 사역에 자원하고, 소년원에서 사역하고, 요양원을 방문하고, 콘퍼런스에서 봉사하고, 교회 직원들의 잡다한 업무를 지원했다. 심지어 목사 자녀의 테니스 레슨까지 도맡아 했다. 나는 로크웰 인터내셔널(Rockwell International)의 엔지니어로 일주일에 40시간을 일하면서도 귀천을 막론하고 어떤 섬김도 마다하지 않았다.

나의 섬김의 열정을 눈여겨보던 담임목사의 사모는 내게 전임 교역자 자리를 제안했다. 그런데 공식 면접 후 사모는 이렇게 말했다. "미안하지만 우리 교회에서 만족스러운 사례비를 주기는 힘들 것 같습니다."

나는 상관없다고 말했다. 얼마를 받든 중요하지 않았다. 나는 어떤 사례의 자리라도 받아들일 준비가 되어 있었다. 면접 후 사모는 교역자 조수 자리를 제안했다. 나와 아내는 오래 기도할 필요도 없었다. 그것이 하나님의 뜻이라는 것을 분명히 알았기 때문이었다. 나의 원래 연봉에서 크게 줄었지만 오히려 나는 승진한 것처럼 기뻐했다. 훨씬 줄어든 연봉으로 생활하려면 기적적인 공급하심이 필요했지만 나와 아내는 조금도 걱정하지 않았다. 우리는 이 일이 우리의 소명이라고 진심으로 믿었고, 그 소명 속으로 온몸을 던졌다.

나의 일은 목사들, 그 가족들, 손님들을 돕는 것이었다. 나는 크게 세 가지 동기로 일했다. 첫째, 예수님을 섬기듯 그들을 섬겼다. 둘째, 항상 그들에게 필요한 것을 미리 헤아려서 그들이 요구하기 전에 해 주었다. 마지막으로, 뭔가를 해 달라는 부탁을 받으면 할 수 없다는 말은 절대 하지 않았다. 기도하고 창의력을 발휘하고 노력해서 어떻게든 방법을 찾아냈다. 아주 드물게, 할 수 없는 일인 경우에는 언제나 가장 좋은 다른 방법을 찾아냈다. 그런데 그 방법이 기존의 방법보다 더 좋은 결과를 낳는 경우가 많았다.

이 사역을 할 당시 우리에게는 자녀가 없었다. 우리는 주로 일주일에 6일, 50-60시간을 일했다. 나와 아내는 목사들이 오로지 목회에만 집중할 수 있도록 나른 모든 짐을 대신 시려고 애를 썼다.

우리의 이런 동기를 보여 주는 많은 이야기를 소개할 수 있지만 딱 하나만 소개해 보겠다. 지금은 세상을 떠난 세계적인 전도자가 우리 교회에 찾아온 적이 있었다. 담임목사는 그 전도자에게서 많은 것을 배우고 싶어 했다. 그렇게 두 사람이 대화를 나누다 보니 자정을 넘어갔다. 새벽 1시에 우리 집 전화기가 울렸다. 담임목사였다. 자신의 집(우리 아파트에서 차로 25분 거리)으로 와서 그 전도자를 호텔까지 모셔다 드리라는 것이었다.

"네, 바로 가겠습니다." 나는 일말의 망설임도 없이 대답했다.

담임목사의 집으로 달려가 두 사람이 작별인사를 할 때까지 기다렸다가 그 전도자를 호텔까지 데려다 주었다. 그러고 나서 다시 잠자리에 드니 새벽 2시가 훌쩍 넘어 있었다.

담임목사는 내가 다음날 저녁 우리 교회에서 메시지를 전할 다른 강사를 픽업하기 위해 공항에 가야 한다는 사실을 전혀 모르고 있었다. 강사는 하와이에서 야간 비행기로 출발하여 그날 새벽 5시 40분에 공항에 도착할 예정이었다. 그를 픽업하기 위해서는 새벽 4시 30분에는 일어나야 했다. 나는 그날 밤 3시간도 채 자지 못했다는 말을 담임목사에게 하지 않았다. 목회자들의 모든 필요를 채워 주겠다고 결심했고, 그들을 섬기는 것이 특권이라고 늘 잊지 않으려고 노력했기 때문이다.

4년간 담임목사 내외의 조수로 섬긴 뒤, 하루는 그들 부부와 단 둘이 있을 때 이렇게 말했다. "제 자리를 대신 맡을 사람이 저보다 2배로 잘하게 해 달라고 기도하고 있습니다." 나는 나보다 더 뛰어난 사람에게 이 자리를 맡기고 홀가분하게 떠나고 싶었다. 그러자 담임목사 내외는 정색을 했다. "그건 불가능합니다. 누가 이보다 더 잘할 수 있겠어요?"

기분 좋은 칭찬이었다. 그간의 고생이 헛되지 않음을 느꼈다. 그럼에도 더 나아가기를 원했다. 결국 그들은 내 자리에 두 사람을 앉혔다. 담임목사는 축복과 함께 나를 플로리다 주의 또 다른 유명 교회로 보내 주었다. 그 교회는 1장에서 언급한 것처럼 나를 중고등부 전도사로 초빙한 교회였다.

플로리다 주의 교회로 부임하고 나서 학생들이 늘지 않아 맘고생이

심했다. 당시는 시각 미디어가 텔레비전 방송뿐이었던 1980년대 중반이었다. 컴퓨터나 태블릿이나 스마트폰은 없던 시대였다. 스트리밍은 아직 발명되지 않았다. 즉 당시에는 텔레비전 방송이 가장 좋은 복음 전도의 통로였다.

조사 끝에 나는 플로리다 주 중부에서 가장 탄탄한 텔레비전 방송국에서 토요일 밤 10시 시간대가 남아 있다는 사실을 알아냈다. 밤 10시부터 10시 30분까지의 시간대를 사용하는 비용을 알아보니 꽤 비쌌다. 나는 담임목사를 찾아가 중고등부 전도 프로그램을 위해 그 시간대를 살 수 있을지 물었다. 역시나 담임목사는 난감한 표정을 지었다. "아쉽지만 예산이 편성되어 있지 않습니다."

하지만 나는 포기하지 않고 이렇게 대답했다. "우리 아이들이 헌금을 해서 충당하는 것은 괜찮지요?"

"물론입니다. 가능하다면요." 필시 담임목사는 청소년들이 그 일을 해낼 것이라고 생각하지 않았을 것이다.

나는 아이들 앞에 서서 전도에 관한 비전을 선포했다. 당시에는 많은 청소년들이 토요일 늦은 밤까지 텔레비전을 시청했다. 우리는 이 프로그램을 통해 하나님 말씀을 선포한 뒤에 시청자들을 교회와 중고등부 예배로 초대할 계획이었다. 내가 용돈이나 방과 후 아르바이트나 심부름 등을 통해 헌금을 모으자고 말하자 많은 아이들은 작정 헌금을 했다. 그 결과에 나와 부교역자는 매우 놀랐다. 그 방송 시간을 사기에 충분한 액수가 모였기 때문이다.

담임목사는 우리보다 더 놀라는 눈치였다. 그는 우리가 유스 어플레임 (Youth Aflame) 프로그램을 시작하도록 허락해 주었다. 매달 문제없이 비용이 충당되었고, 더 기쁜 사실은 많은 중고등부 학생이 교회에 나와 예수님을 영접하기 시작했다는 것이다. 20년도 더 지났지만 사람들이 나를 찾아와 1980년대 말에 유스 어플레임을 보고 삶의 큰 변화를 겪었다고 고백하곤 한다.

내가 중고등부 전도사를 사임한 뒤 교회는 중고등부를 3개의 그룹으로 나누었다. 하나로 시작한 것이 3개로 배가되었다. 나의 순종과 노력이 하나님의 은혜를 만나 놀라운 배가의 역사가 나타난 것이다.

예수님은 이렇게 말씀하셨다.

> 너희가 만일 남의 것에 충성하지 아니하면 누가 너희의 것을 너희에게 주겠느냐(눅 16:12).

달란트 비유에 따라 이 말씀을 바꿔 보자.

> 너희가 만일 남의 것을 배가하지 않으면 누가 너희의 것을 너희에게 주어 배가하게 하겠느냐?

우리 부부에게 메신저 인터내셔널에 관한 하나님의 계획을 선포한 것은 바로 이 담임목사였다. 그 아이디어는 우리가 아닌 그가 먼저 꺼낸 것이었다. 그곳에서 중고등부 전도사로 목회를 시작할 때 나는 그에게 이렇게 말했다. "목사님, 하나님이 제가 다른 곳으로 가야 한다고 우리 모두에게 말씀하시기 전까지는 이곳에 머물겠습니다."

담임목사가 기도하던 중에 우리 부부의 다음 사역지에 관한 하나님의 음성이 들리지 않았다면 나와 아내는 마음 편히 그곳을 떠나지 못했을 것이다. 나는 지금까지도 이것이 하나님이 그에게 먼저 계획을 밝혀 주신 이유라고 믿고 있다.

메신저 인터내셔널의
탄생

플로리다 주의 교회를 떠난 직후 우리 부부는 사우스캐롤라이나 주 컬럼비아에서 목회를 하고 있었다. 어느 이른 아침, 한적한 곳에서 기도하던 중 하나님의 음성을 들었다. "아들아, 네가 지난 7년간 남들의 사역을 섬기면서 충성스럽게 뿌린 씨앗으로 큰 수확을 얻게 될 것이다. 그 일이 곧 시작되어 오랫동안 지속될 것이다."

지금 돌아보면 우리가 얻은 수확이 그저 놀라울 뿐이다. 메신저 인터내셔널을 설립한 뒤에도 우리가 배가된 주된 요인은 근면이었다. 나와 아내는 밤마다 카세트테이프를 복사하고 라벨을 붙이고 설교 시리즈를 정리하느라 늦게까지 잠을 자지 못했다. 그래도 소책자를 만드는 일 등을 도와주는 친구들 덕분에 조금은 일이 수월했다. 나와 아내는 편지를 쓰고, 돈을 예금하고, 재무 기록을 하고, 온갖 서류 작업을 처리했다. 컴퓨터 작업을 하고, 우편물을 부치고, 비품을 구입하는 일도 우리의 몫이었다. 새벽 기도를 마치고 일을 시작하면 밤 9시가 넘어서야 끝날 때가 많았다.

그래도 우리는 기쁨으로 일했고 그 일을 특권으로 여겼다. 우리의 의욕은 내면에서 비롯했다. 그래서 수많은 실망과 메마른 시기 가운데서도 포기하지 않을 수 있었다. 나는 낙심하지 않을 힘이 매일 시벽 기도에서 왔다고 믿는다.

어린 두 아들을 소형차 뒷좌석에 태우고 동부 I-95 고속도로를 수시로 오가며 80-100명 남짓한 작은 교회들에서 메시지를 전했다. 처음 메시지를 전한 곳은 한 장례식장이었다. 실로 초라한 출발이었다!

우리는 카세트테이프를 판 수익금으로 사역을 확장해 나갔다. 개인적으로 이 돈에는 절대 손을 대지 않겠다고 결심했다. 메신저 인터내셔널을 키우고 배가시키는 일이 가장 중요했다. 개인적으로 필요한 돈은 정확히 필요한 그날에 들어오는 일이 많았다. 오디오 자료 판매 계좌에 돈이 있었지만 개인적인 일을 위해서 사용하지 않았다.

1년 반의 노력 끝에 글을 쓰라는 하나님의 음성이 들렸다. 정말 곤혹스러웠다. 맡은 일이 너무 많아서 도무지 글을 쓸 시간을 낼 수 없었다. 하지만 하나님을 믿고 순종하기로 했다. 첫 책을 쓰기까지는 꽤 많은 시간이 걸렸다. 뜻밖에도 내가 글에 전념할 수 있도록 몇몇 청년들이 자원해서 잡다한 업무를 대신 처리해 주었다. 그들은 내가 댈러스에서 부교역자로서 했던 것과 같은 역할을 해 주었다. 그들은 우리가 요청하지 않아도 필요한 것이 보이면 알아서 챙겨 주었다.

나는 때로 좌절감을 겪으며 1년간의 고된 노력을 한 끝에 《광야에서》(Victory in the Wilderness에서 God, Where Are You?로 개정되었다-편집자주)의 원고를 완성했다. 그 과정에서 나는 "우리 삶을 위한 은혜(은사)에서 자라가야 한다"라는 중요한 진리를 배웠다. 처음부터 '환상적인' 성과를 거두는 사람은 거의 없다. 베드로는 이렇게 썼다. "우리 주 곧 구주 예수 그리스도의 은혜 … 에서 자라가라"(벧후 3:18). 지금 나의 글쓰는 능력은 첫 책을 쓸 때보다 훨씬 나아졌다.

나와 아내는 이 원고를 들고 한 유명 편집자를 찾아갔다. 결과는 충격적이었다. 그는 그리스도의 몸을 위해 그런 메시지를 쓰기에는 나의 나이나 경험이 적다며 신랄하게 비판했다. 그렇게 된통 얻어맞은 뒤 우리 부부는 즉시 다른 편집자를 찾아갔다. 여러 곳을 돌아 겨우 찾아낸 편집자는 전체 원고를 뜯어고치기 시작했다. 그런데 완성된 원고를 본 우리는 충격에 휩싸였다. 내 목소리와 메시지의 강한 힘은 다 사라지고 없었다. 설상가상으로 도무지 말이 안 되게 바뀌어 있었다! 한마디로, 그 편집자는 원고를 완전히 망쳐 놓았다. 하지만 이미 1년 넘게 시간과 노력을 쏟아 부은 일을 멈출 수는 없었다.

우리는 포기하지 않았다. 또 다른 편집자를 찾았고, 그는 원고를 읽고 나서 기존 원고가 크게 훼손되었다는 점을 인정했다. "이미 망가진 것을 고쳐 봐야 답이 없습니다. 기존 편집 비용은 손해를 보았다고 생각하시고 다시 시작합시다." 그는 아내가 초고를 편집한 뒤에 자신에게 보내는 방법을 추천했다.

편집자의 조언에 따라 아내는 글의 가독성을 높이기 위해 초고를 붙잡고 오랫동안 씨름을 했다. 새로운 편집자는 아내가 완성한 편집본을 받아 작업을 시작했다. 새 편집자의 실력은 탁월했다. 우리는 마침내 위대한 작품을 만들어 낸 것처럼 자신감이 넘쳤다.

나는 원고를 들고 유명한 두 곳의 출판사를 찾아갔다. 한 곳에서는 답변을 듣지 못했고, 다른 출판사에서는 답변이 왔다. 내 책이 너무 '설교조'이고 내가 유명 목사가 아니기 때문에 출간하기 힘들다고 했다. 조금 더 작은 출판사들의 문도 두드렸지만 아무도 흥미를 보이지 않았다.

우리 부부의 실망감이 상상이 가는가? 1년 넘게 시간과 노력을 쏟아 부었지만 결국 막다른 골목에 이르렀다. 나는 가슴이 답답했지만 포기할 생각은 없었다.

당시는 자가 출판이라는 말이 없던 시대였다. 누구도 자가 출판으로 성공한 사람이 없었다. 그런데 한 친구가 우리에게 자가 출판을 시도해 보라고 권했다. 알아보니 기본적으로 약 1만 2천 달러 정도의 비용이 들었다. 여기에 디자인과 조판 비용이 추가되었다. 편집 비용은 이미 지불한 상태였다.

우리에게는 거액이었다. 1990년 메신저 인터내셔널의 전체 수입은 5만 달러였다. 이 사역을 시작한 지 3년째였지만 첫 해에 비해 수입이 크게 늘지 않았다. 2년째가 끝나갈 무렵, 몇 백 달러짜리 컴퓨터 한 대를 처음 사면서 벌벌 떨었던 기억이 난다. 그러니 1만 2천 달러는 불가능한 액수처럼 보였다!

우리는 야외 스포츠 서적들을 전문적으로 취급하는 작은 출판사에서 조판을 담당하는 한 여성을 만났다. 그녀는 내 책에 관한 이야기를 듣고서 아내에게 보수 없이 조판을 해 주겠다고 말했다. 몇 천 달러나 드는 작업을 무상으로 해 주겠다는 말에 우리는 꿈인가 싶어 볼을 꼬집었다.

하나님은 자가 출판에 필요한 나머지 돈도 기적처럼 공급해 주셨다. 덕분에 우리는 《광야에서》를 5천부 찍었다. 흥분도 잠시, 유통 경로가 없다는 사실을 깨달았다. 유통업자들과 서점들은 우리가 누구인지도 몰랐다. 당시 이런 업체들은 기존의 출판사들과만 거래했다. 아무도 자가 출판한 책에 관심이 없었다.

우리는 이 책을 카세트테이프 시리즈로도 제작하여 사역 현장에서 판매했다. 나는 광야에 관한 메시지를 전할 때마다 책과 카세트테이프를 판매했다. 사람들은 내 메시지에 열광했지만 거기까지였다.

기도 중에 하나님은 다른 책을 쓰라고 지시하셨다. 그래서 9개월의 시간을 들여서 《회개》(The Voice of One Crying)를 집필했다. 하지만 이번에도 그 어떤 출판사도 관심을 보이지 않았다. 그래서 또 자가 출판을 했다. 이로써 우리 사무소에 2권의 책이 진열되었지만 둘 다 서점에는 진열되지 못했다.

하나님만
열 수 있는 문

1년 뒤 한 친구에게서 점심식사를 하자는 전화가 왔다. "소개시켜 주고 싶은 친구가 있네."

약속한 곳에 가 보니 2년 전 내 원고에 퇴짜를 놓았던 출판사의 새로운 사장이 나와 있었다. 점심식사는 즐거웠고, 그는 아내와 내가 하고 있는 일에 관심을 보였다. "요즘 어떤 메시지를 전하고 계신지요?"

나는 당시 내가 가장 뜨겁게 전하고 있던 메시지를 나누기 시작했다. 그것은 원망을 극복하고 우리에게 상처를 준 사람들을 용서하는 것의 중요성에 관한 메시지였다. 그는 계속해서 질문을 던졌고, 나는 그 메시지에 관해서 자세히 풀어놓았다. 15분 뒤 그가 말했다. "저희는 한 해에 22권에서 24권 정도만 출간을 하고 있습니다. 모두 유명 저자들이기에 목사님의 이 메시지를 출간하기는 힘들겠네요."

나는 황당한 눈으로 그를 보았다. "저는 출간해 달라고 하지 않았는데요? 그냥 제가 어떤 메시지를 전하고 있는지 묻기에 말씀드린 것일 뿐입니다."

그는 껄껄 웃었다. "네, 맞습니다. 자, 좀 더 듣고 싶습니다. 계속해 보시지요."

그래서 나는 계속해서 설명했다. 15분 뒤 그가 다시 내 말을 끊었다. "3개월 안에 원고를 주실 수 있으신가요?"

나는 어리둥절한 표정을 지었다. "제 책을 출간하실 수 없다면서요?"

"생각이 바뀌었습니다. 이 메시지는 세상에 나와야 합니다."

그리하여 1994년 6월 이 출판사를 통해 《관계》가 출간되었다. 나는 몹시 흥분했다. 하나님은 내가 열 수 없는 문을 열어 주셨다. 나는 이 책이 즉시 베스트셀러가 되어 날개 돋친 듯이 판매되리라 기대했다. 하지만 처음 7개월 동안 그런 일은 일어나지 않았다. 몇 달이 지나도록 판매량은 저조했다. 나는 이 메시지가 전 세계의 수많은 사람에게 전해질 것이라고 믿어 의심치 않았다. 이 희망을 놓기를 한사코 거부했다. 하지만 계속해서 실망스러운 소식만 들려왔다.

몇 달 뒤 출판사의 마케팅 팀에서 연락이 왔다. "1995년 1월 16일 전 세계적인 라이브 토크쇼에서 선생님을 섭외하고 싶다는 연락이 왔습니다. 20분의 시간이 주어질 텐데요, 주로 선생님과 아내, 네 아들, 순회 목회에 관한 이야기를 해 달랍니다. 더불어 선생님의 책을 꼭 언급하겠답니다. 이제 시작입니다. 문이 열리기 시작했어요. 어떠세요? 출연하시겠어요?" 나는 즉시 답했다. "물론이죠!"

방송 당일 저녁 프로그램 진행자는 아주 유명한 부부였다. 남편이 나를 반기며 처음 한 행동은 《관계》(The Bait of Satan)를 들고 "사탄의 미끼(《관계》의 원제)는 무엇인가요? 이 메시지는 어떤 내용인가요?"라고 물은 것이었다.

우리 가족에 관한 이야기가 아니라 이 주제가 먼저 나와서 살짝 놀랐지만, 곧바로 이 책의 메시지를 설명했다. 스튜디오의 시간이 멈춘 듯했다. 방송 전에, 내 인터뷰 시간이 끝나면 무대 연출자가 신호를 줄 테니 그를 잘 보라는 말을 들었다. 관계자는 내게 배정된 시간이 20분이라고 강조했었다. 그런데 무대 연출자는 어떤 신호도 주지 않았다. 진행자는 내 말에 깊이 빠져들어서 말을 끊지 않았다. 나는 시간이 가는 줄도 모르고 말을 했다. 나중에 알고 보니 무려 40분간 논스톱으로 말을 했다. 진행자는 깊은 감명을 받았다고 했다. 그는 미국에서 가장 큰 콘퍼런스의 진행자였는데, 그는 생방송 도중, 즉석에서 이 메시지를 주제로 강의해 줄 것을 부탁했다.

며칠 뒤 출판사에서 연락이 왔다. 미국 전역의 모든 서점에서 《관계》가 품절되어 2만 부가 예약 판매되었다는 소식을 전했다. "이런 일은 처음 봤습니다. 토크쇼 관계자들도 이런 반응은 처음이라고 했습니다." 나는 그것이 하나님의 역사라는 것을 알았다. 이로써 이것이 하나님이 원하시는 메시지라는 사실이 확인되었다.

《관계》는 전 세계적인 베스트셀러가 되었고, 지난 25년 동안 베스트셀러 순위에 진입하기를 반복했다. 이 글을 쓰는 지금도 《관계》는 종이책, 전자책, 오디오북을 합쳐 2백만 부를 돌파했다. 《관계》와 관련된 사건들을 돌아보면 아이러니하기 짝이 없다. 처음에는 거절했던 책이 이 출판사의 역대 베스트셀러 중 한 권이 되었으니까 말이다. 하나님은 좀 짓궂은 면이 있으시다!

내가 하나님의 명령에 불순종하여 펜을 들지 않았다면 이 메시지는 수많은 사람들에게 도움을 주지 못했을 것이다. 내가 펜을 들자 이 메시지가 배가되었다. 책을 통해 이 메시지는 강연으로 다가갈 수 있는 것보다 훨씬 더 많은 사람들에게 다가갔다.

사실, 이런 엄청난 배가는 책을 쓰면서 시작되지 않았다. 그보다 훨씬 더 먼저 시작되었다. 우리가 많은 실패에도 꿋꿋이 옳은 길을 가면서 시작되었다. 나는 처음 섬긴 목사가 목회에만 전념할 수 있도록 부지런히 일했고, 그 뒤에는 중고등부 전도사로 교회의 복음 전도 사역을 배가시켰다. 우리의 열심과 열정은 메신저 인터내셔널을 통해서도 계속되었다. 우리는 밤낮없이 열심히 일하다가 책을 쓰고 출간하라는 하나님의 음성에 순종했다.

나는 《관계》의 배가 프로세스가 자리를 잡았다고 생각했다. 책 판매와 전 세계의 콘퍼런스와 교회에서 전하는 강연을 통해 그 메시지가 당연히 계속해서 성장할 것이라고 생각했다. 하지만 오산이었다. 하나님은 내게 더 많은 것을 맡기실 참이었다.

6장

처음부터
환상적인 성과를
거두는 사람은 없다

복을 주사 그들이 크게 번성하게 하시고(시 107:38).

하나님은 답답하거나 불만족스러운 상황을, 더 높은 수준의 배가를 위한 믿음의 자극제로 사용하실 때가 많다. 성경의 아브람(아브라함)이 좋은 예이다. 하나님은 75세가 된 아브람에게 나타나서 비전을 주셨다.

아브람아 두려워하지 말라 나는 네 방패요 너의 지극히 큰 상급이니라(창 15:1).

더 높은 단계로
도약시키기 위한 촉매제

배경을 살펴보자. 전능하신 하나님은 땅과 그 안의 자원을 창조하고 소유하셨다. 그분은 항상 존재하셨으며 영원히 존재하실 것이다. 그 어떤 존재도 그분의 위대하심에 근접할 수 없다. 그분은 생명을 가지고 계신 것이 아니라 생명 그 '자체'시다. 모든 지식과 지혜, 보화, 기쁨이 그분 안에 있다. 그분을 떠나서는 그 어떤 것도 가치가 없다. 이토록 놀라운 분께서 아브라함을 '보호하시고' 그에게 '큰 상급'을 내리실 것이라고 선포하셨다.

먼저 '보호'에 관해서 생각해 보자. 대통령이 당신을 '보호하기' 위해 당신 주위에 전군을 배치시킨다고 상상해 보라. 모든 장군이 부하들에게 당신을 보호하는 것이 최우선사항이라고 지시한다. 당신의 안전을 위해서라면 무엇이든 해도 좋다고 말한다. 온갖 최첨단 무기로 무장한 모든 병사가 당신을 에워싸고 있다. 상상도 할 수 없는 일이지만 만약 이런 일이 일어난다면 당신은 세상 누구보다도 안전할 것이다. 하지만 이 안전도 전능하신 하나님이 "내가 너를 보호할 것이다"라고 선언하실 때의 안전에 비할 바가 못 된다.

'큰 상급'은 어떤가? 이웃이 당신에게 "큰 상을 주겠소"라고 말하면 고맙기는 하지만 합당한 대가에 대한 고민이 될 것이다. 물론 세상 최고의 부자가 그런 말을 한다면 날아갈 듯이 기쁠 것이다. 하지만 그것도 하나님이 주시는 상급에 비할 바가 못 된다. 이 땅을 넘어 우주의 모든 것을 소유하신 분이 상급을 제시하신다! 하나님은 아브람에게 이렇게 선포하셨다. "내가 너를 위해 마련한 상급이 크다." 솔직히 이 약속은 상상이 안 갈 정도로 엄청나다. 하지만 놀라기에는 아직 이르다.

또 다른 놀라운 사실은 창조주가 사자를 보내시지 않고 직접 오셨다는 것이다. 전능하신 하나님이 직접 얼굴을 마주하고 이 엄청난 약속을 해 주신다. 상상이 가는가? 당신이라면 어떤 반응을 보이겠는가? 이런 순간 우리가 느끼는 흥분감, 기쁨, 행복, 경외감을 어떤 말로 표현할 수 있을까? 하지만 아브람의 반응은 전혀 뜻밖이다. 그는 기뻐서 펄쩍 뛰기는커녕 좌절감을 표현한다.

> 아브람이 이르되 주 여호와여 무엇을 내게 주시려 하나이까 나는 자식이
> 없사오니(창 15:2).

아브람의 반응에서 불만족이 느껴지는가? 어떻게 이럴 수 있는가? 하지만 이것이 사실은 옳은 반응인 것은 아닐까? 아브람이 "신난다! 잔치를

열자!"라고 말했다면? 그랬다면 결과는 어떻게 되었을까? 아브람이 이런 반응을 보였다면 과연 하나님이 나타나기는 하셨을까? 나는 그렇지 않았을 것 같다. 이유를 설명해 보겠다.

잠시 아브라함의 이야기를 멈춰 보자. 오랜 세월이 흐른 뒤 이스라엘 백성이 광야를 헤맬 때 그들의 불만족은 개인적인 불편에서 비롯했다. 안타깝게도 그로 인해 그들은 운명을 놓쳤다. 하지만 다음 구절에서는 사도 바울의 경건한 태도를 보여 준다.

> 내가 궁핍하므로 말하는 것이 아니니라 어떠한 형편에든지 나는
>
> 자족하기를 배웠노니 나는 비천에 처할 줄도 알고 풍부에 처할 줄도 알아
>
> 모든 일 곧 배부름과 배고픔과 풍부와 궁핍에도 처할 줄 아는 일체의
>
> 비결을 배웠노라(빌 4:11-12).

바울과 아브람은 모두 고난을 받아들이고 자신이 아닌 남들을 볼 줄 아는 사람이었다. 그들의 불만족은 개인적인 것이 아니라 남들로 인한 것이었다. 내 경험으로 볼 때, 개인적으로 자신이 원하는 것이 없어서 불만족을 느끼면 하나님이 기뻐하시지 않는다. 반면, 남들의 필요와 하나님 나라의 건설을 위한 불만족이라면 하나님이 기뻐하신다. 아브람의 좌절감이 이런 경우였다. 그 결과는 무엇이었는가? 하나님은 그의 비전을 확장시켜 주셨다. 하나님은 하늘의 별과 바다의 모래를 보여 주면서 셀 수 없이 큰 상급을 약속해 주셨다. 아브람의 불만족은 하나님으로 하여금 이렇게 선포하게 만들었다. "내가 내 언약을 나와 너 사이에 두어 너를 크게 번성하게 하리라"(창 17:2).

아브람이 혼자만 복 받은 삶에 만족하여 안주했다면? 개인적인 안위만 생각한다면 나이 75세에 굳이 자식을 낳아 말년에 고생을 할 이유가 있었을까? 하지만 그의 불만족은 배가를 위한 촉매제가 되었다.

나는 이런 불만족이 무시해야 할 것이 아니라 더 큰 열매를 맺기 위한 도약대라는 사실을 배웠다. 라오디게아 교회는 바로 이런 면에서 부족했다. 예수님은 라오디게아 교회의 "나는 … 부족한 것이 없다"라는 태도를 엄하게 질책하셨다(계 3:17). 그들은 자신들과 풍족한 상황만 생각하고 남들의 어려움은 보지 않았다. 그 결과, 그들은 배가를 추구하지 않았다.

이는 스탠이 빠졌던 함정과 같다. 이는 나도 가끔 빠지는 함정이다. 사실, 우리는 대부분 이런 함정에 자주 빠진다. 하나님을 오래 섬길수록 참된 신자의 진정한 열매 중 하나는 하나님 나라의 건설을 위해 남들에게 영향을 미치려는 강한 열정이라는 사실을 깊이 깨닫게 된다. 구원의 순간 우리는 완전히 다른 사람으로 변화된다. 우리는 섬김의 열정을 품은 존재로 다시 태어난다. 예수님의 말씀을 들어보자.

허리에 띠를 띠고 등불을 켜고 서 있으라(눅 12:35).

이는 섬김을 위해 옷을 입고 등불을 켠 채로 대기하고 있으라는 말씀이다. 섬김의 태도는 모든 신자가 유지해야 할 태도이다. 여기서 내가 '유지'라는 표현을 쓴 것은 이 태도가 이미 우리의 새로운 본성의 일부이기 때문이다. 구원을 값없이 받는 선물이 아니라 '공적'으로 여길 위험 때문에 우리는 섬김을 강조하지 않는 경향이 있다. 하지만 섬김은 전혀 다른 문제이다. 섬김의 열정은 거듭난 영의 본성이다. 왜 우리는 새로운 삶의 이 중요한 측면을 무시하거나 축소하는가? 기독교가 소비자 중심의 종교로 변질된 탓이 아닐까? 우리가 영적 게으름을 조장하고 있는 것은 아닐까?

왜 예수님은 섬김을 위해 옷을 입으라고 말씀하셨을까? 왜 예수님은 옷을 섬김과 결부시키셨을까? 요한계시록에서 한 단서를 찾을 수 있다.

> 우리가 즐거워하고 크게 기뻐하며 그에게 영광을 돌리세 어린양의 혼인 기약이 이르렀고 그의 아내가 자신을 준비하였으므로 그에게 빛나고 깨끗한 세마포 옷을 입도록 허락하셨으니 이 세마포 옷은 성도들의 옳은 행실이로다 하더라(계 19:7-8).

먼저 하나님이 아닌 신부가 자신을 준비했다. 다음으로 신부가 자신을 어떻게 준비했는지 눈여겨봐야 한다. 모든 신부는 웨딩드레스를 고르기 위해 많은 시간을 들인다. 웨딩드레스를 고르고 입는 것은 결혼식에서 가장 중요한 일 가운데 하나이기 때문이다. 하나님 나라에서 그리스도의 신부인 우리도 복장에 많은 시간을 들인다. 우리의 복장은 세마포 옷이다. 위의 구절에 따르면 세마포 옷은 하나님 나라를 위한 우리의 섬김을 의미한다. 따라서 섬김은 우리의 영적 DNA의 일부이다. 예수님은 "아버지께서 나를 보내신 것 같이 나도 너희를 보내노라"라고 말씀하셨다(요 20:21). 그렇다면 예수님은 무엇을 위해서 오셨는가? 바로 섬김을 위해 오셨다(막 10:45 참조). 따라서 우리의 목적도 같다. 또한 예수님은 섬김이 중요한 '이유'도 알려 주셨다. "나의 양식은 나를 보내신 이의 뜻을 행하며 그의 일을 온전히 이루는 이것이니라"(요 4:34).

음식이나 양식이 없으면 우리의 몸은 오래 버틸 수 없다. 마찬가지로,

하나님 나라의 건설을 위해 섬기는 신자는 양식 없이는 오래 버틸 수 없다. 결국 다시 타락한다. 이것이 예수님이 누가복음 12장에서 경고하신 상황이다. 타락한 세상의 힘들은 우리에게 불만족을 품게 하고, 배가하는 대신, 안락한 세상에 젖어들게 만든다. 그러니 당신의 현재 영향력 수준에 대한 불만족을 나쁘게만 보지 말라. 불만족은 우리를 더 높은 단계로 도약시키기 위한 하나님의 촉매제일 때가 많다.

또 다른 차원의
불만족에 시달리다

《관계》는 미국에서만 아니라 전 세계적으로 큰 반향을 일으켰다. 그래서 내가 만족했을까? 전혀 아니다. 나는 또 다른 차원의 불만족에 시달리기 시작했다.

이제 나는 훨씬 더 큰 교회와 콘퍼런스에서 메시지를 전하기 시작했다. 그런데 한 번의 예배 시간에 메시지 전체를 전할 수 없다는 점이 불만족스러웠다. 책 한 권을 쓰는 데 약 400시간이 걸리고, 그 책을 쓰는 동안 성령님은 내게 많은 것을 보여 주신다. 이런 진리는 하나님이 사랑하시는 사람들을 강하게 하거나 자유롭게 하거나 가까이 이끄시기 위해 밝혀 주시는 것들이다.

대부분의 교회나 콘퍼런스에서 내게 주어지는 시간은 35-45분이다. 따라서 《관계》에 관한 메시지를 전할 때 한 장, 기껏해야 한 챕터 반만을 다룰 수 있다. 사람들이 책을 사서 읽지 않는 한, 메시지의 90퍼센트를 놓치게 된다는 뜻이다. 보통 책을 사는 사람은 청중의 5분의 1정도이다.

《관계》가 출간된 지 4-5년이 지났을 때 이런 불만족에서 한 가지 아이디어가 떠올랐다. 이 책을 공부할 수 있도록 커리큘럼을 만들면 어떨까? 30분짜리 동영상 12편을 제작하면 각 장의 중요한 진리를 다룰 수 있었다. 그렇게 하면 사람들이 그룹으로든 개인적으로든 책을 읽을 뿐 아니라 동영상을 보고 들으면서 전체 메시지를 배울 수 있었다. 또한 메시지의 효과도 강해질 수 있었다. 성령님의 도우심으로 그룹이나 개인이 각 진리를 더 깊이 탐구하고 각자에게 적용할 수 있도록 돕는 토론 질문도 만들면 좋을 것 같았다.

나는 팀원들과 이 아이디어에 관해서 논했다. 한 팀원은 교재 제작업체를 통해 12편의 동영상을 보완해 줄 학생용 워크북과 리더의 매뉴얼을 제작하자고 제안했다. 이 커리큘럼은 다양한 배경에서 사용할 수 있었다.

우리는 미국의 대기업들을 비롯해서 25개 이상의 업체들에 교재를 납품했던 탁월한 교재 제작업체를 찾았다. 우리의 요구사항은 이러했다. "대충하지 않는다. 품질을 낮추지 않는다. 고도의 혁신을 추구한다. 스타일과 기술에서 몇 년을 앞서는 것을 겨냥한다." 예전에 나는 미국 대통령의 참모 중 한 명과 성경 공부를 한 적이 있다. 백악관 웨스트 윙으로 들어가면서 모든 것이 정말 최상이라는 느낌을 받았다. 그날 이런 생각을 했다. '이곳은 미국 대통령을 대표하는 곳이다. 하지만 우리 메신저 인터내셔널은 온 세계의 주인을 대표한다.' 우리는 처음부터 최고를 지향해 왔지만, 백악관을 다녀온 뒤로는 뭐든 대충하지 않겠다고 더욱 결심했다.

커리큘럼이 완성되자 전화를 돌리는 일을 전담할 두 팀원을 배정했다 (2000년대 초에는 전화 통화가 리더들과 소통하는 최선의 방법이었다). 그들에게 우리가 지난 10년 동안 상호작용해 온 모든 교회에 전화를 걸어 우리의 커리큘럼을 소개하게 했다. 목사님들과 협력하여 교인들을 제자로 훈련시키는 일을 돕고, 궁극적으로는 지교회들을 강화시키는 것이 우리의 목표였다. 당시에는 이런 커리큘럼이 그리 많지 않았다. 그런 생각을 하는 사람이 별로 없었다. 리더들의 반응은 폭발적이었다. 짧은 시간에 교회들에서 소그룹이든 주일예배든 출석률이 늘고 있다는 소식이 날아왔다. 처음에는 300명 이하의 교회들만 예배 중에 우리 커리큘럼을 사용할 줄로 생각했다. 하지만 몇 천 명이 넘는 교회들도 주일예배 시간에 우리의 동영상을 사용하기 시작했다. 그렇게 큰 교회들도 계속적으로 성장했다. 휴가 때 올 수 없으니 다음 동영상을 달라고 요청하는 교인들도 많다고 했다. 출석 교인 숫자가 2배, 심지어 3배로 늘었다는 소식이 속속 들어왔다.

교회의 사역자들은 자신의 교회나 소그룹에서 일어나는 일을 다른 교회와 나누었다. 그 결과, 교회들이 직접 전화를 해와 커리큘럼을 요청했다. 몇 년 만에 수만 교회가 참여했다. 미국에서만 2만개 교회 이상, 호주에서 1천개 교회 이상이 참여했다. 덕분에 메신저 인터내셔널의 교회 홍보 부서의 전임 사역자가 7명으로 늘어났다. 자신의 인생, 가족, 교회가 변했다는 간증이 쇄도했다. 이후 몇 년간 우리 단체에서 출시하는 모든 주요 서적은 커리큘럼을 제작했다. 그렇게 해서 12년 만에 미국과 호주 전역의 교회들에서 사용되는 10개 이상의 커리큘럼이 완성되었다.

이런 배가에는 우리가 예측하지 못하고 나중에서야 발견한 측면이 있다. 책을 사거나 내 강연을 한 번도 듣지 못하고도 우리의 메시지를 접하는 사람들이 무수히 많아진 것이다. 리더들이 교회나 소그룹에서 우리의 자료를 통해 그들을 훈련시킨 덕분이다.

두려움과 싸워
한계를 넘어서다

물론 우리는 감사로 충만했다. 수많은 책이 수백만 부가 팔렸고, 커리큘럼도 수십만 부가 나갔다. 하지만 나의 불만족은 여전히 가시지 않았다. 이 메시지가 그리스도의 몸을 위한 것이며 많은 열매를 맺고 있다는 것을 알았지만 진리를 필요로 하는 신자들이 아직도 너무 많았다.

나는 하나님께 판매되는 책보다 더 많은 책을 나누어 주는 특권을 달라고 요청했다. 지구상에는 책을 살 여력이 없는 목사, 리더, 신자들이 무수히 많다는 것을 알았다. 기독교 서적의 판매를 금지하는 국가에서는 수백만의 성도가 지하 교회에서 모이고 있었다. 책을 수입할 재정적 여건이 되지 않는 국가의 신자들은 더욱 많았다. 이들을 어떻게 도울 수 있을까?

우리의 도움을 필요로 하는 곳이 너무도 많다는 것을 알았지만 이곳의 리더들과 연결되는 일은 불가능해 보였다. 그럼에도 뭔가를 해야 했다. 일단 요청이 오는 대로 처리하기 시작했다. 우리 단체의 국제 책임자에게 개발도상국이나 기독교를 핍박하는 국가의 리더들이 책을 필요로 하면 모두 무상으로 보내 주거나 필요하면 현지에서 인쇄해서 사용하게 하라는 지시를 내렸다.

하지만 성과가 미미해서 좌절감이 쌓여 갔다. 우리가 1년에 그런 국가에 보내는 책은 1만 권에서 2만 권밖에 되지 않았다. 바가지로 바닷물을 퍼 올리는 것처럼 보였다. 그래도 우리는 매년 다가오는 기회를 놓치지 않기 위해 계속해서 노력했다.

2010년 현충일(5월 31일)이었다. 아내는 여성 콘퍼런스에서 영어 사역을 하고 있었다. 나는 막 골프 시합을 마치고 돌아온 상황이었다. 성경책을 집어 지하실로 내려갔는데 다니엘서를 읽고 싶은 충동이 일었다. 2장을 읽는 중에 내 마음속에 다음과 같은 음성이 들려왔다. "아들아, 너는 영어권에서 '충성'을 다해 왔다. 이제 너의 메시지를 세상 모든 목사와 리더들에게 전하겠다."

하나님의 임재는 몇 분간 강하게 머물렀다. 그 임재가 걷힌 뒤에도 나는 경외감에 한동안 자리를 뜨지 못했다. 그날 나는 변화를 느꼈다. 찾아오는 기회만 잡는 소극적인 노력에서 벗어나야만 했다. 이제 하나님의 명령이 떨어졌다. 국가나 언어, 재정적인 상황에 상관없이 우리의 도움을 필요로 하는 목사와 리더들을 적극적으로 찾아야 했다.

성령님과의 그 만남에서 내 마음속에 각인된 것은 '충성'이라는 단어였다. 그 전까지는 '충성'을 '배가'와 연결시키지 못했다. 그 전까지 그 진리는 한 번도 내게 계시되지 않았다. 당시 내게 충성의 성경적 정의를 물어보면 내 입에서 '배가'라는 단어는 절대 나오지 않았을 것이다. 그날 지하실에서 성령님이 주신 말씀은 내가 이런 깨달음을 얻기 시작한 출발점이었다. 내가 하나님의 음성을 들었다는 확신은 있었지만 그런 엄청난 일을 어떻게 해낼지에 대해서는 여전히 오리무중이었다.

당시 우리에게는 한 유명한 전도자의 국제적인 선교 단체에서 일해 온 롭 버크벡(Rob Birkbeck)이란 친구가 있었다. 버크벡은 그 단체의 총괄 책임자였으며, 그의 책임 중 하나는 그 전도자의 책을 인쇄해서 배포하는 것이었다. 그래서 그는 거의 모든 나라의 출판사 및 목회자들과 소통해 왔다. 그런데 그 전도자가 은퇴하는 바람에 당시 그는 실직한 상태였다. 아내와 나는 그들 부부를 우리 팀으로 초빙했다. 마침 우리 단체의 국제 책임자가 다른 곳으로 간 뒤였다. 그와의 협력이 얼마나 놀라운 결과를 낳을지 우리는 전혀 모르고 있었다.

시간은 다시 흘러 2011년 1월이 되었다. 버크벡 부부는 우리 단체의 리더들과 함께 회의실에 모여 있었다. 회의 중에 나는 이렇게 물었다. "작년에 우리가 외국의 목사님과 리더들에게 얼마나 많은 책을 보냈나요?"

한 팀원이 재빨리 연말 보고서를 훑고 나서 대답했다. "3만 3천 권입니다!" 그는 칭찬을 들을 줄 알았지만 오히려 나는 탄식을 터뜨렸다. "정말 안타깝군요!" 그러고 나서 불쑥 이렇게 말했다. "금년에는 개발도상국과 핍박받는 국가들의 목사님과 리더들에게 25만 권을 보내도록 합시다."

장내가 쥐 죽은 듯 조용해졌다. 나중에 아내는 그 순간 너무 놀라, 토할 뻔했다고 말했다! (아내의 유머 감각은 정말 따라갈 수가 없다!) 이야기를 듣던 아들 애디슨(Addison)이 침묵을 깼다. "아버지, 정말로 그렇게 많이 하자고요?"

"물론이다. 할 수 있어." 나는 진심으로 그렇게 대답했다.

아들은 20분간 이견을 제시했다. 모두가 조용한 가운데 우리는 계속해서 공방을 벌였다. 아들은 매우 정중했지만 내 지시가 너무 허황되다는 의견에서 한 발자국도 물러서지 않았다. 아들이 마침내 불만을 터뜨렸다. "우리 팀원들에게 비현실적인 목표를 제시하고 싶지는 않아요!"

그 순간, 내 인내력도 한계에 다다랐다. 나는 주먹으로 테이블을 쾅 치며 단호하게 선언했다. "금년에 25만 권을 보낼 겁니다. 이상입니다." 분위기가 더 싸늘해졌다. 곧 회의는 중단되었고, 모두 불편한 마음을 안고 돌아갔다. 이튿날 아침, 단 둘이 있을 때 아들이 내게 말했다. "어제 아버지의 말씀에 좀 기분이 상했어요."

우리는 둘 다 진정한 상태였고 화해하기를 원했다. "아들아, 내가 팀원들의 의견을 존중하는 걸 알지? 알다시피 평소 같으면 모든 팀원의 의견을 듣고 나서 결정을 내릴 거야. 하지만 어제는 상황이 달랐단다. 나는 팀원들에게 '우리가 25만 권을 보내야 할까요?'라고 묻지 않았어. '금년에는 책을 몇 권이나 보내야 할까요?'라고 묻지도 않았지. 나는 그냥 이렇게 할거라고 선언했어. 그런데 너는 20분간 나와 논쟁을 벌였지."

아들은 고개를 끄덕이면서도 마지막으로 한 가지 제안을 했다. "아버지, 그래도 하루만 더 기도해 보시죠? 그러고 나서도 꼭 해야겠다면 저도 있는 힘껏 도울게요." "좋다. 그렇게 하자꾸나." 솔직히, 대답은 그렇게 했지만 그리 오래 기도하지는 않았다. 아들과의 약속을 지키기 위해 진심으로 기도하기는 했지만 지하실에서 성령님의 음성을 들은 만큼 그것이 옳은 일이라는 것을 이미 알고 있었다.

혹시 내가 두려웠을지 궁금한가? 물론 두려웠다. 그래서 돈을 어디서 구할지에 관해서는 아예 생각하지 않으려고 애썼다. 그런 생각을 하다보면 아들의 의견을 받아들여 숫자를 '합리적인' 수준으로 낮출 것이 분명했기 때문이다. 25만 권이라는 목표는 불가능해 보였다. 하지만 나는 하나님께 받은 지시대로 밀고 나가기로 결심했다. 창의적인 방법이 떠오르든가 기적적인 공급하심이 나타나리라 확신했다. 하지만 그 두 가지가 다 나타날 줄은 전혀 몰랐다.

3주 뒤 나는 플로리다 주의 한 호텔 방에서 새 책을 집필하고 있었다. 아침은 집중하기 가장 좋은 시간이기에 그 누구와도 연락을 하지 않는다. 그런데 그날 아침 내 휴대폰이 울려서 번호를 확인하니 사무실이었다. 시급하거나 중요한 일이 분명했기 때문에 전화를 받았다. 수화기 반대편의 분위기가 매우 들떠 있었다. 3주 전 그 냉랭했던 회의실에 있던 사람들이 다시 모여 있었다. 모두가 축하하며 웃고 떠들고 있었다.

아들은 이렇게 말했다. "아버지, 저희 단체에 재정을 지원해 주시는 분들께 25만 권의 책을 보내는 프로젝트에 관한 이야기는 하지 않았어요. 그런데 우리 팀원 중 한 명이 지인과 이야기를 하다가 이 프로젝트에 관해서 말했는데, 글쎄 그 지인이 30만 달러를 쾌척하겠다지 뭐예요!"

그 전까지 우리 단체가 한 개인에게 받은 지원금의 최고 액수는 5만 달러였다. 이제 나도 축하에 동참했다! 한바탕 기쁨을 나눈 뒤에 나는 모두에게 말했다. "이제 내가 왜 3주 전에 그렇게 고집을 부렸는지 아시겠죠?"

그러자 아들이 크게 웃으며 말했다. "아버지, 이젠 백만 권을 주겠다고 하셔도 무조건 따를게요." 모두가 세차게 고개를 끄덕였다.

그날 아침을 평생 잊지 못하리라. 전화를 끊고 나서 더는 글을 쓸 수 없었다. 그저 호텔 방을 서성이며 "감사합니다! 감사합니다! 감사합니다!"라고 수없이 되뇌었다. 내내 눈물이 뺨을 타고 흘렀다. 굶주린 목사들과 리더들이 그토록 원하던 제자 훈련 자료를 받는 모습이 눈에 선했다.

아들이 솔직하게 이의를 제기한 것이 너무도 감사했다. 생각을 숨기지 않고 그날 회의실에 있던 사람들의 생각을 대변해 준 것이 너무 기특했다. 모두가 아들과 똑같은 걱정을 하고 있었고, 그런 생각은 바뀌어야만 했다. 우리는 두려움과 싸워야 했다. 두려움의 소리에 귀를 기울이면 인간적으로 가능한 수준에만 머물 수밖에 없었다. 우리의 비전이 시들 수밖에 없었다. 그러면 그토록 크고 후한 선물은 받지 못했을 것이다. 기껏해야 5만 권을 보내거나 아예 목표를 정하지 못했을지 모른다. 우리는 목표를 세웠고, 성령님이 그것을 듣고 이 사람의 마음을 움직여 놀라운 선물을 하게 만드셨다. 이 일로 우리 팀의 믿음은 한층 더 성장했다.

그 해에 우리는 하나님 은혜로 48개국에 27만 권의 책을 보낼 수 있었다. 그 나라에는 이란, 이라크, 시리아, 레바논, 우즈베키스탄, 카자흐스탄, 투르크메니스탄, 크로아티아, 알바니아, 이집트, 베트남, 미얀마, 캄보디아, 중국, 몽골, 터키, 아프리카의 여러 가난한 국가 등이 포함되었다. 그 전 해에는 수만 명에게 책을 주었지만, 이제는 20만 명 이상에게 책을 보냈다. 우리 팀이 맺은 아웃리치의 열매는 8배로 성장했다. 이 얼마나 놀라운 배가인가!

배가를 위한
계속된 불만족

여기서 더 나아갈 수 있을까? 극심하게 충돌했던 그 회의로부터 4개월이 지난 2011년 5월, 버크벡과 나는 레바논 베이루트에 있었다. 우리는 중동 전역에서 온 목사들과 리더 모임을 하고 있었다. 모임 중에 버크벡이 내게 다가와 한 가지 요청을 했다. "이라크 아르빌에서 온 목사님이 오셔서 꼭 좀 뵙고 싶답니다. 만나 보실래요?"

"물론이죠!" 버크벡을 따라가 호텔 로비에서 그 목사를 만났다. 35세쯤 되어 보이는 젊은 목사였는데 눈이 열정으로 불타오르고 있었다. 그가 하나님 나라의 건설에 누구보다도 진지한 것을 분명히 느낄 수 있었다. 그는 섬김을 위해 옷을 입고 있었으며 그의 등불은 활활 타오르고 있었다! 그는 단 한 가지 이유, 즉 가르침과 모임을 통해 믿음을 키우겠다는 일념으로 아르빌에서 먼 발걸음을 했다. 그는 비신자들을 전도할 능력을 갖추는 것이 얼마나 중요한지를 아는 진취적이고 혁신적인 리더였다. 그것을 단번에 알아볼 수 있었다.

우리의 만남은 가볍고 편한 대화로 시작되었다. 하지만 나중에는 진지한 대화로 발전했고, 어느 순간 그 목사는 이렇게 말했다. "목사님은 저의 영적 아버지입니다. 목사님의 책은 한 권도 빠짐없이 읽고 있습니다." (그의 언어로 번역된 책은 몇 권 되지 않았지만 다행히 그는 영어를 할 줄 알았다.) "메신저 인터내셔널에서 신용카드로 목사님의 자료를 다운받기도 해요."

그의 말에 기쁘면서도 마음이 아팠다. 솔직히 그날 대화의 내용은 별로 기억이 나지 않는다. 하지만 하나만큼은 분명히 기억이 난다. 내 마음은 절규하고 있었다. '전쟁으로 폐허가 된 이 목사가 우리의 자료를 구하기 위해 자신의 신용카드를 사용해야 하다니!' 어서 하나님께 이 안타까운 상황을 아뢰고 싶었다.

그 목사에게 작별을 고한 뒤 곧장 내 방으로 달려가 문을 닫았다. 너무 답답해서 소리를 질렀다. "하나님, 제게 맡겨 주신 이 메시지를 이 척박한 땅에 사는 목사들과 리더들에게 어떻게 전해야 할지 방법을 알려 주십시오!" 옆방에 누가 있는지는 신경 쓸 여유가 없었다. 이 리더들에게 우리 자료를 공급하라는 하나님의 명령을 어떻게 수행해야 할지, 하늘의 전략을 꼭 들어야만 했다.

눈물 뿌려 기도한 지 며칠이 지나지 않아 아이디어가 떠올랐다. 우리 아웃리치 사역을 몇 배는 더 효과적으로 변모시킬 전략에 관한 아이디어가 생각났다. 그리 많은 비용의 추가 없이 사역의 효과를 기하급수적으로 높일 수 있는 아이디어였다. 이것은 정말 탁월한 아이디어였다. 하나님의 지혜일 수밖에 없는 아이디어였다. 너무 간단하지만 우리가 전혀 생각지도 못한 아이디어였다. 계속해서 읽어 보라!

7장

궁극적으로
은사의 배가는
하나님 선물이다

_____

여러분이 무엇을 어떻게 해야 할지 모르겠거든 아버지께 기도하십시오. 그분은 기꺼이 도와주시는 분이십니다(약 1:5, 메시지성경)

해를 거듭할수록 '하나님의 영감으로 찾아온 전략적 아이디어'의 막대한 가치를 더욱 실감하게 된다. 우리는 하나님의 공급하심이나 개입하심이 전략적 계획 없이 나타나기를 바라지만 대개 하나님의 역사는 그런 식으로 나타나지 않는다. 대개는 하나님이 알려 주신 전략적 아이디어를 통해 일이 이루어진다! 이에 관한 성경의 사례를 끝없이 댈 수 있지만 몇 가지만 소개해 보겠다.

- 수백만 명이 마실 수 있도록 나무 조각을 쓴 물에 던지는 전략적 아이디어(출 15:22-25 참조).

- 바위를 쳐서 수백만 명이 마실 물이 나오게 하는 전략적 아이디어(출 17:5-6 참조).

- 난공불락의 요새 주위를 6일간 조용히 행진하다가 7일째에는 나팔을 불며 일곱 번 돌고 마지막으로 크게 외치는 전략적 아이디어. 이 전략으로 성에 들어가 정복할 수 있었다(수 6장 참조).

- 만 명이 샘에서 물을 마시게 한 다음, 물만 쳐다본 병사들과 계속해서 전쟁터를 주시한 병사들을 구분하여 최고의 전사들을 가려내는 전략적 아이디어(삿 7:4-6 참조).

- 적을 정면으로 공격하지 않고 뒤쪽 숲으로 돌아간 뒤에 뽕나무 꼭대기에서 걸음 걷는 소리가 나면 하나님이 도우신다는 신호로 알고 공격하는 전략적 아이디어(삼하 5:22-25 참조).

- 극심한 기근 중에 한 과부와 아들이 마지막 식사를 먹는 대신 선지자에게 주면 여느 사람들처럼 굶어죽지 않게 된다는 전략적 아이디어(왕상 17:8-15 참조).

- 빚을 져서 두 아들과 집에 있는 것을 잃게 생긴 과부에게 빈 항아리들을 빌려와 유일한 소유물인 약간의 올리브기름을 부은 다음, 그 기름을 팔아 빚을 갚게 하는 전략적 아이디어(왕하 4:1-7 참조).

- 병에 걸린 장군이 요단강에 7번 몸을 담가 완치되게 하는 전략적 아이디어(왕하 5:1-19 참조).

- 찬양 팀을 군대보다 앞서 보내 대승을 거두는 전략적 아이디어(대하 20:21-26 참조).

- 왕의 진수성찬보다 채소만 먹어 더 건강하고 살이 쪄서 전국에서 가장 뛰어난 청년들로 두각을 나타내게 만드는 전략적 아이디어(단 1:8-16 참조).

- 망칠 뻔한 결혼식 피로연을 무사히 마칠 수 있도록 기존의 물 항아리들과 깨끗한 물로 최상의 포도주를 얻는 전략적 아이디어(요 2:6-10 참조).

- 양이 얼마 되지 않는 점심 도시락을 축사하고 나서 수천 명에게 나눠 주어 배불리 먹게 하는 전략적 아이디어(마 14:13-21 참조).

- 흙에 침을 뱉어 진흙을 만들어 맹인의 눈에 바른 다음 가서 씻고 시력을 회복하라고 말하는 전략적 아이디어(요 9:6-7 참조).

- 목숨을 구하기 위해 가라앉는 배를 떠나지 않는 전략적 아이디어(행 27:21-44 참조).

144

이 모든 경우, 하나님의 영감으로 얻은 아이디어는 하나님의 개입으로 이어졌다. 이 모든 사건을 관통하는 하나의 실이 무엇인지 보이는가? 이 모든 전략은 이미 가지고 있는 것을 사용한다. 가용 가능한 자원을 사용하거나 재배치한다. 모든 경우에서 하나님의 공급하심은 익숙한 것들을 통해 나타났다. 다시 말해, 기적은 갑자기 나타나지 않았다.

하나님은 주로 평범한 것들을 평범하지 않게 사용하여 놀라운 결과를 낳는 전략을 지시하신다. 그만큼 하나님의 영감으로 얻는 아이디어가 중요하다. 그래서 성경은 "지혜가 제일이니"라고 말한다(잠 4:7). 하나님의 지혜의 한 형태는 전략적 아이디어이며, 좋은 소식은 하나님이 지혜를 아끼시지 않는다는 것이다. 큰 난관 앞에서 사도 야고보는 다음과 같이 하라고 권면한다.

너희 중에 누구든지 지혜(전략적 아이디어)가 부족하거든 모든 사람에게 후히 주시고 꾸짖지 아니하시는 하나님께 구하라 그리하면 주시리라(약 1:5).

하나님은 지혜를 보류하거나 숨기지 않고 명확히 알려 주실 것이다. 이것이 하나님의 약속이다. 하지만 하나님께 전략적 아이디어를 받기 위해서는 두 가지 조건이 충족되어야 한다.

오직 믿음으로 구하고 조금도 의심하지 말라 의심하는 자는 마치 바람에 밀려 요동하는 바다 물결 같으니 이런 사람은 무엇이든지 주께 얻기를 생각하지 말라 두 마음을 품어 모든 일에 정함이 없는 자로다(약 1:6-8).

우리는 '믿음'으로 구해야 한다. 전략적 아이디어를 '바라기만' 하지 말고, 받을 줄로 기대해야 한다. 또한 '열정'으로 구해야 한다. '간절히' 원해야 한다. 받으면 말고 안 받으면 그만이라는 뜨뜻미지근한 자세로 구해서는 절대 응답받지 못한다. 받고야 말겠다는 절박감과 간절함이 있어야 한다.

'전략적 아이디어'는 하나님에게서 오는 선물이며, 이 아이디어를 받으면 훨씬 더 큰 열매로 가는 문이 열린다. 놀라운 배가가 가능해진다.

간절한 하나님의
지혜를 구하다

베이루트의 그 호텔로 돌아가 보자. 그날 나는 호텔 방에서 조용히 기도하지 않았다. 그럴 수 없었다. 내 아이디어는 다 떨어졌는데, 이 안타까운 목사들에게 어떻게든 자원을 공급할 막중한 책임이 내게 있었다. 원래 나는 호텔 방에서 큰 소리로 떠들지 않는다. 하지만 그날만큼은 누가 듣든 말든 신경 쓸 겨를이 없었다. 그만큼 절박했다. 우리 조직의 열매를 배가할 전략(지혜)을 받기 위해서 절박하고도 간절한 목소리로 외쳤다.

한참 강하게 기도하자 마음이 평안해졌다. 하나님이 내 기도를 들으셨다는 확신이 찾아오면서 안도의 한숨이 나왔다. 이제 응답이 오리라 믿었다. 아직 그 어떤 '전략적 아이디어'나 '계획'이 떠오르지 않았지만 나의 깊은 곳에서 감사가 터져 나왔다.

며칠 뒤 한 가지 생각이 떠올랐다. '우리는 이 책들을 인쇄하고 배포하는 데 많은 시간과 돈과 노력을 쏟아 붓고 있다. 하지만 각 리더는 하나의 품목만 받고 있다. 우리가 몇 년 전 영어로 한 방법을 사용해 보면 어떨까?

다른 언어로도 전체 커리큘럼을 사용할 수 있게 하면 어떨까? 그렇게 하면 우리의 열매가 크게 증가할 것이다!'

하지만 큰 난관이 있었다. 그렇게 많은 자료를 어떻게 인쇄하고 배포할 것인가? 설령 우리가 비용을 대서 커리큘럼의 모든 내용을 인쇄한다 해도 우리가 염두에 둔 대부분의 국가에서는 그 자료를 들고 험난한 정글이나 산악지대나 사막이나 강을 통과해야 했다. 사람이 그 무거운 자료를 들고 그런 지역을 통과하기는 힘들었다. 포장도로는 거의 없었다. 게다가 그들 국가에서는 기독교 자료를 운반하다가 걸리면 당국에 반대하는 것으로 간주되어 모든 자료를 몰수당하기 쉬웠다.

더 많은 기도와 고민 끝에 DVD 롬(컴퓨터용 '읽기 전용' 데이터를 담은 DVD 디스크)에 전체 커리큘럼을 넣는 아이디어가 떠올랐다. 하지만 여기에도 문제는 있어 보였다. 그 나라의 목사와 리더들이 컴퓨터를 사용할 줄 알까? 그렇다면 그들이 갖고 있는 컴퓨터가 DVD 롬을 읽을 수 있을까? DVD 롬에 전체 커리큘럼을 다 담을 수 있을까?

이런 문제에 관해서 파악하고자 먼저 버크벡에게 연락을 취했다. 그는 160개 이상의 국가를 다녀온 경험이 있었기 때문에 우리가 염두에 둔 국가들의 기술적인 상황에 관해서 누구보다 잘 알고 있었다. 나는 그에게 이렇게 물었다. "대부분의 국가에서 목사님과 리더들이 가난해도 컴퓨터는 사용할 줄 알까요?"

"대부분은 그럴 겁니다. 하지만 그렇지 못한 분들도 가끔 있죠."

"그분들이 갖고 있는 컴퓨터에서 DVD 롬을 읽을 수 있을까요? 그렇다면 DVD 롬에 얼마나 많은 데이터를 넣을 수 있을까요?"

버크벡은 열의에 찬 목소리로 대답했다. "일단 DVD 롬은 읽을 수 있을 겁니다. 두 번째 질문에 대해서는 최대한 빨리 알아보겠습니다."

그 순간, 한 가지 아이디어가 떠올랐다. "책 뒤에 DVD 롬을 담는 재킷을 붙이면 어떨까요?"

"그거 좋네요!" 버크벡이 흥분한 어조로 대답했다.

"그렇게 하면 책 한 권 당 비용이 얼마나 더 들까요?"

버크벡은 며칠 뒤에 조사한 내용을 들고 찾아왔다. "좋은 소식이 있습니다. 책 한 권을 인쇄해서 배포하는 데 드는 평균 비용을 확인하니 DVD 롬 하나를 더하는 데 비용이 5퍼센트밖에 추가되지 않습니다."

뛸 듯이 기뻤지만 아직 얼마나 많은 데이터를 DVD 롬에 담을 수 있는지의 문제가 남아 있었다. "하지만 정말 좋은 소식은 따로 있습니다. 디스크에 전체 커리큘럼뿐 아니라 오디오북과 다른 책들 두세 권, 신약 전체, (현지에서 여건이 된다면 더 많은 책을 인쇄할 수 있도록) PDF 파일 하나를 담을 수 있습니다.

너무 기뻐서 나도 모르게 환호성을 질렀다. 여기서 또 다른 '전략적 아이디어'가 탄생했다. 이 아이디어도 우리가 도우려는 국가들에서 기술적인 여건이 된다는 점을 전제로 했다. "이 나라들에서 인터넷이 될까요?"

"대부분의 나라에서는 됩니다." 버크벡은 그렇게 대답했다.

"번역된 자료를 다 포함한 웹 사이트를 개발하면 어떨까요? 기독교 웹 사이트처럼 보이지 않게 평범한 이름을 붙이면 기독교를 핍박하는 정부의 검열에 걸리지 않을 겁니다. 웹 사이트 주소는 책 표지에 인쇄하면 됩니다. 이렇게 해서 현지에서 무료로 모든 자료를 다운로드해서 온 교회가 사용할 수 있게 하면 좋지 않을까요?"

우리는 마치 사탕 가게에 온 천진난만한 꼬마처럼 즐거워했다. 이 전락을 보완할 아이디어들이 둘 사이에서 계속해서 쏟아져 나왔다. 충분한 조사 끝에 우리는 대량이기 때문에 이 '리더십 키트'를 개당 약 4달러에 제작해서 배포할 수 있다는 판단을 내렸다. 메신저 인터내셔널의 우리 팀은 웹 사이트를 개발할 기술과 노하우를 지니고 있었다.

우리 팀은 하늘에서 온 이 하나의 아이디어를 통해 리더들만이 아니라 교인 전체나 소그룹을 훈련시키고 강화할 수 있다는 사실을 깨달았다. 지구상에 많은 시골 마을에는 교회가 하나밖에 없었다. 이는 우리가 불과 몇 달러로 한 마을 전체에 큰 영향을 미칠 수 있다는 뜻이었다. 정말 엄청난 투자 수익률이지 않은가! 이것이 정말로 가능하단 말인가!

메신저 인터내셔널에서 다음 부서장 모임 때 우리는 이 비전을 나누었다. 그 즉시 회의실이 열정으로 뜨거워졌다. 모든 팀원이 이 계획에 기뻐하고 흥분했다. 나는 떨리는 음성으로 이렇게 선포했다. "10년이 걸리든 20년이 걸리든, 아니 수십 년이 걸리든 상관없습니다. 무조건 하나님이 맡겨 주신 우리의 자료로 지구상의 모든 리더를 도울 때까지 멈추지 않을 겁니다."

한 달 뒤, 텍사스 주에 사는 한 사업가가 우리 사무실로 전화를 해 왔다. 그는 나에게 14분간의 모임을 요청했다. 얼마 뒤 그와 그의 아내는 콜로라도 주로 날아왔다. 그런데 모임 중에 그가 흐느끼기 시작했다. 눈물을 흘리며 떨리는 목소리로 말했다. "그렇게 멀리 떨어진 곳의 리더들을 돕고 계시다니, 저도 꼭 참여하고 싶습니다." 그리고 나서 내게 수표 한 장을 내밀었다. 액수를 본 나는 의자에 앉은 채로 뒤로 나자빠질 뻔했다. 수표는 무려 75만 달러였다.

이후 몇 달간 우리는 웹 사이트를 개발하고 여러 국가와 지역에서 '리더십 키트' 계획을 부지런히 실행했다. DVD 롬에 담을 책, 관련 커리큘럼, 추가 서적들을 한 나라의 언어로 번역하는 데 경상비 외의 추가 비용이 들었다. 버크벡은 여러 언어를 위해 최고의 번역가들을 영입했다. 총 백만 달러가 넘는 두 번의 후한 기부 덕분에 첫 해에 필요한 비용을 충분히 충당할 수 있었다.

하나님의 사랑이
출발점이다

이제 시계를 뒤로 돌려서 2011년 1월로 돌아가 보자. 25만 권의 책을 나누어 주기로 결정한 직후로 가자. 거액을 기부한 두 사람이 나타나기 전으로 향해 보자. 그들이 먼저 나타나지 않아서 다행이다. 자금이 없었기 때문에 우리는 매일 아침 하나님께 전략을 달라고 간구할 수 있었다. 이 거대한 프로젝트를 계속 유지하기 위해 나눔의 은사를 기꺼이 사용해 줄 사람들에게 비전을 나누고 그들과 하나의 팀을 이루기 위한 계획이 필요했다. 그렇게 해야 언어, 장소, 재정적 상황에 상관없이 모든 목사와 리더에게 우리의 자료를 공급하는 일이 가능했다.

몇 번의 아침 기도 후 성령님이 내 마음속에 속삭이셨다. "아들아, 너는 골프 사랑으로 유명하지 않느냐. 그것을 활용해 사람들을 모아라. 내가 이 일을 위해 꼭 필요한 사람들을 보내 주겠다." 그 즉시, 콜로라도스프링스에 위치한 미국 최고의 호텔 중 하나인 더 브로드무어(The Broadmoor)가 있다는 사실을 떠올렸다. 마침 그곳은 두 개의 챔피언십 골프 코스를 갖추고 있었다. 나는 계획을 들고 아내와 아들을 찾아갔다. 두 사람은 내 계획을 유심히 듣고 물었다. "언제 할까요?"

"쇠뿔도 단김에 빼라고 했지. 이번 여름에 바로 하지 뭐."

하지만 시간이 너무 촉박한 것은 아닌지 걱정이 되었다. 그곳은 세계에서 가장 오랜 역사를 자랑하는 5성급 호텔 중 하나인데 남는 방이 충분히 있을까? 보통은 몇 개월 전에 예약이 되고, 여름은 휴가철이었다. 우리가 초빙하려는 사람들이 이미 여름 휴가 계획을 세웠을지 모른다는 점도 걱정이었다. 아들이 나섰고, 이틀 뒤에 소식을 갖고 찾아왔다. "아버지, 한 주만 빼고 예약이 꽉 찼대요. 대충 100개의 룸을 예약할 수 있는데 마침 그 주에 두 분의 일정이 없네요."

"바로 예약을 하자!" 나는 지체 없이 말했다.

내가 서두르자 아들이 말했다. "계약서에 서명을 해야 해요. 예약을 취소하면 수수료가 비싸요. 우리가 그 방을 다 채울 수 있을까요?"

나는 다시 확신 있게 말했다. "꽉 찰 거니까 걱정하지 마렴." 너무 깊이 생각하고 싶지 않았다. 논리를 따지다가 계획을 포기하고 싶지는 않았기 때문이다.

미국에는 이 일을 기꺼이 도와줄 교회와 사업가가 많다고 확신했다. 나는 생각나는 모든 사람에게 전화를 돌렸고, 사실상 모든 사람이 기꺼이 참여하겠다고 대답했다. 2개월 만에 예약한 방을 꽉 채울 수 있었다.

우리 팀은 이 행사를 단순히 골프 토너먼트가 아니라 기억에 남을 만큼 다채로운 행사로 개최하기로 했다. 특히, 골프를 칠 줄 모르는 배우자들이 즐길 수 있도록 모든 면에서 최고를 지향했다. 아내는 여성들을 위한 특별 모임을 진행하기로 했다. 내빈들이 도착하면 각 커플에게 간식과 선물이 담긴 아름다운 바구니를 선물하기로 했다. 더 브로드무어 호텔에

서만 가능한 특별한 음식과 경험, 리더십 훈련 프로그램, 모든 참가자에게
줄 양질의 선물까지 완벽에 완벽을 기했다. 그들에게 감사의 마음을 진정
으로 전달할 수 있기를 원했다.

첫 번째 메신저 컵은 2011년 6월 말에 개최되었다. 행사 전에 나는 프
로 운동선수들과 유명한 가수들에게 전화를 걸어 사인한 개인 물품들을
기부할 수 있는지 물었다. 아울러 여러 기업들로부터 귀중한 제품이나 입
장권 등을 기부받았다. 우리는 연회 중에 이런 것들을 경매에 붙였다. 1회
토너먼트에서는 34만 달러가 조금 넘게 모였다. 하지만 행사가 조금 어색
했다. 아직 우리는 비전을 나눌 최상의 전략을 얻지 못했다.

그 해 가을, 우리 팀원 중 한 명이 또 다른 전략적 아이디어를 내놓았
다. 2012년 여름에 열릴 두 번째 연간 토너먼트를 계획하던 중 그가 이렇
게 말했다. "우리는 유명인사의 사인이 들어간 야구공, 미식축구 헬멧, 기
타 등을 경매에 붙이고 있습니다. 하지만 그렇게 해 봐야 한 나라에 자료
를 공급하기에도 부족합니다. 그러니 이번에는 물건을 경매에 붙이지 말
고 아예 나라를 경매에 붙이면 어떨까요? 한 나라의 가치가 훨씬 더 크지
않습니까?"

정말 멋진 아이디어였다. 여기서 끝이 아니었다. 그의 말은 계속되었
다. "이 행사에 오는 분들은 매우 경쟁적인 분들입니다. 그래서 말인데, 점
수판을 만들면 어떨까요? 이분들이 나라들을 지원하기로 약속하면 점수
가 쌓이는 겁니다. 나라들을 후원하는 데 가장 큰 액수를 내놓는 분들께
공이나 기타 같은 선물을 주면 다들 좋아하실 겁니다."

창의적인 아이디어들이 잇따랐다. 한 번은 내가 아이디어를 내놓았다.
"경매가 지루한 면이 있어요. 몇 분의 침묵이 영원처럼 느껴지죠. 시간 제

한을 두면 어떨까요. 예를 들어 35분 정도가 좋겠어요. 그 시간이 지나면 경매가 끝난다고 말하는 겁니다. 후원금이 나오지 않는 나라는 제외되는 거죠. 이렇게 하면 긴박감이 생길 겁니다."

이 시점에서 이 '프로젝트'를 간단히 정의하고 넘어가자. 이 프로젝트는 두 가지로 이루어져 있다. 첫째, 리더십 키트의 모든 책, 오디오, 동영상을 번역하려면 언어 당 약 17만 5천 달러의 비용이 들어간다. 둘째, 한 나라에 책 혹은 리더 키트를 제작해서 배포하는 비용이 들어간다. 각 나라에는 500-5만 명의 리더들이 있다. 대부분의 나라에는 5천에서 1만 명의 리더들이 있기 때문에 평균 비용은 2만에서 4만 달러이다.

이후 모임들에서도 더 좋은 경험을 만들어 내고 비전을 더 잘 전달해서 두 번째 행사를 더 성공적으로 개최하기 위한 아이디어가 계속해서 나왔다. 덕분에 그 해 경매에서는 이전 해 보다 2배로 많은 기부금이 걷혔다. 시간 제한을 둔 덕분에 50개의 프로젝트에 필요한 자금이 충분히 모였다. 운동력은 더 강해져, 1년 뒤 제3회 메신저 컵에서는 130만 달러가 모였다. 덕분에 훨씬 더 많은 프로젝트를 진행할 수 있었다.

매년 우리 자료에 대한 요청은 더 많아졌다. 점점 더 많은 나라에서 자료를 받기 위한 대표들을 보내 왔다. 결국 프로젝트의 숫자는 100개를 돌파했다. 제6회 메신저 컵에서는 2백만 달러 이상이 걷혀 140개 이상의 프로젝트가 성사되었다. 아홉 번째 해에는 거의 3백만 달러가 걷혀, 200개의 프로젝트의 자금을 충당할 수 있었다. 이 책이 출시된 2020년 말, 메신저 컵 팀은 120개 이상의 언어, 100개가 넘는 국가의 목사와 리더들에게 총 3천만 달러 상당의 자료를 제공했다.

이 모든 일에서 나의 영웅 중 한 명의 귀감이 우리에게 계속해서 달려갈 힘을 주었다. 그는 바로 앤드류 카네기(Andrew Carnegie)이다. 그는 거의 전 재산을 남들에게 나눠 준, 역사상 가장 유명한 자선가 중 한 사람이다. 그의 기부금 중 상당 부분이 공립 도서관 설립에 사용되었다. 사실, 1883년에서 1918년까지 그는 2,500개 이상의 도서관을 건립했는데, 그중 대부분이 미국 47개 주에 흩어져 있다.

흥미로운 질문 하나를 던져 보겠다. 미국이 어느 시기에 초강대국이 되었을까? 1883년에서 1925년 사이다. 카네기가 도서관들을 건립한 시기와 거의 정확히 맞아떨어진다! 나는 대중이 도서관을 통해 지식을 접하게 된 것이 미국을 세계의 리더로 우뚝 솟게 만든 결정적인 이유라고 믿는다.

이 원칙은 영적 지식에도 적용된다! 하나님은 이렇게 말씀하신다.

- 내 백성이 지식이 없으므로 망하는도다(호 4:6).
- 내 백성이 무지함으로 말미암아 사로잡힐 것이요(사 5:13).

오랫동안 사역하다보니 한 마을이나 도시를 변화시키기 위한 가장 효과적인 방법은 교회 건물을 짓는 것이 아니라는 사실을 깨닫게 되었다. 그렇게 해 봐야 현지 리더들이 계속해서 우리에게 의존할 뿐이다. 현지 리더들이 스스로 강해져서 자신의 마을이나 도시에 영향을 미칠 수 있도록 영적 지식을 제공하는 것이 훨씬 더 효과적이다. 영적 지식을 통해 믿음이 커지면 스스로 사역을 계속할 수 있다. 필요하면 알아서 건물을 짓거나 다른 자원을 갖추어 나갈 수 있다.

만약 우리가 교회를 지어 준다면 교회 한 채에 수만 달러의 비용이 들어갈 것이다. 하지만 수백 달러 이상의 자료가 들어간 리더십 키트는 비교할 수 없이 더 적은 비용이면 된다.

개척 교회들에게 리더십 키트를 제공하는 프로젝트는 40년에 걸린 내 목회 인생에서 단연 가장 즐거운 일이었다. 열국의 제자로 삼겠다는 열정과 비전으로 뭉친 사람들의 팀에 내가 속했다는 사실이 너무 자랑스럽고 뿌듯했다. 함께한 덕분에 어느 한 개인이 이룰 수 있는 것보다 훨씬 더 많은 일을 해낼 수 있었다. 이 프로젝트만큼 "너희 다섯이 백을 쫓고 너희 백이 만을 쫓으리니"라는 말씀의 완벽한 예는 찾아보기 힘들 것이다(레 26:8).

우리의 모든 사역은 예수님의 다음 비유를 중심으로 이루어졌다.

> 이르시되 네가 점심이나 저녁이나 베풀거든 벗이나 형제나 친척이나 부한 이웃을 청하지 말라 두렵건대 그 사람들이 너를 도로 청하여 네게 갚음이 될까 하노라 잔치를 베풀거든 차라리 가난한 자들과 몸 불편한 자들과 저는 자들과 맹인들을 청하라 그리하면 그들이 갚을 것이 없으므로 네게 복이 되리니 이는 의인들의 부활시에 네가 갚음을 받겠음이라 하시더라(눅 14:12-14).

우리가 씨앗을 뿌린 리더들은 몸이 불편하거나 저는 자들 혹은 시각장애인들이 아닐지 모르지만 "갚을 것이 없"는 이들이었다. 내가 미국의 교회나 콘퍼런스에서 사역을 하면 사례금이나 헌금 등으로 갚음을 받을 수 있다. 하지만 내가 투자해 온 이 나라의 리더들은 그렇게 할 수 없다. 기업이나 교회 리더들, 메신저 인터내셔널의 직원들을 비롯해서 우리와 함께하는 모든 이들은 도움을 받는 이들에게서 아무런 보답을 기대하지 않고 주는 것이 무엇보다도 귀한 특권임을 잘 알고 있다.

몇 해 전 아내와 나는 아르메니아 수도 예레반을 다녀왔다. 중동 전역에서 온 수천 명의 리더들이 그곳에서 열린 콘퍼런스에 참여했다. 그때 우리는 별도의 강당에서 이란, 아프가니스탄, 시리아 등자에서 온 목사들과 한자리에 모였다. 카메라 촬영은 허용되지 않았고 각자의 신원은 철저히 비공개로 진행됐다. 하나님의 임재가 더없이 강하게 나타났다. 그들을 보며 나는 계속해서 이런 생각을 했다. '나와 아내가 메시지를 전하는 것이 아니라 오히려 이 리더들에게서 배워야 한다.' 한번은 그들에게 이렇게 말했다. "여러분은 저와 아내를 영웅으로 보고 있지만, 사실은 여러분에게 자료를 보내기 위해 수백만 달러를 기꺼이 내어 놓은 기업가들과 교회들이야말로 진정한 영웅들입니다." 그 순간, 우리 모두는 바닥에 주저앉아 펑펑 울었다. 모임이 끝나고 한 이란인 목사가 이렇게 물었다. "어떻게 얼굴도 보지 못한 사람들에게 그토록 많은 돈을 줄 수 있는 거죠?"

그때 나의 대답은 단순하면서도 깊은 진리를 담고 있었다. "그것은 그들 속에 있는 하나님의 사랑 때문입니다." 다시 한 번 모두의 눈에서 눈물이 쏟아졌다.

배가는 궁극적으로
하나님의 선물이다

2019년, 우리는 자료를 나누기 위해 웹 사이트에서 보완해야 할 점들을 발견했다. 우리가 이 프로젝트를 처음 시작했던 2011년에는 썩 괜찮은 웹 사이트였지만 이제는 조잡하고 불편한 점이 꽤 많았다. 특히, 나와 많은 팀원들이 가난하고 힘든 국가들을 실제로 가 보니 개선해야 할 점이 계속해서 눈에 들어왔다. 그곳의 사람들은 텐트나 흙집이나 합판으로 대충 만든 집에서 살면서도 대다수가 스마트폰을 가지고 있었다. 실제로 2020년에는 스마트폰을 사용하는 사람이 50억 명을 넘어섰다.

가난한 국가들을 자주 다니다보니 당장은 아니더라도 온라인 통신을 통해 지구상의 모든 사람에게 다가가는 것이 분명 가능해질 것이라는 사실이 눈에 들어왔다. '로마의 길'이 다시 나타날 것이라고 확신했다.

간단하게 설명해 보겠다. 성경은 "때가 차매 하나님이 그 아들을 보내사"라고 말한다(갈 4:4). 여기서 '때'는 다양한 조건이 부합한 때를 말한다. 중요한 조건 중 하나는 복음이 사방으로 원활하게 퍼질 수 있는 상황이다. BC 312년, 로마는 주변 세상을 연결하는 도로와 수로를 건설하기 시작했다. 예수님이 "온 세상으로 가라"라고 말씀하실 즈음은 이 도로와 수로가 잘 갖추어진 상태였다. 하나님의 말씀을 주변 세상에 빠른 속도로 전할 여건이 마련되어 있었다.

나는 다시 '때'가 찼다고 믿는다. 예수님의 재림을 위한 길이 훤히 뚫렸다. 우리 시대의 로마의 길은 바로 인터넷이다. 우리는 모든 민족을 제자로 삼기 위해 온 세상에 하나님의 말씀을 전할 능력을 갖추고 있다.

우리 팀은 이 사실을 분명히 알고서 다시 기도하고 꿈을 꾸고 전략을 세우기 시작했다. 수개월의 조사 끝에 우리는 미국 최고의 앱 개발업체와 함께 프로젝트를 시작했다. 우리는 아이폰, 안드로이드 기반 기기, 태블릿, 컴퓨터에서 쉽게 사용할 수 있는 제자 훈련 플랫폼을 개발했다. 시중에 나와 있는 어떤 플랫폼과 견주어도 손색이 없다. 우리는 교회 리더들, 특히 어려운 국가들의 리더들에게 최고의 도구를 제공하고 싶었다. 놀라운 사실은 이제 이 플랫폼을 통해 책, 교육 프로그램, 여타 제자 훈련 도구를 이용하는 유저가 227개 국에서 수백만 명으로 늘어났다는 것이다. 이제 전 세계에 복음을 전하기까지 불과 몇 나라밖에 남지 않았다.

시간이 지날수록 배가하기 위한 새로운 방법들이 개발되었다. 우리는 이 플랫폼을 강화하기 위해 창의적이고도 탁월한 메시지를 가진 뛰어난 강사들을 영입하기로 결정했다. 이제는 전 세계의 리더들이 컴퓨터나 태블릿이나 스마트폰을 사용하여 일대일, 혹은 소그룹이나 교회 전체 차원에서 신자들을 훈련시킬 수 있다. 단순히 현재 맺는 열매만 배가된 것이 아니다. 종이 책과 달리 이 플랫폼은 앞으로 수세대 동안 유용하게 사용될 수 있다(이 플랫폼을 이용하는 법에 관해서 자세히 알고 싶다면 www.MessengerX.com을 방문하라).

나와 아내가 글을 쓰지 않기로 결심했다면? 혹은 우리 자신만 베스트셀러 작가가 되는 것에 만족하고 커리큘럼을 개발하지 않았다면? 우리 팀이 영어권의 개인들과 교회들만 돕는 수준에서 만족했다면? 우리 팀이 더 브로드무어에서 미국 전역의 협력자들을 모으기 위해 노력하지 않았다면? 매 단계에서 난관이 나타났다. 그때마다 우리는 믿음을 키워 하나님의 은혜를 더욱 의지해야만 했다. 난관이 나타날 때마다 안주하기가 훨씬 더 쉬웠다. 남들을 더 효과적으로 섬기기 위해 분투하기보다는 현재에 만족하는 편이 훨씬 쉬웠다.

성령님의 음성에 귀를 기울이면 더 큰 배가를 향해 계속해서 나아가게 되어 있다. 하나님은 처음부터 모든 단계를 보여 주시지 않는다. 심지어 좀처럼 서너 단계 앞도 보여 주시지 않는다. 30대 초에 내가 점쟁이를 통해 30년 뒤까지의 과정을 낱낱이 볼 수 있었다면 훨씬 더 쉬웠을 것이다. 하지만 그랬다면 눈물 뿌린 기도로 하나님께 부르짖지 않았을 것이다. 또

한 순종할 때마다 믿음과 인격이 강해지는 경험을 하지 못했을 것이다.

배가는 인간의 아이디어가 아니라 하나님의 아이디어이다. 다시 말하지만 하나님이 인류에게 처음 주신 명령은 이것이다. "내가 맡기는 모든 은사는 내 나라를 배가하기 위한 것이다"(창세기 1장 22절과 마태복음 25장 14-29절을 내 식으로 풀이해 본 것이다).

정말 중요한 진리를 다시 선포한다. 배가해야 한다는 압박감에 짓눌릴 필요가 없다. 배가는 궁극적으로 하나님의 선물이기 때문이다. 우리는 그저 기도하면서 하나님이 마음속에 주시는 음성을 듣고 믿고 순종하기만 하면 된다. 다시 말해, 하나님이 배가하도록 이끌어 주실 것이다.

혹시 이런 생각을 하고 있는가? '지난 2장을 읽고 마음에 깊은 감동을 받았다. 하지만 나는 그저 전업주부, 학생, 운동선수, 직원일 뿐이다. 내가 어떻게 하나님 나라를 배가할 수 있겠는가?'

이 문제는 다음 장에서 살펴보자.

8장

나눌수록
연료 탱크가
채워지다

_____

우리에게 주신 은혜대로 받은 은사(카리스마)가 각각 다르니 혹 예언이
면 믿음의 분수대로 혹 섬기는 일이면 섬기는 일로, 혹 가르치는 자면
가르치는 일로, 혹 위로하는 자면 위로하는 일로, 구제하는 자는 성실
함으로, 다스리는 자는 부지런함으로, 긍휼을 베푸는 자는 즐거움으로
할 것이니라(롬 12:6-8).

사도 바울은 하나님이 각 종에게 주신 다양한 은사를 강조한다. 이번에도 나는 이 목록이 전부는 아니라고 생각한다. 하나님이 주시는 능력은 훨씬 더 다양하다. 그렇지 않다고 생각한다면 내 설명을 들어보라.

사도 바울의 목록 어디에도 노래하는 능력, 법정에서 변호하는 능력, 수술로 종양을 제거하는 능력, 감동적인 그림을 그리는 능력, 악기를 연주하는 능력 등 우리가 일상 속에서 흔히 보는 능력들을 볼 수 없다. 이것이 내가 이 목록이 하나님이 주시는 모든 능력을 포함한 것이 아니라고 생각하는 이유이다. 그래도 여전히 아니라고 생각한다면, 당신의 의견을 존중한다. 이것은 중요한 요지가 아니므로 장황하게 논할 필요가 없다.

바울의 말의 강조점으로 돌아가 보자. 신약은 '카리스마'를 "특정한 일들을 잘하도록" 주신 능력으로 정의한다. 이 능력, 곧 은사가 이 책의 초점이다. 앞서 '예언'과 '가르침'의 배가에 관해서 살펴보았다. 이제 다른 은사인 '나눔'으로 관심을 돌려보자.

나눔은
하나님 나라를 위한 투자

내 지인 중에 마이크(Mike)라는 사람이 있다. 마이크는 11세에 예수 그리스도를 영접했다. 하지만 하나님 나라의 건설에 큰 역할은 하지 못하고 있었다. 이런 답보 상태에 대한 불만족은 점점 커졌고, 마침내 35세에 그는 계속해서 영원한 열매를 맺지 못하며 살아갈 수는 없다는 결론을 내렸다. 대개 이런 상태에 이른 사람은 지식과 지혜와 믿음 없이 성급하게 변화를 시도한다. 하지만 마이크는 지혜롭게도 다른 접근법을 취했다. 그는 영원한 열매를 맺기 위한 첫 번째 단계가 '연료 탱크를 채우는' 것이어야 한다고 판단했다. 그래서 그는 6개월간 무려 2천 개의 성경 구절을 암송했다!

그 6개월의 기간이 끝나자마자 마이크는 애리조나 주 피닉스에서 열린 한 리더십 콘퍼런스에 등록했다. 지독히 가난했던 그는 호텔 방을 잡을 돈이 없어서 11명의 학생들과 방 2개짜리 아파트에서 지냈다. 콘퍼런스 중에 특별 헌금 순서가 왔다. 리더는 학생들에 얼마를 낼지를 놓고 기도하라고 권했다. 기도 중에 마이크는 하나님의 음성을 들었다. "2백 달러를 내라!"

마이크는 펄쩍 뛰었다. "하나님, 그건 제 전 재산이에요!"

하나님은 부드러운 음성으로 대답하셨다. "그보다 더 내라고 하지는 않겠다."

마이크는 순종하여 전 재산을 헌금했다. 그러자 이번에는 그 해 내내 십일조 외에 매달 백 달러를 내라는 음성이 들려왔다. 곧 하나님은 마이크에게 '전략적 아이디어'를 주시기 시작했다. 그로 인해 그의 새로운 사업은 나날이 번창했다. 이듬해 그는 하나님 나라의 건설을 위해 십일조 외에 매달 4백 달러를 내야 한다는 거룩한 부담감을 느꼈다.

1년 뒤, 액수는 십일조 외에 1천 달러로 올라갔다. 그 다음 해에는 십일조 외에 4천 달러, 그 다음 해에는 십일조 외에 1만 달러로 계속 상승했다. 이제 마이크는 하나님께 그분 나라의 건설을 위해 1천만 달러를 낼 능력을 달라고 요청했다. 엄청난, 아니 터무니없는 요청처럼 보였지만 그의 믿음은 흔들리지 않았다. 그런데 놀랍게도 마음속에서 충격적인 음성이 들려왔다. "아들아, 왜 나를 틀에 가두려고 하느냐?" 이제 그는 한계를 두지 않고 훨씬 더 많은 것을 기대하고 믿었다. 얼마 있지 않아 그의 헌금은 급속도로 늘어났다. 다음해 그는 십일조 외에 매달 1만 7천 달러를 드렸다. 그 다음에는 매달 2만 5천 달러, 4만 달러, 5만 달러와 같은 식으로 쭉쭉 늘어났다. 결국 그는 하나님 나라의 건설을 위해 십일조 외에 매달 10만 달러를 드렸다. 내가 마지막으로 확인했을 때는 십일조 외에 매달 15만 달러를 돌파했다!

마이크는 수입의 약 10-15퍼센트로 풍족하게 살아왔다. 그렇다. 잘못 읽은 것이 아니다. 그는 매년 수입의 약 85-90퍼센트를 드린다. 그는 성경을 배우고, 기도 중에 하나님의 음성에 귀를 기울이고, 자신보다 성숙한 사람들에게 제자 훈련을 받은 것을 성공의 비결로 꼽는다.

배가를 논할 때 '나눔'이란 단어를 빼놓을 수 없다. 나눔이야말로 배가의 핵심 요소이기 때문이다. 재정 영역에서 많은 신자들이 '나눔'을 "남들을 위해 무엇을 포기할까?"라는 관점에서 본다. 물론 이는 고상하고 경건한 관점이다. 하지만 이 관점만으로는 불충분하다. 이제부터 설명해 보겠다.

먼저, 이 관점은 훌륭한 것이다. 하나님은 우리 마음속에 사람들을 향한 그분의 사랑을 불어넣으신다. 그렇게 되면 이타적으로 '나누고 섬기려는' 열정이 솟아난다. 하지만 '지혜로운' 사람은 나눔을 사랑과 섬김의 선물로만 보지 않고 '투자'로도 여긴다. 투자한다는 것은 자원을 더 키우기 위해 소비하지 않는 것이다. 재정적은 측면에서 말하면, 자금을 더 늘리기 위해 당장 쓰지 않는 것이다.

오래전 아내와 나는 토지 두 구획을 발견했다. 가격이 싸서 향후 가치가 오를 것으로 보였다. 우리는 두 구획을 살 현금을 가지고 있었다. 그래서 그 돈을 불리기 위해 절약하기로 결정했다. 그 토지는 우리의 예상보다 훨씬 좋은 땅이었다. 덕분에 우리는 불과 2년 만에 투자금의 2배를 거두어들였다. 2년 전보다 2배나 많은 현금이 생겼다. 이제 더 큰 규모의 투자가 가능해졌다.

예수님은 우리가 하나님 나라에 투자하면 "현세에 여러 배를 받고"라고 말씀하셨다(눅 18:30). 예수님은 '내세'가 아니라 '현세'라고 말씀하셨다. 아내와 나는 투자로 2배의 수익을 거두고도 뛸 듯이 기뻐했는데 예수님이 말씀하시는 수익은 그 정도가 아니다. '2배'와 '여러 배'는 차이가 크다. '여러 배'로 배가되는 투자라니 놀랍지 않은가. 마이크의 삶이 이 진리의 증거이다.

사도 바울은 우리의 나눔을 씨 뿌리기에 비유한다. 조건에 따라 달라지기는 하지만 하나의 밀알은 소비하지 않고 땅에 투자하면 평균적으로 백 배 이상으로 불어난다. 이것이 '여러 배'의 범주에 들어간다. 이것이 성경에서 이렇게 말하는 이유이다. "흩어 구제하여도 더욱 부하게 되는 일이 있나니 과도히 아껴도 가난하게 될 뿐이니라"(잠 11:24). 신자는 부의 증가와 배가를 생각하지 말아야 한다면 솔로몬, 예수님, 바울이 이 진리를 강조했을 리가 없다.

대부분의 사람은 마이크가 수입의 10-15퍼센트로 사는 것을 사랑의 희생으로만 여길 것이다. 하지만 마이크는 더 큰 그림을 본다. 그는 2천 개의 성경 구절을 암송한 덕분에 하나님의 지혜로 충만하다. 그래서 그는 이런 삶을 사랑의 행위로만 보지 않고 투자 측면에서도 생각한다.

그는 나와 아내가 그 두 구역의 땅을 볼 때와 같은 시각을 품고 있다. 그는 계속 성장하는 식당의 주인과 비슷하다. 그 주인은 수익을 다 쓰지 않고 더 큰 건물을 사고 추가 인력을 고용하고 더 많은 식재료를 사는 식으로, 사업 성장을 위해 수익의 상당 부분을 투자한다. 이런 식으로 꾸준히 하다보면 식당을 다섯 곳으로 늘려 5배의 매출을 얻을 수 있다. 그 결과, 그 주인은 식당 하나만 운영하는 것보다 훨씬 더 많은 사람을 도와줄 수 있다.

투자의 측면을 고려하지 않는 것은 나눔의 더 깊은 의미를 이해하지 못하는 것이다. 바로 이것이 달란트 비유가 다루는 문제이다. 예수님의 말씀을 보라. "다섯 달란트 받은 자는 바로 가서 그것으로 장사(투자)하여 또 다섯 달란트를 남기고"(마 25:16). 그분은 종이 배가한 것에 대해 구체적으로 '투자'라는 단어를 사용하신다.

배가에 관한 또 다른 비유

예수님이 배가를 설명하기 위해 사용하신 또 다른 비유를 보자.

> 그들이 이 말씀을 듣고 있을 때에 비유를 더하여 말씀하시니 이는 자기가 예루살렘에 가까이 오셨고 그들은 하나님의 나라가 당장에 나타날 줄로 생각함이더라(눅 19:11).

이 비유의 도입부를 눈여겨볼 필요성이 있다. 사람들은 예수님이 나라를 세워 자신들을 로마의 통치와 압제에서 해방시키실 줄로 기대했다. 예수님은 정확한 시각을 제시함으로 이 기대를 바로잡으셨다. 예수님은 그분이 떠나신 후 우리가 그분의 나라를 세우기를 바라셨다. 하지만 그 일을 어떻게 이룰 것인가? 답은 '투자'를 통해서다. 이야기를 들어보자.

어떤 귀인이 왕위를 받아가지고 오려고 먼 나라로 갈 때에 그 종 열을 불러 은화 열 므나를 주며 이르되 내가 돌아올 때까지 장사하라(투자하라) 하니라(눅 19:12-13).

마태복음의 비유에서처럼 예수님은 '투자'를 명령하신다. 우리는 맡은 일을 게으르게 방치하지 말고 '열심히' 그리고 '똑똑하게' 해야 한다.

이 두 비유는 같게 보이지만 다르다. 어떤 차이점이 있는지 분석해 보자. 첫째, 마태복음은 3명의 종을 이야기하는 반면 누가복음은 10명의 종을 소개한다. 둘째, 마태복음의 이야기에서는 각 종이 다른 액수를 받지만 이 비유에서는 같은 액수(은화 한 므나)를 받는다. 셋째, 마태복음의 이야기에서 종들은 은 1파운드(므나)가 아니라 75파운드짜리 자루로 받았다. 이 두 이야기를 비교해 볼 때 나는 마태복음의 이야기가 똑같이 분배되지 않는 은사에 관한 이야기인 반면, 누가복음의 이야기는 모든 신자가 하나님께 똑같이 받는 것(구원하는 믿음, 하나님의 사랑, 하나님의 말씀, 언약의 축복 등)에 관한 이야기라고 생각한다. 하지만 이면의 원칙은 동일하다. 이야기를 계속 읽어 보자.

귀인이 왕위를 받아가지고 돌아와서 은화를 준 종들이 각각 어떻게 장사(투자)하였는지를 알고자 하여 그들을 부르니 그 첫째가 나아와 이르되 주인이여 당신의 한 므나로 열 므나를 남겼나이다 주인이 이르되 잘하였다 착한 종이여 네가 지극히 작은 것에 충성하였으니 열 고을 권세를 차지하라 하고(눅 19:15-17).

여기서 몇 가지 강조점이 있다. 첫째, 이 종은 받은 것을 투자했다. 둘째, 그는 '열심히' 그리고 '똑똑하게' 일해서 10배를 거두었다. '똑똑하게' 일하는 것은 하나님의 지혜에 따라 일하는 것이며, 이는 내 친구 마이크처럼 하나님의 음성에 귀를 기울일 때만 가능하다. 셋째, 이번에도 '배가'는 '충성'과 직접적으로 결부된다. 다른 행동이나 성품은 언급되지 않는다. 하나님께는 배가가 곧 충성이기 때문이다. 마지막으로, 이 종의 영원한 상급은 배가한 정도와 정비례한다. 즉 이 첫 번째 종은 10개의 고을을 받아 다스리게 된다.

이제 두 번째 종을 보자.

그 둘째가 와서 이르되 주인이여 당신의 한 므나로 다섯 므나를 만들었나이다 주인이 그에게도 이르되 너도 다섯 고을을 차지하라 하고(눅 19:18-19).

이 종은 10배가 아닌 5배를 배가했다. 그의 영원한 상급은 투자 수준을 그대로 반영하고 있다. 즉 그의 상급은 열 고을이 아니라 다섯 고을이다. 그는 왜 다른 종처럼 10배를 배가하지 않았을까? 하나님의 지혜에 그만큼 깊이 귀를 기울이지 않은 것일까? 기회를 놓친 것일까? 프롤로그에서 소개한 스탠이 처음에 계획한 것처럼 말년에는 편하게 지낸 것일까? 직장에서 은퇴했다고 해서 하나님 나라의 일에서도 은퇴했다고 생각했던 것일까?

오래전 한 리더십 콘퍼런스에서 배가에 관한 메시지를 전한 적이 있다. 캘리포니아 주에서 수위를 다투는 부동산 개발업자 중 한 사람이 행사 후 나를 찾아왔다. 하나님 나라의 일에 이미 수백만 달러를 드린 그는 충격과 깨달음이 공존한 표정으로 나를 보며 말했다. "목사님, 성공할 만큼 성공했다는 생각에 어느새 안주하고 말았습니다. 잠깐 방심한 사이에 이런 태도에 빠지고 마는군요. 이제 제 실수가 보입니다. 하나님이 주신 것을 배가하기 위해 더 분발해야겠습니다." 그가 진정으로 회개했다면 5배를 남기는 종에서 10배를 남기는 종으로 성장하는 것이 얼마든지 가능하다.

세 번째 종은 어떨까?

> 또 한 사람이 와서 이르되 주인이여 보소서 당신의 한 므나가 여기
> 있나이다 내가 수건으로 싸 두었었나이다 이는 당신이 엄한 사람인
> 것을 내가 무서워함이라 당신은 두지 않은 것을 취하고 심지 않은 것을
> 거두나이다 주인이 이르되 악한 종아 내가 네 말로 너를 심판하노니
> 너는 내가 두지 않은 것을 취하고 심지 않은 것을 거두는 엄한 사람인
> 줄로 알았느냐 그러면 어찌하여 내 돈을 은행에 맡기지 아니하였느냐
> 그리하였으면 내가 와서 그 이자와 함께 그 돈을 찾았으리라 하고(눅 19:20-
> 23).

마태복음 비유 속의 종과 마찬가지로 이 종도 두 가지 큰 흠을 가지고 있었다. 첫째, 그는 두려워했다. 둘째, 그는 주인의 성품을 알지 못했다. 이 이야기도 하나님이 주신 것을 '유지하는' 것이 '충성'이 아니라 '악한' 것이라고 말한다. 왕이 노했다는 점을 놓치지 말라. 게으른 태도는 왕의 분노를 자아냈고, 왕은 그 분노를 표출했다! 생각할수록 경각심이 이는 대목이다.

다음 상황은 우리가 마태복음의 이야기에서 내렸던 결론을 뒷받침해 준다.

> 곁에 섰는 자들에게 이르되 그 한 므나를 빼앗아 열 므나 있는 자에게 주라 하니 그들이 이르되 주여 그에게 이미 열 므나가 있나이다 주인이 이르되 내가 너희에게 말하노니 무릇 있는 자는 받겠고 없는 자는 그 있는 것도 빼앗기리라(눅 19:24-26).

예수님은 첫 번째 종이 이미 열 므나를 받은 것에 구경꾼들이 이의를 제기했다는 점을 특별히 지적하신다. 하지만 하나님은 "잘 '투자한' 자는 더 많이 받을 것이다"라는 선언으로 '공평'에 관한 구경꾼들의 생각을 바로잡으신다. 반면 "'유지만' 하는 자는 가진 적은 것도 빼앗기리라."

이는 놀라우면서도 두려운 현실이다. 마이크처럼 하나님의 말씀과 그분과의 교제에 많은 시간을 투자하지 않으면 주변 환경을 통해 하나님의 성품을 왜곡하기 쉽다. 영화, 인스타그램, 뉴스, 종교, 가혹한 아버지 같은 인생의 경험이나 사회의 관점은 우리가 그것을 좋아하든 싫어하든 우리의 시각을 왜곡시킬 수 있다. 하지만 하나님과 그분의 말씀을 친밀히 알면 이런 왜곡을 피할 분별력이 생긴다.

우리는 나누는 자로
부름을 받았다

마이크는 '나눔'의 '은사'를 지니고 있다. 그는 나눔에서 누구보다도 뛰어나다. 하지만 그만이 아니라 우리 모두는 '나누는 자'가 되어야 한다.

이를 온 세상으로 나아가 복음을 전하라는 하나님의 명령과 비교해 보자(막 16:15-16 참조). 이 명령은 모든 신자에게 주신 것이다. 우리 모두는 비신자들에게 복음을 전하는 사자가 되어야 한다. 이 명령은 바울의 글에서도 발견된다. "전도자의 일을 하며"(딤후 4:5). 이는 모든 신자를 대상으로 한 권면이다.

하지만 '전도자'로 불리는 독특한 직분이자 상호보완적 은사가 있다. "그가 … 어떤 사람은 복음 전하는 자로 … 삼으셨으니"(엡 4:11). 모두는 아니고 일부 신자들이 이 직분으로 부름을 받았다. 이 은사는 영혼을 추수하는 능력이다. 사도행전을 보면 모든 신자가 아닌 빌립이 전도자로 부름을 받았다(행 21:8 참조). 빌리 그레이엄, T. L. 오스본, 라인하르트 본케(Reinhard Bonnke)는 모두 전도의 은사를 지닌 인물이었다. 그들은 팀원들과 함께 수천만 명의 영혼을 주님께로 인도했다. 그들은 마이크를 비롯해서 내가 앞서 소개했던 사람들처럼 하나님이 주신 은사를 배가했다.

그들처럼 우리 모두는 '나눔'으로 부름을 받았다. 하지만 '나눔'의 '카리스마'를 지닌 이들이 있다. 전도자가 영혼의 추수에 뛰어난 것처럼 그들은 금전적인 나눔에 뛰어나다. 이 책의 메시지는 하나님이 주신 은사를 배가하는 데 초점을 두고 있다. 하지만 금전적인 나눔은 배가의 정말 중요한 측면이기 때문에 이번 장의 나머지 부분에서는 우리 모두가 금전적인 나눔에서 배가해야 한다는 점에 초점을 맞추고자 한다.

40년간 목회를 하면서 재정과 나눔에 관해서 두 가지 극단적인 모습을 목격했다. 너무도 많은 신자들이 이 두 극단으로 치우쳐 있다. 이런 안타까운 상황이 빨리 변했으면 하는 바람이다. 첫째, 오직 받기 위해서만 주는 이들이 있다. 그들은 이기적인 이유로 더 많은 것을 원한다. 이들의 동기를 한마디로 표현하자면 '탐욕'이다.

안타깝게도 이 그릇된 태도는 다른 극단을 낳았다(두 극단 사이의 진자 운동은 오래된 현상이다). 이런 태도는 마이크처럼 하나님의 말씀을 전체적으로 공부하지 않는 사람들에게서 주로 나타난다. 그들은 나눔을 권장하는 가르침이라면 질색을 한다. 그들은 헌금이라는 소리만 들어도 인상을 찌푸린다. 이런 태도는 그들 자신의 열매만 줄어들게 만드는 것이 아니라 그들의 말에 귀를 기울이는 사람들의 열매도 줄어들게 만든다. 그로 인해 교회 전체의 복음 전도 사역이 지장을 받는다.

우리 부부는 예수님을 영접한 뒤 나눔에 관해서 광범위하게 가르치는 교회에 다녔다. 때는 1980년대였다. 당시는 많은 사람이 선교보다 자기 자신을 더 생각하던 시절이었다. 교회에서는 제대로 가르쳤지만, 많은 교인이 인격이 부족한 탓에 나눔을 실천은 하되 더 큰 집, 더 비싼 자동차, 더 화려한 휴가 같은 다양한 이기적인 동기로 했다. 성경적인 표현만 사용할 뿐 내면의 동기는 비신자들과 다를 바 없었다. 아내와 나는 처음부터 뭔가가 잘못되었다는 것을 알았지만 그것이 무엇인지는 정확히 알 수 없었다.

이런 환경에서 신앙생활을 하다 보니 우리가 나눔을 온전한 시각으로 보기까지는 깨끗해지고 성숙해지는 과정이 필요했다. 우리 교회의 리더는 결국 유혹에 빠져 모든 것을 잃었다. 그 모습을 보고 우리는 극단으로 흐를 뻔했지만 인생의 상황들을 보지 않고 오직 하나님의 말씀만을 붙어잡기로 결심했다.

우리 부부가 눈을 뜨게 된 것은 이 교회에서 우리의 사역으로 파송을 받은 지 2년 뒤였다. 예배 중에 설교할 준비를 하고 있는데 성령님이 내게 물으셨다. "아들아, '종교적인 마음가짐'(religious spirit)이 무엇인지 아느냐?"

나는 종교적인 마음가짐이 무엇인지에 관해서 책도 읽고, 가르치기도 하고, 남들의 가르침도 듣고, 심지어 책도 썼다. 하지만 하나님이 물으셨을 때 내가 이해하지 못한 뭔가가 있다는 것을 즉시 깨달았다. 그래서 이렇게 대답했다. "모르는 것 같습니다. 그렇지 않다면 주님이 묻지 않으셨겠죠. 종교적인 마음가짐은 무엇입니까?"

그러자 성령님의 답변이 들려왔다. "종교적인 마음가짐은 자신의 뜻을 행하기 위해 내 말을 사용하는 것이다. 이런 사람은 설령 내 지시를 따른다 해도, 내 뜻을 이루기 위해서 하는 것이 아니다. 그는 자신의 이익을 위해 내 말을 적용하는 것일 뿐이다."

이 말씀은 내가 몸담았던 환경의 독소를 마음에서 몰아내기 위한 촉매제가 되었다. 성령님은 우리가 나누고 심지어 그 유익을 거두어도 잘못된 동기로 할 수 있다는 사실을 깨닫게 해 주셨다. 우리의 동기가 그릇되어도 상관없이 하나님의 법은 좋은 결과를 낳는다.

사도 바울이 나눔과 관련해서 농사의 비유를 사용했기 때문에 계속해서 농사의 비유를 보자. 농부는 곡식을 자기 곳간에만 쌓아 두겠다는 생각으로 씨앗을 심을 수 있다. 그는 자신이 먹고 남은 음식을 저장하기 위해 더 큰 창고를 짓고 속으로 말한다. "여러 해 쓸 물건을 많이 쌓아 두었으니 평안히 쉬고 먹고 마시고 즐거워하자"(눅 12:19).

이에 대한 하나님의 반응은 "어리석은 자여"다(20절). 예수님의 지적처럼 이 농부는 탐욕에 빠져 있었지만 상관없이 씨뿌리기와 추수의 원칙은 통했다.

반면, 다른 농부는 사람들을 돕고 먹이기를 바랄 수 있다. 이 농부도 첫 번째 농부와 똑같은 추수를 경험한다. 하지만 그의 반응은 전혀 다르다. 그는 속으로 이렇게 말한다. "나만 배불리 먹는 것이 아니라 우리 지역 사회가 더 건강해지도록 도울 수 있겠구나! 후히 베풀 수 있겠어!"

씨뿌리기와 추수의 법칙은 두 농부에게 동일하게 작용한다. 첫 번째 농부처럼 탐욕으로 할 위험이 있다고 해서 모두가 씨뿌리기와 추수를 그만두면 어처구니없는 일일 것이다. 하지만 그렇게 하는 사람이 꽤 많다.

바울의 말을 깊이 분석해 보자. 바울은 다음과 같이 시작한다.

> 그러므로 내가 이 형제들로 먼저 너희에게 가서 너희가 전에 약속한
> 연보를 미리 준비하게 하도록 권면하는 것이 필요한 줄 생각하였노니
> 이렇게 준비하여야 참 연보답고 억지가 아니니라(고후 9:5).

분명 바울은 재정적인 나눔 혹은 헌금에 관해 말하고 있다. 계속해서 그는 농사의 비유를 사용하여 하나님이 나누는 자들에게 어떻게 해 주시는지를 설명한다.

이것이 곧 적게 심는 자는 적게 거두고 많이 심는 자는 많이 거둔다 하는
말이로다(고후 9:6).

나누는 동기가 오로지 남들을 돕는 것이어야 한다면 왜 바울은 우리가
나눌 때 받는 수확에 관해서 이야기할까? 부수적으로 배가를 바라면 안
되는 것인가? 이 동기가 하나님 나라의 건설이라는 주된 동기를 강화하
는 데 도움이 되어도 무조건 잘못된 것인가? 바울은 예수님의 달란트 비
유처럼 고린도교회의 새신자들에게 자신의 열매를 배가하는 법을 가르치
고 있는 것은 아닐까? 바울은 연민의 마음으로 나누는 동시에 더 큰 복을
받기 위해 투자하라고 말하는 것은 아닐까? 나는 이것이 바울의 의도라고
생각한다. 계속해서 읽어 보면 알 수 있다.

각각 그 마음에 정한 대로 할 것이요 인색함으로나 억지로 하지 말지니
하나님은 즐겨 내는 자를 사랑하시느니라 하나님이 능히 모든 은혜를
너희에게 넘치게 하시나니 이는 너희로 모든 일에 항상 모든 것이
넉넉하여 모든 착한 일을 넘치게 하게 하려 하심이라(고후 9:7-8).

두 가지 일이 이루어진다는 점에 주목하라. 개인적인 필요가 채워지는
동시에 남들을 위해 "착한 일을 넘치게" 할 수 있게 된다. 투자하면, 씨앗
을 뿌리면, 베푸는 능력이 배가된다. 계속해서 이런 동기를 볼 수 있다.

심는 자에게 씨와 먹을 양식을 주시는 이가 너희 심을 것을 주사 풍성하게
하시고 너희 의의 열매를 더하게 하시리니 너희가 모든 일에 넉넉하여

너그럽게 연보를 함은 그들이 우리로 말미암아 하나님께 감사하게 하는

것이라(고후 9:10-11).

바울은 우리가 나눌 때 하나님이 "우리의 열매를 더하게" 해 주신다고 말한다. 그렇게 되면 항상 "너그럽게 연보"를 할 수 있다. 이 진리는 금전적인 나눔의 은사를 받을 사람들만이 아니라 모든 신자에게 해당되는 것이다. 이것은 하나님이 오래전에 정하신 영적 법칙이다.

아내와 내가 사역을 시작할 때 연봉은 1만 8천 달러였다. 겨우 생활을 할 수 있을 정도였다. 우리의 첫 성탄절이 기억난다. 수중에 있는 적은 돈으로 겨우 선물 바구니를 만들어서 나누어 주었다. 그 외에 다른 것을 살 돈은 거의 없었다. 2년 뒤 교회의 담임목사님은 특별 헌금을 선포했다. 아내와 나는 선교에 꼭 참여하고 싶었는데 어느 날 하나님이 말씀하셨다. "1천 달러를 내라."

그때까지 2년 동안 우리는 허리띠를 졸라맨 끝에 작은 집의 계약금을 마련할 수 있었다. 1천 8백 달러가 우리가 가진 전부였다. 은퇴 자금도 투자금도 여타 저축도 없었다. 1천 달러를 내고 나면 수중에 8백 달러밖에 남지 않았다. 이 한 번의 헌금으로 몇 년간 모은 돈이 반 토막이 날 수밖에 없었다. 그렇게 되면 다시 계약금을 모으기까지 족히 몇 년은 걸릴 것이 분명했다. 하지만 우리는 남들에게 영향을 미치는 일에 꼭 참여하고 싶었기 때문에 두 눈을 질끈 감고서 헌금을 드렸다. 또한 우리는 후히 나누는 자들이 되고 싶었다. 나누는 능력을 키우기 위한 유일한 방법은 적지만 가진 것을 배가하는 것임을 성경을 통해 분명히 알고 있었다.

몇 년이 지나 우리는 선물 바구니 이상, 1천 달러 이상을 나눌 수 있게

되었다. 그 한해에만 우리는 1천 달러보다 50배나 많은 돈을 헌금할 수 있었다. 우리는 모든 면에서 더 많은 인생에게 영향을 미치고 싶었다. 하나님은 우리의 능력을 배가시켜 더 후히 나눌 수 있게 해 주셨다. TPT성경 역본(The Passion Translation, TPT)은 이 진리를 아름답게 표현하고 있다.

> 농부에게 우리가 먹을 빵이 될 씨앗을 풍성하게 공급해 주시는 이 후하신 하나님은 너희에게는 더더욱 후하시다. 먼저 하나님은 모든 필요 이상을 공급해 주신다. 그러고 나서 너희가 뿌리는 씨앗을 배가시켜 너희의 후함의 수확이 자라게 해 주신다. 늘 후히 나누면 모든 면에서 크게 부해질 것이다(고후 9:10-11).

그렇다. 하나님은 후한 분이다. 하나님은 우리의 '후함이 자라도록' 우리가 하나님 나라의 건설을 위해 한 투자를 '배가해' 주신다. 우리는 좀과 동록이 해하고 도둑이 들어와 훔쳐갈 수 없는 하늘 계좌를 채운다. 또한 이생에서는 이 계좌에서 빼서 쓸 수 있다. 물론 영원한 상급이 있다. 하지만 우리가 이생에서 후함을 위해 채우는 계좌가 있다. 바울은 빌립보 교인들에게 쓴 편지에서 이 점을 매우 분명히 밝히고 있다.

> 내가 (너희의) 선물을 구함이 아니요 오직 너희에게 유익하도록 풍성한 열매(너희의 계좌에 쌓이는 복의 수확)를 구함이라(빌 4:17).

많은 사람이 은행 계좌, 주식 계좌, 투자 계좌를 갖고 있는 것처럼 모든 신자는 하늘 계좌를 갖고 있다. 이 계좌를 통해 우리는 이 땅에서 하나님 나라의 건설을 위해 열매를 맺는 능력을 배가할 수 있다. 모든 신자가 이 영적 법칙을 알고 이해하고 믿는다면 어떤 일이 벌어질까? 전 세계의 복음화가 훨씬 더 앞당겨질 것이다! 신자들이 금전적인 씨앗을 뿌리지 못하도록 막기 위해 하나님 나라의 원수가 총력전을 펼치고 있는 것도 무리가 아니다.

우리 부부가 친하게 지내는 필(Phil)과 다나(Dana) 부부는 누구보다도 파격적인 나눔을 실천하는 이들이다. 그들은 수입의 약 50퍼센트를 하나님 나라의 일에 드린다. 최근 그들은 한 선교 단체에 10만 달러를 기부했다. 이틀 뒤에는 또 다른 선교 단체에 10만 달러를 보냈다. 내가 이것을 아는 것은 두 번째 선교 단체가 바로 메신저 인터내셔널이기 때문이다.

필은 수년 전 사업을 시작했는데 처음에는 매출이 별로 신통치 않았다. 하지만 25년 전 필 부부는 이후 3년에 걸쳐 25만 달러의 헌금을 하겠다고 하나님 앞에서 서원했다. 당시로서는 절대 불가능해 보였지만 그들은 하나님의 개입이 필요할 만큼 큰 목표를 원했다.

필의 사업은 승승장구했다. 하지만 계속해서 잘될지는 미지수였다. 3개월 뒤 그는 계좌에 여윳돈 25만 달러가 들어 있다는 사실이 생각났다. 그래서 그는 3년 동안 조금씩 내지 말고 즉시 서원을 이행하기로 결심했다. 그는 내게 이렇게 말했다. "목사님, 그때가 저희 부부의 파격적인 나눔이 시작된 출발점입니다."

마크처럼 필 부부는 금전적인 나눔에서 후진하지 않았다. 후진할 수밖에 없는 상황에서도 그들은 계속해서 전진했다. 그 결과, 그들의 하늘 계좌는 꿈도 꾸지 못했던 액수로 늘어났다. 우리도 이렇게 될 수 있을까? 바울은 그렇다고 분명히 말한다.

너희 안에서 역사하심으로 이 모든 일을 이루시는 하나님의 강하신 능력을 절대 의심하지 말라. 하나님은 너희의 가장 큰 요구, 가장 믿기 힘든 꿈보다 무한히 더 이루실 것이다. 너희의 상상을 초월할 것이다 그분의 기적적인 능력이 끊임없이 너희를 강하게 하여 너희의 모든 예상을 뛰어넘게 하실 것이다(엡 3:20, TPT).

갑자기 찾아오는
돌파의 순간

오랫동안 목회하면서 우리가 '카리스마'와 '금전적 나눔' 모두에서 시험을 받게 된다는 사실을 깨달았다. 아무 출판사도 우리의 책에 눈길을 주지 않는 시기가 올 수 있다. 심지어 그 시기가 수년이 갈 수도 있다. 그럴 때면 다 그만두고 싶어진다. 고생만 하고 책은 출간될 가망성이 없어 보인다. 앞으로도 상황은 바뀌지 않을 것만 같다. 하지만 그럴 때도 계속해서 순종하라. 그러다보면 갑자기 '돌파'(breakthrough)의 순간이 찾아온다.

나누고 또 나누어도 수확의 계절이 찾아오지 않을 수 있다. 더 이상 하기에는 재정이 너무 빠듯하게 느껴진다. 하지만 마이크처럼 불가능해 보이는 상황에서도 끝까지 순종해야 한다. 그러다보면 '돌파'가 나타나면서 더 큰 나눔의 차원으로 들어간다.

'돌파'란 무엇인가? 사전은 이것을 "장애물이나 제약을 제거하거나 뛰어넘는 행위나 사건"으로 정의한다.[12] 이렇게 상상해 보라. 벽이 물을 막고 있다. 물은 계속해서 차오르지만 벽은 꿈쩍도 하지 않는다. 그러다 갑자기 벽에 균열이 생기기 시작한다. 그리고 얼마 뒤 물은 갑자기 벽을 뚫고 간다. 이제 장애물이 제거되고 물은 그 전까지 가지 못했던 곳으로 자유롭게 흘러간다. 이것이 돌파이다. 다윗 왕은 선포했다. "하나님이 물을 쪼갬(breakthrough) 같이 내 손으로 내 대적을 흩으셨다"(대상 14:11).

필이 처음 10만 달러를 기부한 후, 그의 사업은 한 주간 기록적인 매출을 기록했다. 그 한 주 만에 10만 달러 이상의 순익을 달성했다. 바로 이것이 돌파이다. 처음부터 이러했던 것은 아니다. 필 부부는 계속해서 나누고 또 나누었지만 당장은 그리 많은 수확이 나타나지 않았다. 하지만 수년간 꾸준히 씨를 뿌린 결과, 돌파의 순간이 찾아왔다. 씨를 뿌리는 동시에 수확이 나타날 정도로 놀라운 결과가 나타났다.

이는 선지자 아모스의 예언이 성취된 것이다. "여호와의 말씀이니라 보라 날이 이를지라 그때에 파종하는 자가 곡식 추수하는 자의 뒤를 이으며 포도를 밟는 자가 씨 뿌리는 자의 뒤를 이으며 산들은 단 포도주를 흘리며 작은 산들은 녹으리라"(암 9:13).

엄청난 풍년이 찾아와 씨를 뿌리기 시작할 때까지 미처 추수를 다하지 못할 지경이다. 일꾼들이 다음 해를 위해 씨를 뿌리기 시작했는데 포도를 밟는 자들이 아직 포도를 밟고 있는 상황이 벌어진다! 그리고 파종하는 자나 추수하는 자나, 포도를 밟는 자는 다 포도주라는 공통의 목표를 갖고 있다. 더 이상 흉년이 없고 포도주의 강이 흘러넘칠 것이다.

'카리스마'와 '금전적 나눔' 모두에서 시험을 통과하면 이런 일이 벌어진다. 마이크와 필 부부에게 이런 일이 벌어졌다. 메신저 인터내셔널은 오랫동안 많은 자원의 씨앗을 뿌린 결과, 인생 변화에 관한 수많은 간증을 얻었다. 포도가 추수하는 속도보다도 더 빨리 자라고 있다!

많은 사람이 돌파의 순간에 이르기 전에 그만둔다. 역경이 몰아치거나 원하는 결과를 얻지 못해 포기한다. 나와 아내도 이성과 논리를 앞세워 성령의 음성을 무시할 수 있었다. 우리가 꼭 필요한 집에 들어가려면 최소한 5천 달러의 계약금을 걸어야 했다. 우리 도시에서 살 만한 아파트는 다 성인 전용 아파트였다. 아기들은 허용되지 않았다. 우리는 이렇게 계산할 수도 있었다. "먼저 집을 구해서 들어가고 나서 열심히 저축해서 나중에 천 달러를 내자." 우리는 하나님 나라에 투자하고 우리의 자원을 배가시킬 황금 같은 기회를 놓칠 수도 있었다.

그런데 정말 놀라운 일이 일어났다. 6개월 뒤 기적적으로 5천 달러가 들어왔다. 장인어른이 몰래 우리 이름으로 5천 달러짜리 적금을 들어놨던 것이다. 뿐만 아니라 우리의 사정을 알지도 못하는 두 사람이 2천 달러를 주었다. 덕분에 우리는 1년도 되지 않아 새 집에 들어갈 수 있었다. 기적이라고밖에 말할 수 없었다. '불가능해' 보이는 상황이었지만 하나님의 공급하심을 믿고 끝까지 인내한 보람이 있었다. 우리가 성령님이 내라고 하셨던 1천 달러를 당장 내지 않고 미루었다면 이런 일은 결코 일어나지 않았을 것이다.

이번 장을 마치기 전에 꼭 경고하고 넘어갈 것이 있다. 교만은 금물이다. 무슨 뜻인지 궁금한가? 성령님의 지혜를 구해야 한다는 뜻이다. 성령님은 이렇게 말씀하신다. "나는 네게 유익하도록 가르치고 너를 마땅히 행할 길로 인도하는 네 하나님 여호와라"(사 48:17).

민감한 양심(성령님이 우리를 깨우치시는 통로)을 유지하고 성령님이 보여 주시는 것에 순종하는 일은 너무도 중요하다. 성령은 하나님 나라를 위한 투자에서 수익을 거두도록 우리를 이끌어 주시는 분이기 때문이다. 성령이 우리의 마음속에 1천 달러를 내라고 속삭이시지 않았다면 우리는 그 돈을 내지 않았을 것이다.

　어떤 이들은 성령님의 음성을 듣고 순종하지 않는다. 그런가 하면 어떤 이들은 너무 많이 "아니오"라고 대답했기 때문에 아예 성령님의 음성을 듣지 못한다. 양심이 더 이상 민감하지 않다. 이런 상태라면 성령님의 음성을 억누른 것을 신속히 회개하고 용서를 구하라. 그러면 민감한 양심이 즉시 돌아올 것이다. 하나님은 회개하는 자를 용서하시는 분이다. 그런 다음에는 성령님의 지시에 귀를 기울이고, 이성의 목소리에 넘어가 그 지시에 불순종하지 않도록 조심하라.

9장

어떤 섬김도
마다하지 않고
달려가다

각각 은사를 받은 대로 하나님의 여러 가지 은혜를 맡은 선한 청지기
같이 서로 봉사하라(벧전 4:10).

이 중요한 장에서 '효과적인 배가'의 '촉매'를 파헤칠 것이다. '효과적인'이란 단어는 영원히 지속되는 배가라는 점을 강조하기 위해 사용했다.

'촉매'는 어떤 사건이나 변화를 촉진시키거나 가속화시키는 핵심 요소이다(여러 사전을 참조한 나의 정의이다). 우리 모두는 은사를 받았다. 그런데 이 은사의 영원한 잠재력을 폭발시키는 열쇠는 사도 바울의 글에서 발견된다. "봉사하라." 봉사 곧 섬김이 '촉매'이며, 진정한 섬김은 언제나 사랑에서 우러나온다. 사도 바울은 그렇게 말한다. .

> 너희의 믿음의 역사와 사랑의 수고(섬김)와 우리 주 예수 그리스도에 대한
> 소망의 인내를 우리 하나님 아버지 앞에서 끊임없이 기억함이니(살전 1:3).

진정한 섬김은 사랑으로 불타는 마음에서 비롯한다. 이 섬김은 역경과 고난, 힘든 상황에서 결코 변하지 않는 내적 상태이다. 이 섬김은 말로 표현되기도 하지만 주로 행동으로 나타난다.

정체를 알 수 없는
칠면조 아줌마

진정한 섬김을 잘 보여 주는 이야기를 소개하고 싶다. 이제부터 소개하는 부부는 나와 아주 가까운 사람들이다. 그들이 이름을 밝히지 말아 달

라고 부탁했기 때문에 가명을 사용하도록 하겠다.

릴리(Riley)와 데이브(Dave)는 미국 대도시 중 한 곳의 교외에서 살고 있다. 두 사람이 살던 집은 서로 붙어 있었기 때문에 둘이 만난 것은 운명이었다.

결혼하고 얼마 되지 않아 릴리는 대부분의 교회와 노숙자 쉼터 같은 자선 단체들이 성탄절에는 음식과 선물을 주면서 추수감사절에는 그렇게 하지 않는 이유가 궁금했다. 그녀는 추수감사절이 가족과 음식에 초점을 맞추기 때문에 추수감사절 선물이야말로 중요다고 생각했다. 많은 싱글맘, 장애인, 노숙자들은 음식다운 음식을 먹지 못하고 있었다. 릴리는 무료 급식소가 나름의 역할을 하고 있지만 집밥에서만 느낄 수 있는 가족애와 친밀함은 잘 전해 주지 못한다고 판단했다.

릴리는 이렇게 말했다. "각자 남들을 섬기는 것도 좋지만 함께하면 더 큰 영향을 미칠 수 있죠." 그녀는 성경에 정통해 있기 때문에 둘이 조화롭게 힘을 합치면 혼자서보다 10배는 크게 이룰 수 있다는 사실을 잘 알고 있다. 또한 그녀는 더 많은 신자들이 연합할수록 성과가 계속해서 기하급수적으로 증가한다는 사실을 알고 있다. 그녀가 늘 마음에 새기는 사실 중 하나는 참된 종이라면 팀에 속해야 하며 누구에게 공이 돌아가든 신경 쓰지 않아야 한다는 것이다. 그녀의 태도는 배가의 이런 중요한 요소들을 그대로 보여 주고 있다.

릴리는 추수감사절에 선물할 칠면조를 사기 위해 가족과 친구들로부터 돈을 모았다. 그녀와 남편 데이브는 배가의 정신으로, 1달러를 받을 때마다 자신들의 돈 1달러를 보태기로 서원했다. 그 해 그녀는 11마리의 칠면조를 사서 차 트렁크에 실어 어려운 사람들에게 익명으로 전달했다. 두 번째 해에는 칠면조의 숫자가 31마리로 늘어났다. 세 번째 해에 그녀는 가족과 친구들에게 자신의 이름을 밝히지 않은 채 주변 사람들에게 이 비전을 전해 달라고 부탁했다. 그 결과, 동참하는 사람들의 숫자가 급속도로 배가되기 시작했다. 5년째에는 500가정에 칠면조 외에도 채소와 칠면조 속에 넣을 재료까지 함께 전달했다.

그 즈음 릴리는 구세군과 익명으로 공식 기부 계약을 맺었다. 구세군은 사회 복지 단체들과 연계되어 있기 때문에 도움이 정말 필요한 사람들을 가려낼 수 있었다. 선별된 사람들은 달리 도움을 받을 곳(예를 들어, 식료품 카드[food stamp] 등의 정부 프로그램)이 없는 이들이었다. 릴리의 팀은 구세군 건물 마당에 도보로 혹은 드라이브스루로 음식을 받아갈 수 있는 배급 장소를 설치했다.

많은 사람이 어떻게든 방법을 찾아 필요한 음식을 받아갔다. 그들은 리어카를 끌고, 자전거를 타고, 바구니를 밀고, 이웃들의 차를 얻어 타고, 혹은 걸어서 칠면조와 채소를 받아갔다. 때로는 먼 곳에서 찾아와 자신들이 사는 트럭이나 지하실 방이나 공원 등으로 돌아갔다. 한 노숙자는 칠면조 요리법을 공부해 버려진 프라이팬과 버너로 직접 요리를 해서 다른 노숙자 친구들과 함께 먹었다.

나중에는 규모가 너무 커져서 원활한 배급을 위해 새로운 장소가 필요해졌다. 인근 YMCA 건물에 넓은 공터가 있었지만 구세군과의 관계가 좋지 않았다. 하지만 이 일이 워낙 중요했기 때문에 두 단체는 서로의 차이를 극복하고 릴리의 사역을 비롯한 지역 사회의 프로젝트들을 위해 협력하기 시작했다.

매년 릴리 부부는 전년도의 기록을 깨겠다는 목표를 세웠다. 그들은 자신들이 사는 지역에 누구도 식사다운 식사 없이 추수감사절을 지나지 않게 하겠다고 결심했다. 도움을 받는 사람들의 숫자가 늘어날수록 사역은 점점 더 복잡하고 어려워졌다. 특히, 음식 가격이 오르고 몇몇 협력자들이 이탈하거나 이사를 가는 것이 문제였다. 그 사이 부부의 재정적인 상황은 매우 좋아졌다. 그들은 이 일을 그만두고 싶지 않았다. 그래서 이제 1달러를 기부받으면 자신들이 2달러를 내놓기로 결단했다(6년 사이에 이 부부의 재정적 형편이 좋아진 것은 너무도 당연하다. 하나님은 그들이 더 효과적으로 사역할 수 있도록 그들의 자원을 계속해서 배가시켜 주셨다).

릴리는 이렇게 말한다. "하나님은 어떤 식으로든 항상 여러 곳에서 돈을 공급해 주십니다. 그래서 항상 총액은 점점 더 올라가요." 더 놀라운 사실은 이 부부가 처음부터 정부나 기업으로부터 단 한 푼도 받지 않겠다고 결심했다는 점이다. 모든 돈은 가족, 친구, 친구의 친구들에게서 나온다.

숫자가 올라갈수록 새로운 난관들이 나타났다. 예를 들어, 사람들이 너무 많아서 모든 칠면조를 하루에 나누어 주는 것이 불가능해졌다. 2차 배급일을 추가할 수밖에 없었는데 여기에는 한 가지 큰 장애물이 있었다. 하룻밤 동안 칠면조들을 어디에 저장할 수 있을까? 릴리는 포기하지 않고 끈덕지게 해법을 찾았다. 그런데 릴리가 모든 칠면조를 구입한 대형 마트 체인에서 한밤중에 연락이 왔다. 냉장 트럭들을 무상으로 이용해도 좋다는 것이었다. 덕분에 저장 비용은 따로 들지 않게 되었다.

이 외에도 극복해야 할 난관이 일일이 나열하지 못할 정도로 많았다. 하지만 이 부부의 믿음과 결단은 무쇠보다도 강하다. 역경의 한복판에서 그들은 끊임없이 기도하고, 하나님께 부르짖고, 전략적인 아이디어들을 찾고, 여러 사람들의 도움을 얻었다.

어느 새 이 부부가 섬김의 사역을 시작한 지 26년이 흘렀다. 내가 이 글을 쓰는 지금, 올해에만 1만 5백 가정이 이 사역을 통해 맛있는 추수감사절 만찬을 즐겼다(한 가정 당 평균 4명이라고 하면 무려 4만 2천 명이다). 이 부부는 자신들이 사는 카운티 전체의 모든 어려운 사람들, 나아가 이웃하는 두 카운티의 많은 사람을 먹였다(이 지역에 미국 최대 도시 중 하나가 있다는 사실을 생각하면 더욱 놀랍다!). 그렇게 하기 위해 그들은 칠면조를 5대의 대형 트레일러(길이 15미터)에 가득 채우고, 채소를 3대의 대형 트레일러에 가득 채웠다. 2백 명 이상의 자원 봉사자가 동원되어 며칠간 밤낮없이 일했다. 그들 중 상당수는 처음부터 릴리와 함께한 사람들이다. 정말 놀라운 사실이 있다. 자원 봉사자 대부분은 아직도 '칠면조 아줌마'의 정체를 모른다!

이들의 배가를 통해 변화된 인생과 기적에 관한 이야기는 다 소개하기 어려울 정도이다. 릴리의 남편 데이비를 비롯해서 수많은 사람이 예수님을 영접했고, 많은 사람이 믿음으로 돌아왔다. 가족들이 화해하고, 공무원, 마트 직원, 구세군과 YMCA 직원, 자원봉사자를 비롯한 많은 사람, 아니 지역 사회 전체가 선한 영향을 받았다.

짧은 이야기 몇 토막을 소개해 보겠다. 릴리의 한 친구는 동네 오토바이 클럽의 회계이다. 매년 그는 클럽 회원들에게 칠면조 아줌마를 위한 모금을 요청한다. 그들은 누가 가장 많은 액수를 내는지 내기를 하기도 한다. 작년에 칠면조 아줌마는 오토바이 클럽 회원들이 다음 추수감사절의 모금 액수를 3천 달러 이상 늘리기로 했다는 문자 메시지를 받았다.

어느 해 칠면조 아줌마 팀은 남은 돈을 근처의 교회에 기부하기로 결정했다. 감동을 받은 그 교회는 칠면조 아줌마 팀의 모델을 차용하여 추수감사절은 물론이고 여러 시기에 가난한 사람들을 돕는 프로그램을 자체적으로 시행하기 시작했다.

다른 주로 전임해 간 구세군 직원들이 그곳에서 비슷한 프로그램을 시작한 일이 많았다. 릴리의 지역으로 전임해 온 직원들이 그녀의 이야기를 이미 알고서 그녀의 사역에 관해 배우려고 하는 일도 많았다.

릴리는 목사가 아니다. 교회 사역자도 아니다. 사업가도 아니다. 그녀는 평범한 아내요 엄마이며 교회에 열심히 다니는 독실한 신자이다. 그녀는 자신이 배가를 기뻐하시는 전능하신 하나님을 섬기고 있다는 사실을 늘 의식하며 살아가고 있다. 내가 이 부부의 친구인 것이 너무도 자랑스럽다.

최고의 본보기가 되신
예수

사랑에서 우러나온 섬김은 배가의 촉매이다. 배가에 관한 성경의 위대한 이야기는 무엇이 있을까? 물론 그 모든 이야기 중에서 최고는 예수님의 이야기다. 예수님은 다음과 같이 말씀하신다.

> 너희 중에 누구든지 크고자 하는 자는 너희를 섬기는 자가 되고 너희
> 중에 누구든지 으뜸이 되고자 하는 자는 모든 사람의 종이 되어야 하리라
> 인자가 온 것은 섬김을 받으려 함이 아니라 도리어 섬기려 하고 자기
> 목숨을 많은 사람의 대속물로 주려 함이니라(막 10:43-45).

예수님은 진정한 위대함으로 가는 길은 섬김을 받는 것이 아니라 섬기는 것이라고 말씀하신다. 나아가 예수님은 가장 고귀한 섬김의 행위를 알

려 주신다. "내가 진실로 진실로 너희에게 이르노니 한 알의 밀이 땅에 떨어져 죽지 아니하면 한 알 그대로 있고 죽으면 많은 열매를 맺느니라"(요 12:24). 여기서도 '심기'(투자)와 '추수'가 나타난다. 한 알의 밀을 '투자하면' 많은 열매를 맺는 것처럼 예수님이 순종함으로 섬긴 덕분에 무수히 많은 사람이 하나님의 아들딸이 되었다. 이 얼마나 놀라운 본보기인가! 예수님은 '효과적으로' 배가하는 길을 삶으로 보여 주셨다. 예수님은 다음과 같이 말씀하신다.

> 너희가 나를 선생이라 또는 주라 하니 너희 말이 옳도다 내가 그러하다
> 내가 주와 또는 선생이 되어 너희 발을 씻었으니 너희도 서로 발을 씻어
> 주는 것이 옳으니라 내가 너희에게 행한 것 같이 너희도 행하게 하려 하여
> 본을 보였노라(요 13:13-15).

리더이자 강사로서 나는 '마지막 말'의 중요성을 누구보다 잘 알고 있다. 독자, 청중, 학생, 팀원, 직원, 아이 등에게 마지막으로 하는 말이 매우 중요하다. 청중이 가기 전에 꼭 전해 주고 싶은 말을 마지막에 하게 되어 있다.

예수님이 이 땅에서 마지막으로 하신 말씀은 무엇이었을까? 흥미롭게도 예수님의 마지막 말씀은 십자가에 달리기 직전에 전하신 시청각 설교였다. 그것은 바로 제자들의 발을 씻겨 주신 것이다.

고백할 일이 있다. 초신자 시절 나는 소그룹에서 세족식을 할 때마다 어떻게든 빠져나갈 구실을 찾아 서둘러 도망쳤다. 남이 내 발을 만진다는 것은 상상도 하기 싫었다. 다행히 오랜 세월이 흘러 세족식이 단순한 전통

이상임을 알게 되었다. 이와 관련해서 생각해 볼 성경의 이야기 중 하나는 모세가 뱀을 장대에 매단 사건이다(민 21:8-9 참조). 고개를 들어 그 뱀을 쳐다본 사람들은 다 독사에게 물린 것에서 회복되었다. 기적적이고도 강력한 사건이었다. 하지만 수세대가 흘러 이스라엘 백성은 이 뱀을 우상으로 삼았다(왕하 18:4 참조). 그들은 오래전 하나님의 지시에 대한 순종이 초점이었다는 사실을 망각하고서 사물을 강조하기 시작했다.

1980년대에 내가 속했던 성경 공부 소그룹도 비슷한 실수를 범했다. 우리는 '세족식'을 왜곡시켰다. 의식이 상징하는 것이 아니라 의식 자체에 더 초점을 맞추었다. 1세기로 돌아가, 당시에는 길이 포장되어 있지 않았고, 도보 외에는 짐승이 유일한 운송 수단이었으며, 요즘처럼 아디다스나 나이키 운동화가 없었다. 사람들은 샌들을 신었고, 심지어 아예 신발을 신지 않고 맨발로 다니는 사람도 많았다. 그래서 발에는 먼지와 짐승의 배설물 같은 때가 잔뜩 묻었다. 발 냄새와 때가 오늘날 문명 사회에서는 상상도 할 수 없을 만한 수준이었을 것이다.

사람들이 부유한 집에 들어가면 종이나 노예들이 주인과 그 가족과 손님들의 발을 씻어 주었다. 일반적인 상류층 집 안에는 다양한 책임이 있었다. 마구간을 관리하고 식사를 준비하고 방을 청소해야 했다. 그중에서도 발을 씻기는 일은 가장 천한 종들의 몫이었다. 어떤 경우에는 이 일이 더 아래까지 내려갔다. 이 불쾌한 일은 가장 천한 여성 노예들에게 주어졌다. 그들은 이토록 구역질나는 일을 할 만큼 '무가치한' 존재 취급을 받았다.

최후의 만찬 때 열두 제자는 꽤 부유한 집에 모였다. 예수님의 팀 전체가 별도의 방에서 만찬을 할 정도면 가난한 집은 아니었다. 도시에서 가장 부유한 집 중 하나였을 가능성이 높다. 몇 시간 전 열두 제자들은 가장 천한 종들이 발을 씻겨 주는 호사를 누렸다. 그런데 같은 날 밤 충격적인 일이 벌어졌다. 예수님이 갑자기 물이 담긴 대야를 들고 오셨다. 그리고 옷을 벗으셨다. 선생을 상징하는 옷을 벗고서 제자들의 발을 씻기기 시작하셨다. 제자들은 이것이 어떤 상황이며 어떤 의미인지 정확히 알고 있었다. 반면, 대학 시절의 나는 내 발이 깨끗했기 때문에 혼란스러웠고, 심지어 세족식에 거부감을 느꼈다. 나는 성경 공부 모임 전에 깨끗이 샤워를 했다. 잘 알지도 못하는 사람들이 내 발을 씻기려고 한다는 것이 심히 부담스러웠다.

예수님의 말씀을 반복해서 읽다 보면 훨씬 더 깊은 의미가 눈에 들어온다. 예수님은 영원한 영향을 끼치고 계셨다. 이 제자들이 평생 잊지 못할 뭔가를 전해 주고 계셨다. '마지막 말씀'을 하고 계셨다. 이 마지막 말씀의 요지는, 위대해지려면 가장 낮은 종의 자리로 자진해서 내려가야 한다는 것이다. 이것이 예수님이 "나는 마음이 온유하고 겸손하니"라고 말씀하신 이유가 아닐까 싶다(마 11:29).

이 진리를 제대로 이해하기까지는 꽤 시간이 걸렸다. 초신자 시절 내 눈에는 많은 신자가 사역을 정반대로 생각하는 것처럼 보였다. "자신의 목소리를 내고 많은 사람을 이끌기 전까지는 대단한 사람이 아니다"라는 암묵적인 가정이 보였다. 우리 교회에서 섬김은 지위가 낮은 사람들이 하는 일이었다. 남들보다 열심히 노력하는 사람은 결국 높은 지위에 이른다고 생각했다. 우리의 시각이 얼마나 왜곡되었는지 모른다.

내가 성숙할 때까지 성령님이 참아 주셔서 얼마나 감사한지 모른다. 성령님은 나의 생각을 바꿔 주셨지만 그러기까지 꽤 오랜 시간이 걸렸다. 앞서 말했듯이 내 사역의 처음 4년은 주로 담임목사의 개인적인 용무를 처리하는 것이었다. 지나고 보니 그것은 성령님이 나를 훈련시킨 것이었다.

하루는 잡일을 하던 중에 성령님의 속삭이심이 느껴졌다. "아들아, 내가 너에게 더 큰일을 맡기면 그만큼 더 큰 책임이 따를 것이다. 지금은 셔츠가 더러워지면 빨아서 드라이클리닝을 하면 되지만 본격적으로 사역을 하면 셔츠를 빠는 것으로 끝나지 않는다. 네 인생이 걸려 있다. 그리고 내가 사랑하는 사람들이 깊은 상처를 입는다."

나는 이 말씀을 마음에 깊이 새겼다. 하나님은 큰 위치에는 더 큰 책임이 따른다는 사실을 깨우쳐 주실 뿐 아니라 작은 일에 충성하는 것이 중요함을 일깨워 주셨다. 지위가 아무리 높아져도 사람들을 섬겨야 한다는 점은 변하지 않는다.

리브가

구약에서 이타적인 섬김을 통한 배가를 이룬 아름다운 예 중 하나가 리브가이다. 그녀의 이야기를 간단히 살펴보자.

아브라함은 상속자 이삭의 배필을 찾고자 가장 믿을 만한 종을 자신이 자란 땅으로 보냈다. 종은 10필의 낙타를 끌고 즉시 긴 여행을 시작했다. 아브라함의 종이 목적지에 도착하니 젊은 여성들이 물을 길러 마을의 우물에 모여드는 시간이었다. 그는 이렇게 기도했다.

> 청하건대 너는 물동이를 기울여 나로 마시게 하라 하리니 그의 대답이
> 마시라 내가 당신의 낙타에게도 마시게 하리라 하면 그는 주께서 주의 종
> 이삭을 위하여 정하신 자라(창 24:14).

아브라함의 종이 기도를 마치기 전에 리브가가 물병을 들고 우물가에 왔다. 종이 그녀에게 물을 청하자 다음과 같은 상황이 벌어졌다.

> 그가 이르되 내 주여 마시소서 하며 급히 그 물동이를 손에 내려 마시게 하고 마시게 하기를 다하고 이르되 당신의 낙타를 위하여서도 물을 길어 그것들도 배불리 마시게 하리이다 하고 급히 물동이의 물을 구유에 붓고 다시 길으려고 우물로 달려가서 모든 낙타를 위하여 긷는지라(창 24:18-20).

종은 리브가가 10필의 낙타에게 물을 충분히 먹일 때까지 조용히 지켜보았다. 이 몇 구절에서 리브가의 섬김에 관한 놀라운 특징들을 몇 가지나 발견할 수 있다. 하나씩 살펴보자.

적극성이다. 리브가는 꾸물거리지 않았다. 모든 행동이 신속했다. 부리나케 뛰어다녔다. 뭉그적거리거나 대충 하는 것은 진정한 섬김이 아니다. 섬기기는 하는 데 피곤한 티를 팍팍 내면서 마지못해 하는 사람들을 본 적이 있는가? 리브가는 그렇지 않았다. 진정한 종은 그렇게 하지 않는다. 진정한 종의 행동에서는 적극성과 열정이 분명히 보인다.

시키는 것 이상을 했다. 진정한 종은 두각을 나타낸다. 리브가는 요청한 것 이상으로 섬겼다. 대부분은 낙타를 키우거나, 중동 사막에서 살아보지 않았다. 때문에 리브가의 섬김이 얼마나 대단한지를 실감하지 못한다. 긴 여행 후에 목마른 낙타는 대개 100-200리터의 물을 마신다. 그런데 아브라함의 종은 10필의 낙타를 끌고 왔다! 자, 산수를 해 보자. 낙타 한 마리가 물을 1백 리터만 마셨다고 해도 리브가는 우물에서 1천 리터의 물을 날라야 했다는 뜻이다! 보통 항아리에 물이 20리터쯤 들어갔으니 우물까지 50번은 왔다 갔다 해야 했을 것이다.

하지만 아직 놀라기에는 이르다! 당시에는 두 종류의 우물이 있었다. 한 우물은 두레박에 끈을 묶어 우물 밖에서 아래로 내려 보내는 종류였다. 다른 우물은 우물 아래로 20-30발자국 내려가서 물을 길어야 하는 종류였다. 리브가는 어떤 종류의 우물에서 물을 길었는지 아는가? 두 번째 종류였음이 분명하다. 나중에 아브라함의 종이 리브가의 행동에 관해서 그녀의 가족에게 이렇게 설명했기 때문이다. "우물로 내려와 긷기로"(45절). 리브가는 20리터의 물이 든 항아리를 어깨에 메고 우물까지 약 60번을 오갔을 뿐 아니라 우물 아래로 수없이 내려갔다 올라와야 했다. 그리고 알다시피 그녀는 상대방이 요구하지도 않았는데 자진해서 이런 수고를 했다. 이 점이 다음 번 특징이다.

반사적이다. 진정한 좋은 할 일이 보이면 시키지 않아도 즉시 나선다. 나의 오랜 경험으로 볼 때 늘 시킬 때까지 기다리는 사람은 절대 배가하지 못한다. 언제나 먼저 행동하는 사람이 배가한다.

끈기가 있었다. 일이 어려웠지만 리브가는 부지런히 섬겼다. 내가 오랫동안 패턴을 관찰해 보니 일이 어려울수록 좋은 태도는 더 빨리 사라진다. 이것이 인간의 속성이다. 하지만 우리는 예수 그리스도의 속성을 가졌다. 예수님은 절대 포기하지 않으신다. 말할 수 없는 저항과 고난 앞에서도 예수님은 맡은 일을 끝까지 완수하신다. 예수님의 본성으로 살고 리브가의 본을 따르라!

완수했다. 리브가는 일을 마칠 때까지 멈추지 않았다. 그녀는 도중에 그만두지 않았다. 일을 99퍼센트까지 해도 마무리하지 못한 것이다. 사울 왕이 아말렉과의 전투에서 어떻게 했는지 기억하는가? 그는 수천 명을 죽였지만 1명을 남겼다. 이에 하나님은 그의 노력에 상을 주시지 않았다(삼상 15장 참조). 리브가는 일의 보상이 있는지 몰랐음에도 일을 끝까지 완수해했다. 이것이 진정한 종의 자세이다. 종은 상을 받을 목적으로 일하지 않고 섬김의 행위 자체를 상으로 여긴다. 그는 섬길 때 찾아오는 만족감, 성취감, 기쁨을 사랑한다. 상을 받는다 해도 그것은 목적이 아니라 추가로 받는 복일 뿐이다.

리브가가 받을 상은 어마어마했다. 그는 10필의 낙타에 자신에게 줄 보화와 선물이 가득하고 자신이 경건한 사람과 결혼하게 될 줄 전혀 몰랐다. 하지만 이것들은 가장 중요한 상이 아니었다. 영원한 상은 하나님이 아브라함에게 주신 약속 속으로 들어가게 된 것이다. 그녀는 열국의 어미가 되었다. 모든 나라가 그녀를 통해 복을 받게 되었다. 이 얼마나 엄청난 배가인가.

섬김으로 배가를 이룬
본보기들

성경에는 이 외에도 섬김의 마음으로 영원한 배가를 이룬 인물이 많다. 그중 몇 명만 소개한다. 개인적으로 이들의 삶에 관해 더 자세히 조사해 보길 바란다.

룻

시어머니 나오미는 모압 여인 룻에게 세 번이나 고국으로 돌아가라고 권했다. 하지만 룻은 거절했다.

내게 어머니를 떠나며 어머니를 따르지 말고 돌아가라 강권하지 마옵소서
어머니께서 가시는 곳에 나도 가고 어머니께서 머무시는 곳에서 나도
머물겠나이다 어머니의 백성이 나의 백성이 되고 어머니의 하나님이 나의
하나님이 되시리니(룻 1:16).

리브가처럼 룻은 적극적으로 나서서 사회에서 요구하는 것 이상으로
섬겼고, 상황이 힘들어져도 그 섬김을 끝까지 완수했다. 룻의 길은 리브가
의 길보다 힘들었을 수도 있다. 룻은 모압 출신이라는 이유로 동네 주민들
에게 핍박을 받았을 가능성이 높다. 하지만 그녀는 그 모든 어려움을 참아
내며 시어머니를 충성스럽게 섬겼다.

그 결과는 무엇이었을까? 룻은 다윗 왕과 솔로몬 왕과 유다의 왕들을
비롯한 많은 유력한 인물들의 조상이 되었다. 무엇보다도 그녀의 혈통에
서 예수님이 나오셨다. 그녀는 아브라함에게 약속된 영원한 배가의 언약
속으로 들어갔다.

엘리사

엘리야가 떠나라고 세 번이나 권했지만 엘리사는 그의 곁에 남아 끝까
지 섬기기로 결심했다. 다른 선지자들이 엘리야를 섬기는 것은 시간낭비
라고 몇 번이나 조롱했지만 엘리사는 꿈쩍도 하지 않았다. 남들의 말은 합
리적으로 보였다. 그들은 어엿한 선지자가 되어 지위와 경험을 착착 쌓아
가고 있었다. 엘리야가 가고 나면 남는 것이 무엇인가? 자신의 사역을 키
우지 않고 엘리야만 섬기다가 좋은 기회를 다 흘려보내면 인생 낭비가 아
닌가? 이것이 다른 선지자들의 논리였다. 하지만 엘리사는 그런 말에 귀

를 기울이지 않았고, 매번 그들에게 "조용히 하라!"라고 단호하게 말했다 (왕하 2장 참조). 그는 스승을 섬기고 자신의 임무를 완수하는 일을 그만둘 생각이 없었다.

엘리사의 태도는 리브가와 룻의 태도와 비슷하다. 그 결과는 무엇이었을까? 엘리사는 스승보다 2배나 많은 기적을 행했을 뿐 아니라 스승이 하지 못한 일까지 했다. 즉 그는 이세벨의 왕조를 무너뜨렸다. 이 얼마나 놀라운 배가인가!

게하시

게하시는 엘리사의 사역을 배가할 기회를 얻었지만 진정한 종의 마음을 품지 않았다. 이기적이고 탐욕스러웠던 탓에 그는 효과적으로 배가하지 못했다(왕하 5장 참조).

신약의 초대교회

신약에서 우리는 과부들의 식탁을 채워 준 사람들을 볼 수 있다. 그들은 그 책임을 진지하게 받아들였다. 결국, 그들은 그 일을 잘 감당하도록 안수를 받았다. 그 결과는 실로 놀라웠다. 사도행전에 그 결과가 기록되어 있다.

> 하나님의 말씀이 점점 왕성하여 예루살렘에 있는 제자의 수가 더 심히
> 많아지고(행 6:7).

이 상황이 왜 그토록 놀라운가? "심히 많아지고"(크게 배가되고)라는 말을

크게 읽어 보라. 이 표현은 베드로의 설교로 3천 명이 거듭난 오순절 사건 이후에는 사용되지 않았다. 그 이후에 사용된 단어는 '더하다'였다(행 2:41 참조). 날마다 사람들이 구원을 받은 일에 대해서도 '더하다'라는 표현이 사용되었다(행 2:47 참조). 얼마 뒤 5천 명이 예수님을 영접한 일에 대해서도 비슷한 표현이 사용되었다(행 4:4 참조).

'배가'라는 단어는 사도행전 6장에 이르러 온 교회가 하나님 나라의 건설에 동참한 뒤에야 비로소 사용되었다. 오늘날 스탠과 마이크, 필, 릴리와 데이브 부부 같은 이들이 섬김의 자리로 나아와 자신들의 은사를 사용할 때 배가가 나타난다. 그럴 때 '큰 배가'에 관한 소식을 들을 수 있다.

남을 섬기는 일에
자신의 삶을 쏟으라

이제 효과적인 배가의 핵심 요소를 알겠는가? 방금 성경에서 본 사실들에 비추어 우리 친구 릴리와 데이브 부부에 관해서 다시 생각해 보자. 이 한 부부가 전략적인 아이디어를 통해 잘 섬겼더니 수만 명이 선한 영향을 받았다. 예수님의 기준에 따르면 그들은 큰 자가 되었다. 스탠, 마이크, 필, 다나도 마찬가지이다. 이들 모두는 진정한 종의 성품을 지니고 있다.

하지만 한 가지 사실을 놓치지 말아야 한다. '이기적인' 동기로도 배가가 가능하다. 하지만 그 영향은 영원하지 않다. 개인적인 이익을 위해 배가한 것들은 언젠가 다 타버린다. 더 큰 창고를 지은 사람에 관한 예수님의 비유에서 이 사실을 확인할 수 있다. 이 사람은 거드름을 피우며 이렇게 말했다. "내게 필요한 것은 충분히 넘치도록 얻었으니 편히 먹고 마시며 즐기자." 하지만 이 이야기는 해피엔딩으로 끝나지 않았다. 그의 모든 성취는 일순간에 무의미해졌다.

이 책의 핵심 메시지는 자신을 위한 목적으로 배가하는 것이 아니라 남들을 섬기는 일에 자신의 삶을 쏟으라는 것이다. 예수님은 우리가 이렇게 할 때 비신자들이 추구하는 모든 것이 우리에게 더해진다고 말씀하신다(마 6:33 참조). 나는 이것을 수없이 직접 경험해 봐서 안다.

우리 부부의 첫 사역지에 관한 이야기로 돌아가 보자. 6년간 그곳의 유해한 환경에 노출되다보니 나도 모르게 배가에 관한 건강하지 못한 태도를 품게 되었다. 그 교회를 떠난 지 얼마 되지 않아, 어느 날 아침 운전을 하다가 성령님의 음성을 듣고 그 독한 태도에서 해방되기 시작했다. "아들아, 복을 얻기 위해 나를 찾지 말라. 그것들은 내가 알아서 주겠다."

그 즉시 마태복음 6장 33절의 말씀이 머릿속에 떠올랐다. "너희는 먼저 그의 나라와 그의 의를 구하라 그리하면 이 모든 것을 너희에게 더하시리라." 성령님의 말씀 덕분에 내 안에 남아 있던 이기적인 성향을 뿌리 뽑고 옳은 시각을 회복할 수 있었다.

얼마나 감사한지 모른다. 이기적이고 탐욕스러운 삶의 결과가 무엇인지 이제 너무도 잘 알고 있기 때문이다. 그 결과는 불행, 스트레스, 하나님의 임재에서 멀어지는 것이다. 하나님 나라를 먼저 구하는 것이 그분의 길이요 뜻이라는 사실을 배운 덕분에 매일의 삶 속에 막대한 기쁨, 평안, 그분의 임재를 누릴 수 있게 되었다.

이제 이렇게 물어야 할 시점이 왔다. 다른 누군가의 팀에서 섬기고 있을 때는 어떻게 배가해야 할까? 다음 장에서 이 질문에 답해 보자. 그 과정에서 큰 유익들을 보게 될 것이다.

10장

리더의
권위에
순종하다

나를 본받는 자가 되라

(고전 4:16-17).

배가를 방해하는 것들과 촉진시키는 것들에 관해서 논하기 전에 한 가지 더 짚고 넘어가야 할 영역이 있다. 우리가 다른 사람에게 고용되거나 그를 섬길 때는 어떻게 배가해야 하는가? 살다보면 누구나 이런 상황에 처할 때가 있다.

이 점을 논하기 위해서 사역의 특정한 영역에 초점을 맞출 것이다. 하지만 이 원칙들은 기업, 시장, 교육계, 의료계, 정부, 언론계, 체육계, 예술계를 비롯한 어느 분야의 어느 직책에나 동일하게 적용된다.

바울은 이렇게 말한다. "맡은 자들에게 구할 것은 충성이니라"(고전 4:2). 우리가 성경을 통해 확인했듯이 충성의 주된 특징 가운데 하나는 배가하는 것이다. 이 서신서의 몇 구절 뒤에서 바울은 큰 배가를 위한 핵심 요소 하나를 제시한다.

> 그리스도 안에서 일만 스승이 있으되 아버지는 많지 아니하니 그리스도 예수 안에서 내가 복음으로써 너희를 낳았음이라(고전 4:15).

바울은 고린도교회의 '아버지'였다. 이 구절에서 '아버지'는 다른 사람을 믿음으로 이끄는 사람인 것이 분명하다. 하지만 아버지는 다르게도 정의할 수 있다. 성경에서 아버지는 사람의 회심에 관여하지 않은 사람을 지칭할 때 사용되는 경우가 더 많다.

이 바울은 갈라디아 교인들에게는 이렇게 말한다. "내가 내 동족 중 여러 연갑자보다 유대교를 지나치게 믿어 내 조상(아버지들)의 전통에 대하여 더욱 열심이 있었으나"(갈 1:14). 여기서 '아버지들'은 어느 한 사람을 지칭하지 않는다. "아버지는 많지 아니하니"라는 진술에서도 삶 속에 우리의 '아버지'가 한 사람 이상일 수 있다는 점을 보여 준다.

바울은 디모데를 자주 '아들'로 불렀다. 하지만 그는 디모데를 예수님께로 인도하지 않았다. 왜냐하면 성경에 이렇게 기록되어 있기 때문이다. "바울이 더베와 루스드라에도 이르매 거기 디모데라 하는 제자가 있으니 그 어머니는 믿는 유대 여자요 아버지는 헬라인이라 디모데는 루스드라와 이고니온에 있는 형제들에게 칭찬받는 자니"(행 16:1-2). 바울이 처음 만났을 때 디모데는 이미 성숙한 신자였다.

구약성경을 보면 다윗은 매우 가혹한 자신의 상관을 "내 아버지"(삼상 24:11)라고 불렀고, 엘리사는 자신의 리더를 "내 아버지"(왕하 2:12)라고 불렀다. 엘리야는 자신이 "조상들"(아버지들)보다 낫지 않다고 말했다(왕상 19:4). 예를 들자면 끝이 없다.

이 책의 주제가 배가인 만큼 여기서 나의 목적은 아버지가 '누구인지'를 분석하는 것이 아니라 '아버지가 누구를 지칭할 수 있는지'를 보여 주는 것이다. 아버지는 개인이나 조직을 이끌고 키우고 문화를 구축하는 사람이다. 그런 의미에서 아버지는 다양한 직책을 지닐 수 있다. 우리가 일하는 회사의 소유주, 부서의 리더, 교회의 목사, 소그룹의 리더, 우리가 속한 운동의 리더, 선생, 감독, 일하는 병원의 원장 등이 된다. 이런 사람이 우리의 아버지일 수 있다. 이런 의미에서 여성도 우리의 아버지가 될 수 있다. 아버지에는 이런 역할을 맡은 여성도 포함된다.

고린도교회의 아버지로서 바울은 다음 구절에서 이렇게 지시한다.

나를 본받는 자가 되라(고전 4:16).

여기서 바울은 "내가 그리스도를 본받는 것처럼 나를 본받는 자가 되라"라고 말하지 않는다(10장에서 이렇게 말한다). 그는 그냥 "나를 본받는 자가 되라"라고 말할 뿐이다. 여기에는 그럴 만한 이유가 있으며, 그 이유는 다음 진술에서 발견된다.

이로 말미암아(이런 이유로) 내가 주 안에서 내 사랑하고 신실한(충성스러운) 아들 디모데를 너희에게 보내었으니 그가 너희로 하여금 그리스도 예수 안에서 나의 행사(나의 방식) 곧 내가 각처 각 교회에서 가르치는 것을 생각나게 하리라(고전 4:17).

첫 단어인 '이로 말미암아'가 중요하다. 바울은 방금 전 독자들에게 자신을 본받으라고 말했다. 그리고 이를 위해, 모든 독자들이 자신의 비전, 방식, 문화, 신념을 받아들여 교회 안에 불일치가 나타나지 않도록 '충성스러운' 아들을 보냈다. '충성스러운' 아들의 의미는 무엇인가? 충성스러운 아들이나 딸은 자기 아버지의 방식대로 배가하는 사람이다! 잠시 후 이 문제에 관해 자세히 논하겠지만 일단 이 점을 생각해 보자.

바울은 고린도교회에 디모데가 "그리스도 예수 안에서 사도 베드로의 방식을 생각나게 하리라"라고 말하지 않았다. 베드로가 교회의 진정한 리더였는가? 물론이다. 그가 경건하고 기름을 받은 리더였는가? 분명 그렇다. 그의 책은 성경에 2권이나 포함되어 있다! 베드로가 사도로서 바울보다 더 오래 사역했는가? 그렇다.

또한 바울은 디모데가 "그리스도 예수 안에서 야고보의 방식을 생각나게 하리라"라고 말하지 않았다. 베드로와 마찬가지로 야고보도 교회의 진정한 아버지였으며, 바울보다 더 오래 사역했고, 믿을 만한 리더였다. 그의 책도 성경에 포함되어 있으며 그도 예루살렘 교회의 핵심 리더로 활동했다.

베드로와 야고보가 바울과 다른 방식으로 사역했는가? 그렇다. 그렇다면 바울의 글과 방식에 비해 베드로와 야고보의 글과 방식은 잘못되거나 열등한 것인가? 전혀 아니다! 하지만 베드로와 야고보의 방식은 바울이 영적 아버지로 있던 고린도교회에 맞지 않았다.

바울은 고린도교회의 문화를 형성하는 중에 있었다. 그의 방식은 다른 '아버지들'과 달랐지만 그리스도의 기본적인 가르침에서 조금도 벗어나지 않았다. 열국을 제자로 삼는다는 목표는 동일했지만 그 일을 이루기 위한 그들의 도구, 방식, 신념은 각기 달랐다.

많은 신자들이 이것을 모른다. 그리고 이런 인식의 부재는 그리스도의 몸 안에서 심각한 분열을 낳고 있다. 다시 말하지만, 교회 안에는 여러 가지 '방식들'이 있다. 하나님 나라를 넓힌다는 목표는 같지만 그 목표를 수행하는 방식은 여러 가지이다.

바울은 고린도교회에 이렇게 가르친다.

사역(일을 이루는 방식)은 여러 가지나 모든 것을 모든 사람 가운데서 이루시는 하나님은 같으니(고전 12:6).

30년간 사역을 위해 전 세계적으로 수없이 많은 교회를 다니면서 다양한 문화, 방식, 신념을 보았다. 하지만 그 모든 교회에서 하나님의 임재를 느낄 수 있었다.

바울은 교회를 가르치기 위해 군대 비유를 자주 사용한다. 그런데 이것은 단순히 비유만이 아니다. 실제로 우리는 이 땅에서 하나님의 군대이다. 나도 다양한 사역 방식을 설명하기 위해 바울처럼 군대 비유를 사용해 보겠다. 군대는 여러 부분으로 구성되어 있다. 육군, 해군, 공군, 해병대, 해안경비대 등이 있으며 각 군은 각자의 목표와 책임을 달성하기 위한 각기 다른 절차와 방식들을 가지고 있다. 하지만 국가를 수호하고 섬긴다는 점에서는 이 모든 군이 하나이다.

공군 사관생도는 공군의 임무를 제대로 수행하기 위해 특정한 훈련을 받는다. 공군의 작전은 주로 공중에서 이루어지기 때문에 훈련의 상당 부분이 공중 전술과 관련된다. 이 사관생도가 해군으로 재배치된다면 새로운 훈련이 필요할 것이다. 물론 공군과 육군 모두에서 필요한 공통의 기술도 많다. 하지만 해군은 주로 바다에서 작전을 펼치기 때문에 공군이었다가 해군이 된 이 병사는 많은 기동 전술과 군사 전략을 새로 배워야 한다.

하나님 나라도 이와 비슷하다. 다음과 같은 상황을 생각해 보자. 교회 담임목사의 이름이 갑이라고 해 보자. 갑과 그의 리더 팀은 하나님의 은혜로 교회를 1천 8백 명 규모까지 키웠다. 그 과정에서 갑만의 방식과 문화가 자리를 잡았다. 당신의 교회는 주변 사회에 큰 영향을 미쳤다. 덕분에 지역에서 큰 명성을 얻었지만 그 지역 밖으로까지 뻗어나가지는 못하고 있다.

이번에는 다른 지역에 수만 명의 교인이 다니며 전 세계적인 명성을 쌓은 초대형 교회가 있다고 해 보자. 이 교회 담임목사의 이름은 을이다. 이 목사는 참신한 목회 전략으로 트렌드를 주도하며, 당신 교회의 담임목사보다 훨씬 더 많은 사람에게 영향을 미치고 있다. 자, 당신은 누구의 방식을 따라야 할까? 갑의 방식일까, 을의 방식일까?

전 세계적으로 유명한 교회의 방식을 받아들이고 싶을 수 있다. 당신 교회의 목회자들이 그 교회의 방식을 채택하도록 설득하고 싶을 수 있다. 그런 유혹에 넘어가면 예수 그리스도의 충성스러운 종이라고 말할 수 없다. 교회에 분열과 불화만 일으킬 뿐이다. 고린도 교인들처럼 당신은 연합을 위해 자기 리더의 방식과 문화를 알고 따라야 한다. 을은 당신의 리더가 아니다. 갑이 당신의 리더이다.

전 세계를 다니며 그리스도의 몸을 살피면서 이런 기본적인 진리를 몰라서 발생한 비극을 수없이 목격했다. 어릴 적에 다니던 교회와 매우 다른 방식을 가진 리더십 학교나 성경 학교에서 배우는 이들이 많다. 대개 이런 학교는 한 대형 교회와 연계되어서 그 교회 문화의 영향을 받는다. 학생들은 주중에는 학교에서, 주말에는 교회에서 이 교회의 방식을 경험한다.

이 학생들은 졸업한 뒤 열정을 품고 고향으로 돌아와 모교회의 문화와 방식을 쇄신하는 노력을 시작한다. 설령 그들이 새롭게 배운 방식이 시류에 더 맞고 더 효과적이라도 해도, 그 방식을 막무가내로 도입하려고 하면 모교회의 연합이 깨질 수밖에 없다.

자신이 제안한 방식을 조직에서 받아들이지 않는다면 다른 교회로 갈지, 기존 교회 리더들의 문화와 방식을 진심으로 따를지 기도하며 결정하는 것이 모두에게 최선이다.

혹시 다른 교회로 떠나야 한다면 기존 교회에 최대한 상처를 주지 않으면서 나가야 한다. 보통은 아예 다른 지역으로 가는 편이 바람직하다. 기존 교회에서 친분이 있는 사람들을 빼내려고 하지 말라. 그 교회에는 하나님이 쇄신시킬 수 있는 또 다른 리더를 보내 주실 것이다.

아버지의 배가 방식을 따르는
충성스러운 아들

이제 사도 바울이 디모데를 '충성스러운 아들'이라고 불렀다는 점에 관해서 생각해 보자. 앞서 말했듯이 충성스러운 아들은 아버지의 방식대로 배가하는 사람이다. 십중팔구 당신은 당신의 리더가 가지지 못한 은사들을 지니고 있을 것이다. 리더의 뜻에 맞게 은사를 배가하고 있는가? 당신이 배가하는 방식이 리더의 신념 및 문화와 부합하는가? 아니면 리더의 뜻에 반하는 방식을 억지로 밀고나가고 있는가?

리더의 뜻을 따르는 것이 실질적으로 어떤 의미일까? 첫째, 리더가 당신의 위치에서 당신의 은사를 가지고 있다면 추구할 법한 것을 추구하는 것이다. 그렇다고 리더의 복제인간이 되어 당신만의 특별한 임무를 포기하라는 뜻은 아니다. 내 말의 뜻은 이것이다. 예를 들어, 당신이 중고등부 전도사라고 해 보자. 담임목사의 주일 설교를 중고등부 예배에 그대로 가져올 수는 없다.

예배를 중고등부에 맞게 변형시키되 담임목사의 뜻에 맞게 하는 것이 지혜롭다. 이것은 담임목사와의 지속적인 커뮤니케이션을 통해서 가능하다.

당신의 전략과 방식을 담임목사에게 솔직히 설명하고 토론해야 한다. 담임목사의 의견에 귀를 기울이고 그의 뜻이 어디에 있는지 헤아려야 한다.

그렇게 하려면 솔직하고 허심탄회한 대화가 필요하다. 담임목사가 알지 않았으면 하는 일을 추진하고 있다면 이미 파괴적인 길로 가고 있는 것이다. 담임목사의 방식에 이의를 제기할 점이 있다면 솔직히 말하라. 담임목사가 이해할 수 있도록 구체적으로 말하라. 예를 들어, 담임목사에게 예배 중에 자리에 앉아 있는 편이 좋겠다고 말할 수 있다. 그때 담임목사가 당신의 방식을 받아들이지 않는다면 이유를 묻고 설득하라. 그래도 담임목사가 받아들이지 않는다면 받아들일 만한 다른 방법을 찾으라.

둘째, 자신을 번식시켜야 한다. 당신이 도시에서 가장 큰 중고등부 그룹을 이끌고 있다고 해 보자. 이는 축하할 일이다. 하나님이 당신의 방식에 복을 주고 계신다. 하나님이 당신에게 주신 은사가 사람들을 끌어당기고 있다. 하지만 당신과 비슷한 은사를 가진 사람들을 찾아 당신이 배운 지식과 방식을 가르쳐 주고 있는가? 전도사의 재목들을 키우고 있는가? 당신이 그렇게 하고 있다고 해 보자. 그런데 갑자기 당신의 '아버지'가 도시의 다른 부분에 새로운 캠퍼스를 세울 계획을 발표한다. 그러면 당신이 이미 필요한 인재를 훈련시켜 놓았기 때문에 그 계획이 일사천리로 진행될 것이다. 많은 교회가 도시의 다른 부분에 캠퍼스를 세우거나 다른 지역에 새로운 교회를 개척하지 못하는 이유 중 하나는 담임목사 아래에 있는 교역자들이 자기 자신을 번식시키지 않는 것이다.

당신은 최고의 엔지니어, 동영상 편집자, 주일학교 전도사, 찬양 리더, 기타리스트, 강사, 안내위원, 교역자일 수 있다. 하지만 그것만으로는 하나님 나라의 건설에 성공하기에 역부족이다. 정말 중요한 요소는 자기 자신을 번식시키는 것이다. 스스로에게 물으라. "내가 나와 비슷한 은사를 지닌 사람들을 찾고 있는가?" 그들을 찾았다면 그들에게 '아버지'의 뜻을 보여 주는 동시에 그들을 가르치고 훈련시켜 잠재력을 이끌어 내고 있는가?

다른 사람의 비전을 충성스럽게 섬기려면 이 두 가지를 해야 한다. 예수님이 "너희가 만일 남의 것에 충성하지 아니하면 누가 너희의 것을 너희에게 주겠느냐?"라고 강조하여 말씀하신 것을 기억하라(눅 16:12).

충성에 대한 예수님의 정의를 사용하여 이 말씀을 풀어보면 이렇다. "너희가 만일 남의 것을 배가하지 아니하면 누가 너희의 것을 너희에게 주겠느냐?" 혹은 "너희가 만일 너희 리더의 방식, 문화, 강점, 비전, 무엇보다도 뜻에 따라 배가하지 아니하면 누가 너희의 것을 너희에게 주겠느냐?" 또 다르게 표현해 보자. "너희가 맡은 책임을 위해 온 힘과 지혜, 노력, 마음을 쏟아 붓지 아니하면 누가 너희 자신의 사역을 너희에게 주겠느냐?" 정신이 번쩍 들게 하는 말씀이 아닐 수 없다.

나는 전 세계를 돌면서 성공한 사람들을 많이 만나 보았다. 그런데 그들 모두는 원래 남에게 속한 것에 충성을 다했던 사람들이다. 나는 큰 성공을 거둔 사람들에게 처음에 어떻게 시작했냐는 질문을 자주 한다. 그런데 먼저 자신의 아버지 혹은 아버지들에게 속한 것에 충성을 다하지 않고도 크게 성공한 사람은 단 한 명도 보지 못했다.

나의 가장 큰
문제점

젊은 사역자 시절 나의 가장 큰 문제점은 내면 깊은 곳에 숨은 열등감이었다. 그로 인해 이름을 알리고 중요한 사람이 되려는 열망이 강했다. 남들에게 나 자신을 증명해 보이고 싶었다. 내가 독창적인 아이디어와 은사를 가진 리더라는 점을 세상에 똑똑히 보여 주고 싶었다. 나는 많은 잠재 리더들이 이런 열등감과 씨름하고 있다는 사실을 알게 되었다. 이 문제점을 다루지 않으면 파멸로 치닫기 십상이다.

미국에서 가장 빠르게 성공하는 한 대도시의 교회에서 중고등부 전도사로 사역할 때였다. 한번은 우리 팀에서 도시의 모든 청소년들을 전도할 방법을 생각했다. 독창적이고도 더없이 탁월한 계획이었다. 이 프로젝트에 중고등부 전체의 미래가 달려 있다고 생각했다. 우리 팀이 8개월의 산고 끝에 탄생시킨 전략이니만큼 폭발적인 반응을 확신했다. 내가 이 비전을 전하고 설명하자 중고등부 교역자들은 열광적인 반응으로 화답했다.

하지만 이 계획을 실행하기 직전 이것이 담임목사의 뜻과 다르다는 사실을 발견했다. 담임목사는 이 프로그램을 시행하지 말라고 지시했다. 나는 거의 20분 동안 주장을 펼쳤지만 담임목사는 꿈쩍도 하지 않았다. 결국 나는 더 이상 할 말이 생각나지 않아 입을 다물었다. 속에서는 분노가 끓어올랐다. 8개월 동안 공들인 탑이 무너져 내렸다. 위대한 계획이 휴지조각이 되었다. 가장 큰 문제는 우리의 비전 자체가 이 프로그램의 실행을 전제로 세워졌다는 것이었다. 24명의 리더와 중고등부 전체에 이 사실을 어떻게 알려야 한단 말인가. 모두가 이 일만을 바라보며 그토록 고생했단 말이다!

참담한 기분으로 위안을 얻기 위해 아내를 찾아갔다. 아내는 내 이야기를 듣더니 조용히 질책했다. "여보, 하나님이 당신에게 뭔가를 가르치시려나 봐요." 이제 나는 담임목사와 아내 모두에게 화가 났다.

나는 휙 몸을 돌려 나가 버렸다. 아내가 내 편을 들어주지 않는다고 생각했다. 이것이 수많은 중학생과 고등학생들을 예수 그리스도께로 인도할 최고의 전략이라고 확신했다. 담임목사와 아내는 눈이 멀어 이것을 보지 못하고 있다고 생각했다. 지독한 외로움과 좌절감이 밀려왔다. 나는 깊은 슬픔에 잠겼다. 이것이 악몽이고, 곧 깨어나면 모든 것이 다시 정상으로 돌아올 것이라는 생각이 들기도 했다. '이런 일이 일어날 리가 없어!'

그 순간, 하나님은 내 마음에 더없이 분명히 말씀하셨다. "아들아, 내가 너의 중고등부 전도사 역할을 평가할 때 얼마나 많은 아이들을 내게로 데려왔는지에 따라 평가하지 않을 것이다. 가장 먼저, 내가 너의 리더로 보낸 사람에게 얼마나 '충성했는지'를 평가할 것이다."

이 말씀에 큰 충격을 받았다. 하지만 이어지는 말씀만큼은 아니었다. 하나님은 내 마음속에서 지엄하게 말씀하셨다. "온 도시의 모든 중학생과 고등학생을 내게로 이끈다고 해도 네 목사에게 '불충하면' 너의 수고에 대한 공로와 상급은 없을 것이다."

갑자기 거룩한 두려움으로 온몸이 떨리기 시작했다. 그 즉시 회개하고 용서를 구했다. 그리고 곧바로 담임목사에게도 전화를 걸어 똑같이 회개하고 용서를 구했다. 전화를 끊고 방금 있었던 일에 대해 곰곰이 돌아보고 나니 하나님이 갑자기 한 가지 환상을 주셨다. 24명의 우리 리더와 만나는 내 모습이 보였다. 나는 침통한 표정을 짓고 무거운 목소리로 선포했다. "여러분, 알다시피 우리는 이 일에 수개월의 시간과 노력을 쏟아 부었습니다. 이것은 우리 중고등부의 비전입니다. 하지만 담임목사님은 이 비전을 거부했습니다. 우리가 오랫동안 공을 들여온 모든 것이 물거품이 되었습니다."

모두의 고개가 떨어지고 충격에 눈과 입이 크게 벌어졌다. 눈에서 분노가 이글거렸다. 모두가 창의력이 없는 담임목사에게 분노해 있었다.

하나님은 이것이 내가 원하는 결과냐고 물으셨다. 나는 세차게 고개를 흔들었다. "아닙니다! 절대 아닙니다!" 하나님이 내 태도와 자세를 다루고 계심을 알 수 있었다. 이 환상은 내가 여전히 내 '아버지'의 뜻을 헤아리지 못하고 있다는 사실을 보여 주었다. 나는 즉시 더 깊은 차원에서 회개했다.

며칠 뒤 우리 리더들이 모인 자리로 걸어 들어갔던 기억이 난다. 이제 내 마음은 거룩한 두려움으로 타오르고 있었기 때문에 가벼운 발걸음으로 들어가 반짝이는 눈으로 그들을 보며 활기찬 목소리로 말했다. "여러분, 정말 좋은 소식이 있습니다! 담임목사님이 우리가 이스마엘을 탄생시키는 걸 막아 주셨습니다. 우리가 준비해 온 것이 교회의 방향과 어긋난다고 말씀하셨습니다. 그래서 이 프로그램을 중지하기로 했습니다!"

그 즉시 모두가 기쁨으로 반응했다. 어떤 이들은 미소를 지었고, 어떤 이들은 하이파이브를 했다. 어떤 이들은 환호성을 질렀다. 그들은 내 마음을 헤아려 주었다. 그것은 마침내 내가 담임목사의 마음을 헤아렸기 때문이다.

1년 뒤 나는 또 다시 몇 개월의 공을 들인 대대적인 프로젝트로 인해 시험대 위에 올랐다. 이번에는 담임목사가 이 프로젝트를 잘 알고 있었고 우리의 방향에 동의한 상태였다. 하지만 프로젝트를 준비한 지 3개월쯤 되었을 때 담임목사는 마음을 바꾸었다. 이번에도 방향을 급선회해야 했다. 담임목사는 미안해했고, 나는 전과 전혀 다른 태도로 이 상황을 다루었다. 나는 조용히 이 프로젝트를 취소했다. 반박하거나 큰 소리로 따지지 않았다. 내 마음 상태가 전과 전혀 달랐다는 것을 분명히 기억한다. 이번에는 내 계획으로 고집을 부리지 않고 담임목사의 뜻에 따랐다는 사실에서 만족감이 밀려왔다.

이번에도 프로젝트를 취소하는 것이 나 자신의 생각인 것처럼 리더들에게 알렸다. 그로 인해 하나님은 우리 중고등부를 축복하셨다. 내가 맡은 2년 동안 중고등부는 3배로 배가되었다.

내가 이런 시험을 통과하지 못했다면 지금의 자리에 있지 못할 것이 분명하다. 성령님은 내가 이 시험들에서 넘어졌다면 상황이 어떻게 전개되었을지 분명히 보여 주셨다. 나는 어쩔 수 없이 이 프로그램을 취소했을 것이다. 나의 독한 태도는 우리 리더들에게 그대로 전해져 그들도 오염시켰을 것이다. 결국 나는 교회를 떠났을 것이다. 물론 받은 은사로 인해 적은 사람들에게 영향을 미치며 살기는 할 것이다. 하지만 지금처럼 강연과 글로 전 세계적으로 수백만 명에게 영향을 미치며 살지는 못할 것이다. 왜 일까? 다른 사람의 것에 충성을 다하지 않았기 때문이다. 하나님은 내게 나 자신의 사역을 맡겨 주시지 않았을 것이다.

이것을 배우기는 쉽지 않았다. 나는 경쟁적인 성격의 리더이기 때문에 뭐든 옳다고 믿는 것을 끝까지 밀고 나가는 타입이다. 하지만 나는 하나님이 성과보다 내 인격에 더 관심을 갖고 계신다는 사실을 배웠다. 하나님은 내가 나의 사역을 시작하기 전에 강한 기초를 쌓기를 원하셨다.

당신도 리더이다. 하나님은 그분의 길로 걷는 모든 자녀에게 리더의 기회를 약속하셨다. 우리는 "머리가 되고 꼬리가 되지" 않을 것이다. 우리는 "위에만 있고 아래에 있지" 않을 것이다(신 28:13 참조). 나처럼 권위에 도전하지 말라. 내게서 배우면 당신도 하나님 나라의 건설에서 큰 책임을 맡게 될 것이다.

배가를 위한
연합의 중요성

조직이 배가하려면 연합해야만 한다. 창세기에 연합과 관련된 중요한 이야기가 기록되어 있다. 불경한 사람들이 당시로서는 거의 불가능해 보이는 일을 벌였다. 하늘까지 닿는 탑을 쌓기로 한 것이다. 그런데 전능하신 하나님이 뭐라고 말씀하시는지 들어보라.

> 이 무리가 한 족속이요 언어도 하나이므로 이같이 시작하였으니 이 후로는 그 하고자 하는 일을 막을 수 없으리로다(창 11:6).

이 말씀을 누가 하신 것인지 기억하라. 바로 하나님이 하신 말씀이다! 그런 만큼 귀를 쫑긋하라. "그 하고자 하는 일을 막을 수 없으리로다." 왜 하나님은 이렇게 말씀하셨을까? 그들은 '하나'이고 '하나의' 언어를 사용했기 때문이다. 다시 말해, 그들은 연합해 있었다. 그들은 하나의 방향을 향해 함께 가고 있었다.

하나님이 구원받지 못한 사람들에게 이렇게 말씀하셨다면 언약의 백성들에게는 뭐라고 말씀하실까? 더 엄청난 선포를 하실 것이 분명하다. 더 엄청난 선포를 하실 것이다. 하나님의 백성들이 하나가 되면 "여호와께서 복을 명령"하시기 때문이다(시 133:3). 여기서 '명령'은 "지시하다, 지도하다, 지정하다"라는 뜻이다.[13] 하나님의 명령이기 때문에 복이 오지 않을 수가 없다. 연합은 복을 가져오며, 그 복에는 배가가 포함된다.

이것은 신약의 백성들에게도 똑같이 적용된다. 신약에 다음과 같은 진술이 반복적으로 나타나는 것은 너무도 당연하다.

- 마음을 같이하여 같은 사랑을 가지고 뜻을 합하며 한마음을 품어(빌 2:2).
- 온전하게 되며 위로를 받으며 마음을 같이하며 평안할지어다 또 사랑과 평강의 하나님이 너희와 함께 계시리라(고후 13:11).
- 오직 너희는 그리스도의 복음에 합당하게 생활하라 이는 내가 너희에게 가 보나 떠나 있으나 너희가 한마음으로 서서 한 뜻으로 복음의 신앙을 위하여 협력하는 것과(빌 1:27).

이는 이 교회들을 향한 '아버지'의 호소이다. 바울은 "마음을 같이 하며", "한마음", "한 뜻" 같은 표현을 사용한다. 바울은 이 교회들이 하나님이 명령하신 복을 받기를 간절히 바라는 마음에서 이렇게 호소하고 있다. 그는 그들이 하나가 되어야만 모든 측면에서 진정으로 배가할 수 있다는 사실을 알고 있었다.

하나님이 연합한 자들에게 명령하시는 복의 좋은 예는 다음과 같다. 예수님의 충성스러운 제자들은 다락방에 남아 있으라는 예수님의 명령에 순종했다(행 1:4 참조). 부활 후 40일 동안 예수님은 최소한 500명의 남녀에게 모습을 나타내셨다(고전 15:6 참조). 하지만 예수님이 승천하시고 10일 뒤에는 예루살렘에 120명밖에 남지 않았다. 나머지는 어디로 갔을까? 나는 그 500명 중 75퍼센트 이상이 예수님의 말씀에 귀를 기울이지 않았다는 결론을 내렸다. 그들이 어디 있는지는 알 수 없지만 예수님의 뜻이 그들의 우선사항은 아니었다는 사실만큼은 분명히 알 수 있다.

다락방의 남녀는 하나님 말씀의 권위 아래서 연합했다. 문제는 그 다음이었다. 그들이 예수님께 권위를 위임받은 베드로, 예수님이 임명하신 교회의 '아버지'에게 어떻게 반응할 것인가?

복음서들을 보면 베드로는 충동적이어서 하나님의 뜻에서 벗어날 때가 많았다. 베드로가 예수님이 그리스도요 살아 계신 하나님의 아들이라고 담대히 선포하자 예수님은 그에게 복을 선포하셨다. 하지만 잠시 뒤 예수님은 "돌이키시며 베드로에게 이르시되 사탄아 내 뒤로 물러가라 너는 나를 넘어지게 하는 자로다 네가 하나님의 일을 생각하지 아니하고 도리어 사람의 일을 생각하는도다"라고 하셨다(마 16:23).

한번은 다른 제자들이 보는 가운데 베드로가 물 위를 걸어갔다. 이번에도 베드로는 앞장을 섰다. 하지만 잠시 뒤 그는 가라앉기 시작했다. 이에 예수님은 한탄하시며 이렇게 말씀하셨다. "믿음이 작은 자여 왜 의심하였느냐"(마 14:31).

이번에는 베드로와 요한과 야고보와 함께 예수님을 따라 변화산을 올라갔다. 그곳에서 그들은 예수님의 얼굴이 해처럼 빛나고 그분의 옷이 변형되는 놀라운 광경을 목격했다. 모세와 엘리야가 나타나 예수님과 대화를 나누었다. 이 광경을 보다니 얼마나 큰 영광인가! 그런데 예수님이 세 제자를 데리고 산을 내려가시기 전 베드로는 예수님과 엘리야와 모세를 위해서 초막 셋을 짓자고 제안했다(마 17장 참조). 이번에도 그는 하나님의 계획과 뜻에서 벗어났다.

이 사건을 기억하며 초대 교회의 리더로서 베드로가 내린 첫 번째 결정 중 하나를 살펴보자. 단, 그러기에 앞서 한 가지 중요한 사실을 기억해야 한다. 당시는 베드로가 예수님을 알지 못한다고 부인하고 불과 며칠밖에 지나지 않은 때였다. 따라서 보통 사람 같으면 베드로의 말에 귀를 기울이지 않았을 것이다. 특히, 그의 지시나 결정이 자신의 의견과 다르면 더더욱 따를 일이 없을 것이다.

자, 이제 이야기를 살펴보자. 예수님이 하늘로 오르시고 며칠이 지나 베드로는 시편에서 가룟 유다의 배신과 직접적으로 관련된 예언의 말씀을 발견했다. 그는 그 말씀을 다락방에 모인 작은 무리에게 읽어 주었다. "시편에 기록하였으되 … 그의 직분을 타인이 취하게 하소서 하였도다"(행 1:20). 이번에도 베드로는 남들이 보지 못한 것을 보았다. 그리고 이번에도 그것을 잘못 다룰 것인가?

아래 내용은 추측으로 볼 수도 있지만 성경적인 근거가 충분하다고 생각한다. 나는 이번에도 베드로가 하나님의 뜻에서 벗어난 결정을 내렸다고 생각한다. 그는 처음부터 함께했던 사람들을 한자리에 모아 누가 가룟 유다 대신 하나님께 선택을 받았는지 '제비뽑기'로 결정하자고 제안했다.

성경 어디에서도 하나님이 추첨으로 사도를 선택하셨다는 내용은 찾아볼 수 없다! 예수님은 이들에게 본보기를 통해 하나님의 뜻을 보여 주셨다. 어떤 본보기를 보이셨는가? 첫 열두 제자를 선발하시기 전에 하나님의 음성을 듣기 위해 밤새 기도하는 본을 보이셨다(눅 6:12-13 참조). 베드로가 예수님의 이 본을 따라 다음 사도를 뽑으려고 했다면 좋았을 것이다.

불과 몇 년 뒤 안디옥교회의 선지자들과 교사들은 예수님의 본을 따랐다. 그들은 바나바와 사울을 사도의 직분으로 따로 세우기 전에 금식하며 기도했다(행 13:1-4 참조). 이 사실만 봐도 베드로의 성급한 결정이 잘못되었다는 점을 분명히 알 수 있다.

다락방에 모인 120명은 두 명의 후보를 찾았다. 맛디아와 유스도가 그들이다. 둘 중 맛디아가 추첨에 당첨되어 사도에 포함되었다(행 1:23-26 참조). 하지만 맛디아의 이름은 이후 신약에 다시 등장하지 않는다. 왜일까? 성경은 맛디아가 아니라 바울이 하나님이 가룟 유다 대신 선택한 인물이라는 사실을 보여 주기 때문이다. 이것이 바울이 다음과 같이 쓴 이유이다.

> 그 후에 (예수님이) 야고보에게 보이셨으며 그 후에 모든 사도에게와 맨
> 나중에 만삭되지 못하여 난 자 같은 내게도 보이셨느니라 나는 사도 중에
> 가장 작은 자라(고전 15:7-9).

바울은 자신이 시기를 잘못 타고 태어났다는 투로 말한다. 다시 말해, 그는 첫 열두 제자에 포함되기에는 너무 어렸다. 조사해 보니 바울의 출생일에 관한 의견은 분분하다. 학자들이 추정한 바울의 출생일은 14년까지 차이가 난다. 하나는 분명하다. 누구도 바울의 정확한 출생일을 알지 못한다. 따라서 그의 나이를 어느 정도 가늠해 보기 위해 신약의 시간표를 보자.

대부분의 기록에서 스데반의 순교는 예수님이 부활하신 지 4년 뒤에 이루어졌다. 이는 예수님이 7년 전에 첫 제자들을 선택하셨다는 뜻이다. 스데반이 돌에 맞아 순교할 때 성경은 사울(바울)을 '청년'으로 소개한다(행 7:58 참조). '헬라어-영어 사전'(Greek-English Lexicon)은 '청년'에 해당하는 헬라어를 사춘기 직후로 정의한다. 따라서 여기서 7년을 빼면 바울은 첫 제자에 포함되기에는 너무 어렸다고 보는 것이 가장 정확하다.

나는 바울이 하나님의 선택이었다고 분명히 믿는다. 바울은 사도의 열매와 권위를 맛디아보다 훨씬 더 분명히 보였다. 여기서 내가 말하려는 요지는 이것이다. 나는 베드로가 하나님의 계획에서 어긋난 결정을 성급하게 내렸다고 생각한다. 그가 오늘날 교회에서 이런 결정을 내렸다면 교회는 세 갈래로 분열되었을 것이다. 즉 '추첨에 반대하는' 파, '새로운 사도는 필요하지 않다고 주장하는' 파, '추첨에 찬성하는' 파(이 파가 교회를 장악한다)가 첨예하

게 대립할 것이다. 하지만 이 사건 이후 신약에 기록된 다음 구절을 보라.

오순절 날이 이미 이르매 그들이 다 같이 한 곳에 모였더니(행 2:1).

여기서 "다 같이"에 해당하는 헬라어 단어는 '호모두마돈'(homothumadon)이다. 이것은 "한마음으로, 만장일치로, 이구동성으로, 모두 함께"라는 뜻이다.[14] 이 정의로 볼 때 정신적으로나 행동 측면에서나 분열의 여지는 없다. 그들의 목적, 정신, 마음, 영은 철저히 연합해 있었다. 그 결과는 무엇이었을까? 성경은 그날 예수님을 믿는 무리에 3천 명이 '더해졌다'고 기록한다. 이 숫자를 120으로 나누면 무려 25배의 '배가'이다. 생각해 보라. 단한 번의 예배로 교회가 25배로 성장했다. 하나님은 그들의 연합에 놀라운 복을 명령하셨다! 이것이 영적 법칙이다.

분명 그 다락방에는 베드로와 다른 방식을 원하는 신자들이 있었을 것이다. 결정을 내리기 전에 예수님의 본을 따라 먼저 하나님께 충분히 묻는 것이 더 좋은 선택이었을 것이다.

더 좋은 방법이 있는 것은 사실이었지만 그 다락방에 모인 사람들은 더 높은 우선순위를 보았다. 그들에게는 리더의 방법을 중심으로 '하나'가 되는 것이 더 중요했다. 그들은 베드로의 생각이 곧 자신의 생각인 것처럼 일사불란하게 움직였다. 우리는 방식의 지극히 사소한 문제로 분열할 때가 얼마나 많은가(단, 한 가지 중요한 사실을 기억해야 한다. 리더의 결정이 성경에서 분명하게 말하는 '죄'에 속한다면 그것은 리더를 따르지 말아야 할 유일한 경우다. 하지만 대개는 죄가 아닌 방법상의 문제이다).

몸과 마음과 영혼을
죽이는 분열

분열은 말이나 행동에만 국한되지 않는다는 사실을 기억해야 한다. 분열은 더 깊은 곳, 즉 마음과 영혼까지 내려간다. 위의 세 성경 구절을 다시 읽고 마음에 새기길 바란다. 겉으로는 연합한 것처럼 보여도 내면의 동기와 생각에서는 갈가리 찢어져 있을 수 있다.

나의 어머니는 플로리다 주 비로 비치(Vero Beach)에서 사신다. 그곳에서 북쪽으로 약 20킬로미터 가면 세바스티안스 인렛(Sebastian's Inlet)이란 곳이 나온다. 현지인들에게 그곳은 강한 저류로 잘 알려져 있다. 저류란 수면 밖에서는 보이지 않는 현상을 말한다. 수면 위에서 보면 모든 물은 연합하여 한 방향으로 흘러가 해변에 이르는 것처럼 보인다. 하지만 수면 아래의 물은 반대 방향으로 급속도로 흐르고 있다. 이 반대 급류는 사람을 바다 쪽으로 퍅 잡아끌어 간다. 이 급류에 휩쓸려 목숨을 잃는 이들이 적지 않다.

우리 교회, 기업, 학교, 정부, 운동 팀, 클럽 아래에 배가를 파괴적으로 방해하는 저류가 흐르고 있는가? 그렇다. 이유가 무엇일까? 그것은 우리가 하나님 나라의 마음가짐이 아니라 민주주의적 마음가짐으로 그 나라를 세우려고 하고 있기 때문이다. 우리는 진정한 나라의 시민들이며, 우리 왕이 위임하신 권위를 무시하지 말아야 한다. 우리가 리더의 뜻에 따를 때 하나님의 복이 크게 나타난다.

우리는 스스로에게 이렇게 물어야 한다. "우리가 옳다는 것을 증명해 보이는 것과 하나가 되는 것 중에서 무엇이 더 중요한가?" 우리는 100퍼센트 옳은 동시에 100퍼센트 그릇될 수 있다. 모든 신자가 들고 일어나 베드로에게 추첨 대신 금식과 기도 방식(성경에서 가르치는 방식)을 채택하라고 항의했다고 해 보자. 그들의 주장 자체는 100퍼센트 옳다. 하지만 그런 불일치로 인해 하나님의 복은 그곳에 임하지 않았을 것이다.

성경에서 처음으로 '놀라운 배가'가 나타난 것은 '아버지들'이 지시를 내린 뒤였다. 그 후에 이런 기록이 나타난다. "온 무리가 이 말을 기뻐하여"(행 6:5).

그 결과는 무엇이었을까? "제자의 수가 더 심히 많아지고(크게 배가되고)"(행 6:7). 모든 제자가 사도들의 전략을 자신의 전략인 것처럼 전적으로 받아들였다. 이번에도 분명 속으로는 반대하는 사람들이 있었을 것이다. 하지만 그들은 이미 "옳음을 내세우는 것보다 복을 받는 것이 낫다"라는 사실을 깨달은 상태였다. 그래서 그들은 사도들의 방식을 자신들의 아이디어인 것처럼 군말 없이 받아들였다.

이제 가장 어려운 질문을 던질 차례이다. 우리 중에 심판대에서 예수님 앞에 섰을 때 그분이 보여 주시는 것에 충격을 받을 사람이 얼마나 많을까? 그분이 우리의 저류가 그분이 명령하신 복을 어떻게 방해했는지 보여 주시며 눈물을 흘리실까? 우리가 배가할 기회를 놓쳤다는 사실을 깨닫고서 우리로 인해 구원을 받지 못한 이들을 생각하며 그분과 함께 통곡을 하게 될까? 우리 중에 시간을 되돌려 옳음을 주장하기보다는 연합을 위해 애쓰고 싶을 사람이 얼마나 많은가? 하지만 그때는 이미 늦었다.

PART 3

X:MULTIPLY
YOUR GOD-GIVEN
POTENTIAL

은사를 사용해
하나님 나라를 이루는
영광을 맛보다

11장

친밀함 속에
더 커지는
은사

주인이여 당신은 굳은 사람이라 심지 않은 데서 거두고 헤치지 않은
데서 모으는 줄을 내가 알았으므로 두려워하여 나가서 당신의 달란트
를 땅에 감추어 두었었나이다(마 25:24-25)

이제 예수님의 비유에서 게으른 종이 가진 동기와 생각을 깊이 파헤쳐 보자. 왜 다른 두 종은 맡은 달란트를 배가했는데 이 종은 맡은 달란트를 그대로 유지만 했을까? 왜 첫 번째 종과 두 번째 종은 "착하고 충성된 종"이라는 칭찬을 들은 반면, 세 번째 종은 "악하고 게으른 종"이라는 꾸지람을 들었을까?

이 이야기를 계속하기 전에 먼저 잠시 한 가지 사실을 짚고 넘어가자. 그것은 누구든 예수님 앞에 서면 거짓말을 하는 것이 불가능하다는 것이다. 내가 왜 여기서 이 사실을 언급한 것일까? 간단한 예화로 설명해 보겠다.

스파이 영화를 본 적이 있는가? 스파이를 심문하는 중 정보를 캐내기 위해 '자백약'을 주입한다. 그러면 스파이는 절대 입 밖에 내지 않겠다고 맹세한 비밀을 자백한다. 진실이 드러난다.

이번에는 실생활의 예를 들어보자. 결혼 초기에 나는 미성숙하고 불안했다. 그래서 그릇된 행동을 하다가 아내에게 지적을 받곤 했다. 그럴 때면 아내 앞에서 내 행동과 동기를 강하게 변명했다. 하지만 나중에 하나님 앞에서 기도하다보면 아내의 지적이 옳았다는 것을 깨닫게 되었다. 그러면 다시 아내를 찾아가 내 잘못을 겸손히 인정했다.

요지는 이것이다. 왕이신 하나님 앞에서 속임수를 쓰거나 거짓말을 하는 것은 불가능하다. 예수님은 이렇게 말씀하신다.

감추인 것이 드러나지 않을 것이 없고 숨긴 것이 알려지지 않을 것이 없나니 이러므로 너희가 어두운 데서 말한 모든 것이 광명한 데서 들리고 너희가 골방에서 귀에 대고 말한 것이 지붕 위에서 전파되리라(눅 12:2-3).

예수님은 특별히 심판에 관해서 말씀하신 것이다. 심판대에서 거짓을 생각하거나 말하는 것은 불가능하다. 그곳에는 진실의 분위기가 충만해서 그 어떤 거짓이나 속임의 말도 나오지 않을 것이다. 청지기의 비유는 심판을 의미하기 때문에 게으른 종의 답변은 한 치의 거짓도 없이 정확하다고 확신할 수 있다.

그가 '영원한' 배가를 하지 않은 데는 두 가지 주된 요인이 있다.

- 그는 주인의 성품을 알지 못했다.
- 그는 두려워했다.

이 두 가지 이유는 순서대로 나타난다. 항상은 아니지만 대개 두 번째 요인은 첫 번째 요인에서 비롯한다. 즉 하나님의 성품을 모르면 두려움에 빠지기 쉽다. 계속해서 두 오류를 분석하다보면 이 점이 분명히 눈에 들어올 것이다.

내가 믿는 바가
진짜일까?
이야기 한 토막으로 첫 번째 오류에 대한 분석을 시작해 보자. 한 콘퍼런스에 참석하기 위해 8시간의 비행을 마치고 막 하와이에 도착했다. 아직 여행복인 채로 호텔 룸이 준비되기를 기다리다가 수영장 우산 아래에 쉴 곳을 발견했다. 그곳에서 또 다른 콘퍼런스를 기다리는 여자 사업가를 만났다. 이야기를 나누다 내가 기독교 저자이자 목사라는 사실을 알게 된 그녀는 자신과 하나님의 관계에 관해 설명하기 시작했다.

잠깐 들어보니 그녀는 하나님을 알지 못한다는 것이 분명했다. 그녀는 자신이 '믿는' 것에 관해서 자신 있게 늘어놓았는데 성경과 일치하는 내용이 거의 없었다. 나는 그녀가 자신의 믿음에 관해서 설명하는 말을 들으면서 성령님께 지혜를 요청했다. 그녀에게 무슨 말을 해야 할지 알려 달라고 기도했다. 그녀의 말이 끝나자 나는 이렇게 물었다. "저기 수영장 건너편에 앉아 있는 남자가 보이시나요?"

"네, 보여요."

"그가 어떤 사람인지 잠시 들어보실래요? 그는 철저한 채식주의자랍니다. 육식은 절대 하지 않아요. 심지어 꿀도 입에 대지 않죠. 그의 꿈은 미국 수영 올림픽 대표 팀에 들어가는 거예요. 그래서 하루에 3시간씩 훈련을 하죠. 그의 취미는 라켓볼과 테니스와 스카이다이빙과 그림이에요. 저기 온수 욕조 옆에 있는 여성이 아내랍니다. 아내가 열 살이나 어려요."

여성은 호기심을 느끼면서도 내가 느닷없이 주제를 바꾼 이유를 몰라 어리둥절해했다. 자신이 방금 하나님에 관한 깊은 생각을 털어놓았는데 내가 갑자기 수영장 건너편의 남자에 관해서 설명하니 그럴 만도 했다. 하지만 호기심을 참지 못한 그녀가 물었다. "목사님과 같은 콘퍼런스에 참석하기 위해서 온 분인가요?"

"아닙니다."

"그러면 저분을 어떻게 아세요." 그녀는 더욱 호기심 가득한 눈으로 물었다.

"저 남자를 한 번도 만난 적이 없습니다." 그녀는 당혹스러운 표정으로 어떻게 그에 관해서 그토록 자세히 아는지 물었다. 확실하지는 않지만 표정으로 보아 필시 나를 CIA나 FBI요원, 혹은 탐정, 심지어 스토커로 의심했을 것이다. 그녀의 호기심은 절정에 이르렀다. 나는 잠시 뜸을 들였다가 입을 열었다. "이것은 내가 저 남자에 관해서 '믿는' 바입니다." 여자는 할 말을 잃었다.

"방금 하나님에 관한 부인의 '믿음'을 자신감 넘치게 말씀하셨지요. 하지만 부인께서 하신 말씀은 거의 사실이 아닙니다. 어떻게 아냐고요? 저는 하나님을 알기 때문입니다."

그러고 나서 그녀의 눈을 똑바로 쳐다보며 말했다. "방금 제가 만나 본 적도 없는 저 남자에 관해서 아는 것처럼 말했죠? 부인께서 바로 저와 같이 하신 겁니다. 저는 수영장 건너편의 저 남자에 관해서 제가 '믿는' 바를 말했습니다. 정말 확실한 것처럼 말했죠. 하지만 제 말은 다 틀렸을 가능성이 높습니다. 아뇨, 다 틀렸어요. 이유는 뻔하죠. 저 남자를 알기 위한 시간을 내 본 적이 없기 때문이에요."

여성은 유심히 듣고 약간 충격을 받은 듯했다. 나는 차분한 음성으로 계속해서 말했다. "하나님은 우리에게 그분의 말씀을 주셨어요. 그 말씀은 성경에 기록되어 있죠. 성경을 보면 하나님이 어떤 분이신지 다 나와 있답니다. 또한 하나님은 우리에게 예수님을 보여 주기 위해 성령님을 보내 주셨어요. 다시 예수님은 전능하신 하나님을 보여 주십니다. 예수님은 육신을 입고 오신 하나님이시거든요."

나는 잠시 말을 멈추었다 부드럽게 물었다. "부인이 존재하지도 않는

가상의 하나님을 지어내셨다고 생각하시지 않나요?"

안타깝게도 그녀는 자신이 하나님을 모른다는 사실을 받아들일 준비가 되어 있지 않았거나 진짜 하나님을 만나기를 두려워했던 것으로 보인다. 우리는 잠시 더 잡담을 나누다가 이내 헤어졌다.

혹시 이 이야기를 읽으며 미소를 지었는가? '나는 하나님을 잘 알지. 교회에도 열심히 다니고 성경도 꽤 읽었으니까 말이야.' 하지만 그렇게 자신하기 전에 먼저 바리새인의 문제점을 기억해야 한다. 그들의 교회 출석률은 완벽했다. 그들은 수시로 기도하고 금식했으며 성경의 처음 다섯 권을 외워서 인용할 수 있었다. (나는 그들의 발끝도 못 따라간다!) 하지만 그들은 육신을 입고 오신 하나님, 곧 예수님을 눈앞에서 보고도 못 알아보았다.

예수를 알 때, 참된 삶을 만난다

누가 하나님을 아는 특권을 얻는가? 모두가 초대를 받지만 정해진 조건이 있다. 이 문은 진정한 관계에만 열린다. 자신의 삶을 하나님께 온전히 바치기로 뼛속 깊이 결단한 사람에게만 열린다. 삶을 바치는 척만 하는 것이 아니라 행동으로 보여 주는 사람에게만 열린다. 예수님은 이렇게 말씀하신다. "나를 위하여 제 목숨을 잃으면 찾으리라"(마 16:25). 여기서 "목숨을 찾으리라"는 무엇을 의미할까? 간단하다. 그것은 참된 삶을 얻는다는 말이다. 즉 참된 삶은 '예수님을 알' 때만 가능하다.

교회에 출석하고, 크리스천 친구들에게 둘러싸이고, 찬양을 듣고, '구원'의 기도를 반복하고, 심지어 선행을 해도 하나님을 알 수 없다. 성경에서 예수님은 자주 신랑에 비유되고 우리는 신부에 비유된다. 신랑과 신부가 연합하면 둘이 하나가 된다. 바울은 이렇게 말한다. "사람이 부모를 떠나 그의 아내와 합하여 그 둘이 한 육체가 될지니 이 비밀이 크도다. 나는 그리스도와 교회에 대하여 말하노라"(엡 5:31-32).

하나님은 그분을 아는 것이 어떤 것인지를 보여 주시기 위해 우리가 매일 볼 수 있는 한 관계로 비유해 주셨다. 그 관계는 바로 결혼이다. 여자가 순백의 드레스를 입고 결혼식을 올리는 것은 매우 강한 선언을 하는 것이다. 약 39억 3천 명의 남자에게 작별을 고하는 일이다! 자신의 몸과 마음과 삶을 눈앞에 있는 한 남자에게 온전히 바치는 행위이다. 흥미롭게도 이 결정은 참된 '회개'를 의미한다. 세상의 남은 모든 남자와 결혼의 연합을 이룰 기회로부터 등을 돌리는 것이다. 그녀와 그녀가 선택한 남편은 언약을 맺는다. 이제 그는 온전히 그녀의 것이고 그녀는 온전히 그의 것이다. 두 사람은 서로를 세상 누구보다도 깊이 알아가는 기나긴 관계의 여행을 출발한다.

이제 한 가지, 논란이 될 수도 있는 말을 하려고 한다. 하지만 끝까지 들어보라. 개인적으로 나는 하나님을 '아는 데' 가장 큰 장애물 중 하나는 스스로가 만든다고 생각한다. 그 장애물은 다름 아닌 '죄인의 기도'이다. 우리는 마치 소비자에게 제품을 홍보하듯 하나님과의 관계를 판매하고 있다. 설교나 대화 후에 우리는 이렇게 말한다. "하나님을 알고 싶습니까? 창조주와의 관계를 원하시나요? 그렇다면 이렇게 기도하기만 하면 됩니다. 예수님, 제 삶 속으로 들어와 주십시오. 제 죄를 회개합니다. 당신을 제 구주로 영접합니다. 저를 용서하시고 이제 하나님의 자녀로 삼아 주시니 감사합니다."

그 다음에는 그 자리에 모인 모든 사람에게 이 희소식을 알리고 새로운 신자들이 영생을 얻은 것을 축하하며 그들을 성도의 교제 가운데로 초대한다. 하지만 회개에 관해서는 한마디도 하지 않는다. 자기중심적인 삶에서 영원히 돌아서서 예수님을 위해 목숨을 내놓으라는 말은 일체 꺼내지 않는다. 그러나 예수님의 말씀 전체를 들어보라.

> 누구든지 나를 따라오려거든 자기를 부인하고 자기 십자가를 지고 나를 따를 것이니라 누구든지 제 목숨을 구원하고자 하면 잃을 것이요 누구든지 나를 위하여 제 목숨을 잃으면 찾으리라(마 16:24-25).

이 구절에서 예수님은 하나님과의 진정한 관계에 대해 말씀하신다. 바로 이런 관계 속으로 들어갈 때만 그분을 진정으로 알 수 있다. 하나님을 아는 것은 한 차례의 사건이 아니라 자신이 원하는 것보다 하나님의 뜻에 순종하기로 매일, 매순간 새롭게 결심하는 것이다. 성경에서 분명하게 가르치는 문제에서는 하나님의 뜻이 무엇인지 논쟁할 필요가 없다. 그런 문제에서는 순종하기 싫어 구실을 댈 여지가 없다. 예수님을 따르는 사람은 그분이 미워하시는 것에서 떠나 늘 그분을 섬기기로 마음 깊은 곳에서 굳게 결심한 사람이다.

사도 야고보는 이렇게 썼다. "너희는 말씀을 행하는 자가 되고 듣기만 하여 자신을 속이는 자가 되지 말라"(약 1:22). 하나님의 말씀을 듣기만 하고 생각, 말, 행동으로 반응하지 않는 자는 스스로를 속이는 자다. TPT 성경은 이것을 "자기기만"(self-deception)으로 번역한다. 세 번째 종, 바리새인들, 내가 하와이의 호텔 수영장에서 만난 여성에게 정확히 어울리는 표현이 아닌가 싶다. 나는 교회에 출석하고 성경을 인용할 줄 안다는 이유로 자신이 하나님과 관계를 맺고 있다고 생각하지만 말과 행동은 그분의 말씀과 정반대인 사람들을 많이 만났다. 그들은 '자기기만'에 빠진 자들이다. 그들은 안타까운 착각 속에서 살고 있다.

요점 하나만 간단히 짚고 넘어가자. 아내는 결혼생활 중에 많은 실수를 했다(물론 내가 더 많은 실수를 저질렀지만 여기서는 신부에게 초점을 맞춰 보자). 하지만 일부러 자신의 욕심을 따라 결혼 서약을 저버리는 짓은 하지 않았다. 아내의 행동은 완벽하지는 않지만 그 마음만큼은 내게서 떠난 적이 없다.

마찬가지로, 하나님과의 관계 속에서 우리가 가끔 불순종해도 하나님은 용서해 주신다. 이것은 남편이나 아내가 실수를 한다고 해서 언약의 관계가 깨어지지 않는 것과 비슷하다. 창조주와 우리의 관계는 실질적인 행동이 따르지 않는 립 서비스가 아니라 마음에서 우러나온 진정한 충성의 관계이다.

예수님은 더없이 놀라운 선포를 하신다. "사람이 하나님의 뜻을 행하려 하면 … 알리라"(요 7:17). 내면의 의도가 중요하다. 듣기만 하지 않고 행하려는 내면 깊은 곳의 의도가 있어야 한다. 뭐든 예수님이 말씀하시는 대로 행하려고 하면 '알게' 된다. 하나님과 그분의 말씀을 '알게' 된다. TPT성경은 요한복음 7장 17절을 아름답게 번역한다. "먼저 하나님의 뜻을 행하려는 열정을 품으라. 그러면 내 가르침이 하나님의 마음에서 동떨어져 있는지 분간할 수 있을 것이다."

달란트 비유에서 세 종은 모두 주인이 떠나기 전에 같은 지시를 들었다. 그런데 두 종은 지시대로 순종했고, 한 종은 아무것도 하지 않았다. 세 번째 종은 주인을 진정으로 '알지' 못했다. 그래서 주인의 지시를 가볍게 여겼다. 이 종은 자신이 주인을 안다고 생각했지만 진정으로 알지는 못했다. 즉 그는 자기기만에 빠져 있었다.

거룩한 두려움은
하나님을 알아가는 출발점

이제부터 논하려는 주제는 '하나님에 대한 두려움'이다. 특히 오늘날 세상에는 두려움이 가득하기 때문에 우리는 이 말을 꺼내기를 꺼려한다. 하지만 두려움에는 '두 가지 종류'가 있으며, 이 둘은 서로 완전히 상반된다. 하나는 '두려움의 영'이고, 다른 하나는 '하나님에 대한 두려움'이다. 성경은 이 둘을 구분하고 있다. 모세는 하나님의 임재로부터 돌아온 직후 하나님의 백성들에게 다음과 같이 말했다.

> 두려워하지 말라 하나님이 임하심은 너희를 시험하고 너희로
> 경외하여(두려워하여) 범죄하지 않게 하려 하심이니라 백성은 멀리 서 있고
> 모세는 하나님이 계신 흑암으로 가까이 가니라(출 20:20-21).

얼핏 모세의 말과 행동은 모순되어 보인다. 그의 말을 좀 더 이해하기 쉽게 풀어보자. "하나님이 그분에 대한 '두려움'이 너희 속에 있는지 보시려고 오셨으니 '두려워하지' 말라." 이 말은 모순된 것이 아니라 '하나님을 겁내는 것'과 '하나님을 두려워하는 것'을 구분하고 있는 것이다. 하나님을 겁내는 사람은 그분께 숨기는 것이 있는 사람이다. 아담이 죄를 지은 뒤에 하나님을 피해 숨은 것을 기억하는가?(창 3:8 참조). 반면, 하나님을 두려워

하는 사람은 그분께 숨길 것이 하나도 없는 사람이다. 오히려 그는 하나님에게서 멀어질까 봐 두려워한다.

자, 이제 정리해 보자. 하나님에 대한 두려움은 그분을 겁내는 것이 아니다. 겁내는 사람과 어떻게 친밀한 관계를 맺을 수 있겠는가. 앞서 말했듯이 진정으로 거룩한 두려움은 하나님에게서 멀어질까 봐 두려워하는 것이다. 거룩한 두려움을 품은 사람은 하나님의 임재, 보호, 사랑 밖에 거하는 것을 지독히 두려워한다. 그는 상황이 아무리 암담해 보여도 결코 그분을 떠나지 않는다. 그는 하나님의 곁보다 더 좋은 곳이 없음을 잘 알고 있다. 그리고 그것은 그분에 대한 순종으로 나타난다.

하나님을 두려워하는 것은 누구보다도 그분을 경외하고 존경하는 것이다. 그분을 가장 높게 여기고, 그분의 뜻을 자신의 뜻보다 더 귀하게 여기는 것이다. 그분이 사랑하는 것을 사랑하고 그분이 미워하는 것을 미워하는 것이다. 그분께 중요한 것을 중요하게 여기고, 그분께 별로 중요하지 않은 것을 별로 중요하지 않게 여기는 것이다.

이런 자세를 품으면 그분 가까이로 환영을 받는다. 이스라엘 백성의 모습을 가만히 살펴보면 그들의 하나님 사랑은 조건적이었다. 상황이 좋으면 하나님을 예배하고 사랑하며 그분께 순종했다. 하지만 상황이 나빠지면 여지없이 불평이 터져 나왔다. 그들은 하나님을 진심으로 믿지 않고 자신의 안위만 걱정했다. 그들은 예수님이 복음서에서 주신 명령과 정반대로 자신의 목숨을 구하고자 했다. 그로 인해 하나님과의 참된 관계라는 영광스러운 관계를 포기했다. 모세는 하나님을 두려워했지만 그들은 그렇지 않았다.

그들의 행동은 내면의 동기를 따라갔다. 즉 그들은 하나님에게서 '멀리 떨어져서 서' 있었지만 모세는 하나님의 임재로 '가까이 다가갔다.' 그들은 가장 좋은 것을 모른 채 살아갔다. 반면, 모세는 가장 좋은 것을 분명히 보았다. 모세는 하나님을 알았다. 그분의 말씀, 뜻, 지혜를 분명히 알았다. 반면, 그들은 하나님이 기도에 응답해 주실 때만 그분을 아는 척했다.

하나님을 두려워하는 사람은 그분의 말씀에 즉시 순종한다. 그 말씀이 말이 되지 않아도, 눈에 띄는 이익이 없어 보여도, 심지어 우리의 안위에 해가 되어 보여도, 상관없이 순종한다. 그는 하나님의 성품을 안다. 그래서 하나님께 순종하면 해가 돌아올 것처럼 보여도 그렇지 않다는 것을 알기에 변함없이 순종한다.

마지막으로, 하나님에 대한 두려움은 그분께 끝까지 순종하는 모습으로 나타난다. 아브라함은 그렇게 했다. 자신에게 가장 소중한 것, 25년이나 기다린 끝에 겨우 얻은 것, 그가 세상 누구보다 사랑했던 사람, 곧 아들 이삭을 내놓으라는 명령에도 그는 그대로 따랐다. 그는 하나님이 시키신 일을 하기 위해 이른 아침에 채비를 하고 사흘 길을 갔다. 하나님은 '이유'도 알려 주시지 않았다. 이 희생으로 그가 살아온 이유가 없어질 것만 같았다. 그에게 해롭게 보였다. 하지만 그는 하나님의 '성품'을 진심으로 믿었다(게으른 종과 정반대의 모습).

아브라함이 이삭을 죽이려고 칼을 든 순간, 하나님의 천사가 그를 저지시키며 선포했다. "그 아이에게 네 손을 대지 말라 그에게 아무 일도 하지 말라 네가 네 아들 네 독자까지도 내게 아끼지 아니하였으니 내가 이제야 네가 하나님을 경외하는(두려워하는) 줄을 아노라"(창 22:12).

이런 사랑, 신뢰, 믿음이 하나님을 진정으로 두려워하는 사람의 자세이다. 성경은 이렇게 말한다. "여호와를 경외하는(두려워하는) 것이 지식의 근본이거늘"(잠 1:7).

> 내 아들아 네가 만일 나의 말을 받으며 나의 계명을 네게 간직하며 네
> 귀를 지혜에 기울이며 네 마음을 명철에 두며 지식을 불러 구하며 명철을
> 얻으려고 소리를 높이며 은을 구하는 것 같이 그것을 구하며 감추어진
> 보배를 찾는 것 같이 그것을 찾으면 여호와 경외하기(두려워하기)를 깨달으며
> 하나님을 알게 되리니(잠 2:1-5).

답은 지극히 분명하다. 하나님을 두려워하는 것이 "지식의 근본"(시작)
이다. 이 말씀을 이렇게 살짝 바꿀 수 있다. "여호와 경외하기를 깨달으
며 하나님을 친밀히 알기 시작하게 되리니." 이제 우리는 게으른 종의 근
본적인 문제점을 안다. 그에게는 거룩한 두려움이 없었다. 행동하지 않은
것과 마지막 반응에서 그것을 분명히 알 수 있다. 이스라엘 백성이 때로
하나님을 폭군으로 보았던 것처럼 이 종도 주인을 그런 식으로 보았다. 그
는 주인의 성품을 제대로 몰랐다.

거룩한 두려움은 하나님을 '알기' 위한 출발점이다. 시편 기자는 이런
식으로 표현했다. "여호와의 친밀하심이 그를 경외하는(두려워하는) 자들에
게 있음이여"(시 25:14). 예수님도 비슷한 말씀을 하셨다. "너희는 내가 명하
는 대로 행하면 곧 나의 친구라"(요 15:14).

유명한 영화배우나 운동선수 같은 사람들을 사랑한다고 말하는 것과
같은 식으로 예수님을 '사랑'한다고 말하는 사람이 많다. 2020년 초 코비
브라이언트(Kobe Bryant)와 딸 지아나(Gianna)가 비극적인 헬리콥터 사고로
목숨을 잃자 온 나라가 애도했다. 사람들은 그가 선수로 뛰었던 로스앤젤

236

레스 스테이플스 센터(Staples Center) 근처에 많은 풍선과 카드와 꽃을 두었다. 나도 애도하며 많은 생각을 했던 기억이 난다.

하지만 그때 애도했던 사람들의 대부분은 코비 브라이언트를 진정으로 알지 못했다. 그의 아내와 가족, 절친한 친구들이 그를 아는 것처럼 친밀하게 알지 못했다. 그가 길거리에서 우리를 보더라도 우리가 누구인지 몰랐을 것이다. 나는 그와 함께 시간을 보낸 적이 없다. 그런데도 그와 관계가 있는 것처럼 그의 죽음에 슬퍼했다. 그가 살아 있을 때 나를 봐도 누군지 모른 것처럼, 교회에 다니고 SNS에 예수님에 관한 글을 올리고 그분에 관한 음악을 듣고 그분의 이름으로 뭔가를 행하고 심지어 그분을 주로 고백했다는 이유로 그분을 안다고 주장하지만 예수님께 전혀 모르는 사람이라는 말을 듣게 될 이들이 많다. 그 이유는 다음과 같다.

> 나더러 주여 주여 하는 자마다 다 천국에 들어갈 것이 아니요 다만 하늘에 계신 내 아버지의 뜻대로 행하는 자라야 들어가리라 그날에 많은 사람이 나더러 이르되 주여 주여 우리가 주의 이름으로 선지자 노릇 하며 주의 이름으로 귀신을 쫓아내며 주의 이름으로 많은 권능을 행하지 아니하였나이까 하리니 그때에 내가 그들에게 밝히 말하되 내가 너희를 도무지 알지 못하니 불법을 행하는 자들아 내게서 떠나가라 하리라(마 7:21-23).

주님께 이런 말을 듣고 싶은 사람은 어디에도 없을 것이다. 이 성경 구절을 자세히 뜯어보면 이 사람들은 예수님과의 관계를 확신했다. 심지어 감정적으로도 예수님께 친밀함을 느꼈다. 코비 브라이언트는 내게 "누구시죠? 어디에서 오셨나요? 성함이 어떻게 되세요?"라고 말했을 것이다. 마찬가지로 예수님은 그분을 안다고 주장하는 많은 이들에게 이렇게 말씀하실 것이다. "나는 너희가 어디에서 온 자인지 알지 못하노라"(눅 13:25).

하나님은 당신과
친밀해지길 원하신다

하나님을 두려워하는 것은 그분을 친밀히 알기 위한 출발점이다. 하지만 출발지에 캠프를 치고 눌러앉을 필요가 있는가? 더 깊은 관계 속으로 들어가라. 하나님이 우리를 더 가까이 부르고 계시기 때문이다. 성경은 이렇게 말한다. "하나님을 가까이하라 그리하면 너희를 가까이하시리라"(약 4:8). 놀랍지 않은가. 하나님과 얼마나 깊은 관계로 들어갈지 우리가 결정할 수 있다.

신자라고 주장하는 많은 사람이 내가 하와이 호텔의 수영장에서 만난 여성과 그리 다르지 않다는 사실을 생각할수록 안타깝다. 그들은 SNS, 찬양, 블로그, 친구들과의 대화, 일주일에 한 번 목사의 설교를 통해 '하나님에 관한 지식'을 얻는다. 하지만 개인적으로 그분과 시간을 보내지는 않는다.

최근의 통계를 보면 15-20세 젊은이들은 일주일에 53.7시간을 스크린 (스마트폰, 태블릿, 컴퓨터, 텔레비전) 앞에서 보낸다.[15] 그들은 과연 하나님의 말씀을 묵상하는 데는 얼마나 많은 시간을 투자할까? 이것은 비단 젊은이들에게만 해당되는 질문이 아니다!

나는 40년 넘게 성경책을 읽어 왔는데 지금도 그것이 내가 가장 좋아하는 일 가운데 하나이다. 성경을 읽기 전에 항상 성령님께 예수님을 새롭게 보여 달라고 요청한다. 나는 아침 일찍 일어나 우리 집 지하실에서 서성이며 성경을 읽고 기도하고 주님의 음성에 귀를 기울이는 습관을 오랫동안 길러 왔다. 외딴 곳이나 호텔에서 묵을 때도 이 시간을 빼먹지 않는다. 나는 은사를 주시는 분을 알지 못한 채 은사만 사용하여 전 세계를 돌며 복음을 선포하는 사람들 중 하나가 되고 싶지 않다.

하나님은 당신과 친밀해지기를 원하신다. 하나님의 완벽한 사랑은 두려움을 쫓아낸다. 우리는 주인의 선하심을 모르는 종처럼 굴 때가 너무도 많다. 이것이 내가 거룩한 두려움을 채워 달라고 하나님께 기도하라고 강권하는 이유이다. 그런 다음에는 그분과 단 둘이 조용한 시간을 보내며 그분의 진정한 정체성을 발견하라. 그분은 다름 아닌 사랑 자체시다.

하나님은 우리가 그분을 알기 훨씬 전에 우리를 찾고 사랑하며 우리를 위해 목숨을 버리셨다. 하나님이 먼저 다가와 이 놀라운 관계의 문을 여셨다. 하나님은 우리를 위하신다. 우리를 친밀히 알기 원하신다. 하지만 우리를 너무 사랑하셔서 관계를 강요하지 않으신다. 그러니 지금 선택하라! 생명을 선택하라! 하나님을 친밀히 알기로 선택하라!

12장

두려움보다
더 크신 하나님을
믿으라

주인님, 제가 알기로 당신은 기준이 높고 경거망동을 싫어하며 최선을
요구하고 실수를 용납하지 않습니다. 저는 … 두려워서 …

(마 25:24-25, 메시지성경)

이제 게으른 종의 두 번째 진술을 분석할 차례이다. "두려워하여." 두려움은 그를 무기력하게 만들었다. 세 번째 종의 말을 메시지성경의 번역으로 보면 더 쉽게 와 닿는다. "제가 알기로 당신은 기준이 높고 … 최선을 요구하고 실수를 용납하지 않습니다."

이 구절을 읽을 때면 옛 기억이 떠오른다. 나는 두 감독 밑에서 농구선수 생활을 했다. 두 팀 모두에서 나는 슈팅가드를 맡았다. 3점 슛이 스포츠에서 그나마 내가 잘하는 몇 가지 중 하나였기 때문이다.

첫 번째 감독은 선수들의 잠재력을 끌어내려고 노력하는 사람이었다. 그는 늘 격려와 건설적인 지적을 해 주었다. 그의 모든 말은 나를 위해서 하는 것임을 분명히 느낄 수 있었다. 그래서 나는 늘 자신 있게 슛을 던질 수 있었다. 그가 나를 믿어 주었기 때문에 자신감이 충천했다.

나의 다음 감독은 전혀 달랐다. 그는 기준이 높고 실수를 용납하지 않는 사람이었다. 슛을 한 번이라도 놓치면 다음 타임아웃에 거친 욕을 먹어야 했고, 대개는 곧바로 벤치 신세로 전락했다. 그의 지도 아래서는 슛을 제대로 할 수 없었다. 혼자 연습을 할 때면 백발백중인데 감독이 보기만 하면 슛이 엉뚱한 곳으로 날아갔다.

위의 성경 구절에서 종의 반응을 보면 주인을 보는 그의 '시각'은 비판적인 감독을 보는 나의 시각과 똑같다. 하지만 큰 차이점이 있다. 그 종의 주인은 '실제로는' 나의 두 번째 감독과 전혀 달랐다.

지난 장에서 배운 것을 복습해 보면, 하나님을 알기 위해 시간을 내는 것이 극도로 중요하다. 하나님은 이 게으른 종의 '관념'과 전혀 다른 분이다. 하나님은 우리를 위하신다. 하나님은 우리를 믿어 주신다. 하나님을 이렇게 '보지' 않으면 두려움에 굴복하고 은사를 썩히기 쉽다.

이제 열매를 맺지 못하는 삶의 전혀 다른 근본 원인을 살펴보자. 이전 장에서 말했듯이 하나님을 알면서도 두려움에 시달리고 심지어 굴복하기까지 하는 사람들이 있다. 성경에 이에 관한 이유들이 나타난다. 이번 장의 나머지 부분에서는 이 이유들을 살펴볼 것이다. 하지만 그리기에 앞서 두려움에 관한 명언 몇 가지를 보자.

> 사람이 두려워해야 하는 것은 죽음이 아니다. 사람은 살기 시작하지
> 못하는 것을 두려워해야 한다.
> ―마르쿠스 아우렐리우스(Marcus Aurelius)

> 새로운 것을 시도하기를 두려워하지 말라. 명심하라. 아마추어들은 방주를
> 지었지만 프로들은 '타이타닉'을 지었다.
> ―무명

> 가장 큰 실수는 늘 실수할까 봐 두려워하며 사는 것이다.
> ―존 맥스웰(John C. Maxwell)

> 인간의 가장 위대하고도 놀라운 발견 중 하나는 자신이 할 수 없을까 봐
> 걱정했던 것을 할 수 있다는 사실을 발견하는 것이다.
> ―헨리 포드(Henry Ford)

영원한 진리를 선포하면서 논의를 시작해 보자. "건강하지 못한 두려움의 반대는 하나님의 사랑이다." 하나님과 사람들을 무조건적으로 사랑하면 두려움이 물러간다. 사도 요한에 따르면 "온전한 사랑이 두려움을 내쫓나니"(요일 4:18).

이 진리와 관련해서, 샌디에이고에서 성령님을 강하게 만났던 경험을 잊을 수 없다. 막 예배를 마치고 방에 홀로 있는데 자녀들에 관한 두려움이 걷잡을 수 없이 밀려왔다. 그 전에도 비극적인 죽음을 맞은 목회자 자녀들에 관한 이야기를 많이 들었다. 감전사를 당한 이야기도 있고, 많은 이들이 자동차 사고로 목숨을 잃었다. 마약 과다복용이나 익사로 세상을 떠난 이들도 있었다. 그 외에 여러 이유로 목회자 자녀들이 안타까운 죽음을 당했다. 그런데 또다시 목회자 자녀가 안타까운 일로 죽었다는 소식을 듣고 두려움에 빠졌다. 그런데 갑자기 내 마음속에서 음성이 들렸다. "아들아, 두려움은 지표이다. 너의 삶 속에서 내 앞에 내려놓지 않은 한 영역을 보여 주는 지표이다. 너는 그 영역을 아직도 네 손으로 부여잡고 있다."

그 말씀이 내 마음을 찔렀다. 내가 지킬 수 있는 힘도 없는 것을 부여잡고 살아왔음을 깨달았다. 잠시 후 나는 방 안에서 큰 소리로 외쳤다. "아버지, 이 아이들은 제 것이 아닙니다. 저는 단지 당신의 것인 이 아이들을 잠시 맡은 청지기일 뿐입니다. 따라서 이 아이들의 삶이 당신이 원하시는 대로 되기를 원합니다. 원하신다면 이 아이들을 도중에 천국으로 데려가셔도 좋지만 이 아이들이 이 세상에서 창조된 목적을 다 이루게 해 달라고 감히 요청합니다."

그러고 나서 목소리를 더 높여서 외쳤다. "하지만 사탄아, 예수님의 이름으로 선포한다. 너는 절대 이 아이들을 건드릴 수 없다! 이 아이들은 하나님의 것이다. 너희는 하나님의 것을 함부로 죽이거나 훔치거나 파괴할 수 없다!"

그러자 말할 수 없는 평안이 밀려왔다. 그 뒤로 나는 아들들에 관해서 조금도 걱정하지 않았다. 걱정이 다시 고개를 쳐들면 나는 단호하게 선포한다. "나는 샌디에이고에서 이 아이들을 하나님의 손에 맡겼다. 이 아이들을 하나님의 손에서 도로 회수하지 않을 것이다." 그때마다 두려움은 즉시 사라지고 평안이 돌아왔다.

두려움은 소리 없이 찾아와 우리의 삶을 지배하며, 일단 그 마수에 붙잡히면 삶이 지독히 괴로워진다. 이 두려움을 제대로 다루지 않으면 우리의 운명이 바뀐다. 하지만 좋은 소식이 있다. 두려움은 얼마든지 몰아낼 수 있다. 다만 적절히 다루어야만 그렇게 할 수 있다.

당신의 은사에
관심을 가지라

바울은 '영적 아들'인 디모데에게 두 개의 서신서를 보냈다. 그런데 두 서신서 모두에서 그는 디모데가 은사(카리스마)를 경시하고 사용하지 않았다는 점을 지적했다. 먼저 중요한 사실을 짚고 가자. 디모데는 경건한 사람이었다. 바울은 서간문들에서 계속해서 그의 인격과 진정한 믿음을 자랑했다. 디모데는 하나님의 성품을 몰라서 두려움에 마비된 사람들의 부류에 해당하지 않는다. 바울이 디모데에게 보낸 첫 번째 서신서는 이렇게 말한다. "네 속에 있는 은사 … 가볍게 여기지 말며"(딤전 4:14).

여기서 '가볍게 여기다'에 해당하는 헬라어 단어는 '아멜레오'(ameleō)이다. 이 단어의 정의는 "무시하거나 경시하다"이다.[16] 다른 사전은 이 단어를 "그것에 관해서 생각하지 않는 것, 그래서 적절히 반응하지 않는 것, 즉 관심을 전혀 갖지 않는 것"으로 정의한다.[17]

왜 디모데(혹은 우리)는 하나님의 주신 은사를 경시하고 관심을 기울이지 않았을까? 극단적인 경우를 예상하면, 왜 그는 그 은사에 관해 생각조차 하지 않았을까? 다음과 같은 이유가 아니었을까? "기대한 만큼의 효과나 결과가 나타나지 않기 때문이다." "시도해 봤지만 소용이 없었다."

나는 20-30대에 그런 생각의 유혹을 자주 받았다. 앞서 말했듯이 아내와 친구가 내 설교 중에 곯아떨어졌을 때 나는 이런 생각을 했다. '나와 가장 가까운 사람들조차 깨어 있지 못하는데 누가 내 설교를 들으려고 하겠어?'

그 즈음, 또 다른 상황이 실패에 대한 나의 두려움을 증폭시켰다. 당시 나와 한 친구는 각각 주일학교 반을 맡아 가르치고 있었다. 그런데 친구의 반은 200명이 넘게 출석해서 앉을 자리가 없을 정도였다. 같은 시기에 나의 반은 평균 20명 정도가 출석했다.

이 외에도 내 은사에 의문을 품고 싶었던 적이 많다. 기대한 만큼의 결과가 나오지 않을 때마다 실패를 떠올렸다. 만약 내가 그런 생각에 굴복했다면 내 사역을 포기하고 다른 길로 갔을 것이다. 그렇게 내 인생의 소명을 떠나면 결국 불행한 삶을 살 수밖에 없다. 생각만 해도 아찔하다.

우리가 하나님이 주신 은사를 경시하고 관심을 갖지 않는 또 다른 이유는 다음과 같다.

남들의 비판

첫 번째 원고가 첫 편집자, 이어서 출판사들에게 무시와 비판, 거부를 당한 뒤에 글쓰기를 아예 포기하고 싶은 유혹이 강하게 일었다. 나중에 자가 출판을 한 직후, 한 친구는 내 글의 스타일에 관해서 깔보는 투로 말했다. 그날 저녁 지독한 무기력에 빠졌던 기억이 난다. 거실 바닥에 누워 20-30분간 미동도 하지 않고 천장만 멍하니 응시했다. 인생을 허비했나, 쓸데없이 글을 쓴다고 아까운 돈만 낭비했나 하는 생각이 들었다. '첫 편집자, 출판사들, 이제 내 친구들까지 다 비판을 하잖아. 정신 차려! 네 글 솜씨가 엉망이라는 걸 왜 받아들이지 못해? 어서 실패를 인정해!' 그런 생각을 했다.

이런 생각과 남들의 부정적인 소리에 굴복했다면 두 번째 책을 쓰지 못했을 것이다. 그리고 우여곡절 끝에 두 번째 책을 썼지만 그 책도 실패작처럼 보였다. 그 책을 예전 성경 학교 은사에게 보냈다가 혹평을 받았던 기억이 난다. 나는 더 무너져 내렸다. 2년 반이나 공을 들였지만 어느 책도 관심을 끌지 못했다.

당시 내가 남들의 비판과 나 자신의 부정적인 생각에 귀를 기울였다면 십중팔구 작가의 삶을 포기했을 것이다. 그러면 당연히 세 번째 책《관계》는 탄생하지 못했을 것이다. 우리가 하나님이 주신 은사를 경시하고 관심을 갖지 않는 또 다른 이유는 다음과 같다.

실패에 대한 두려움

실패에 대한 두려움은 아이러니하기 짝이 없다. 시작하기도 전에 실패를 예상해서 자신을 보호하기 위해 아예 시도조차 하지 않으니까 말이다. "어차피 실패할 텐데 무엇을 위해 시도하는가?" 실패에 대한 두려움 탓에 사장된 꿈과 비전이 얼마나 많은가. 게으른 종과 다를 바 없이 하나님이 주신 은사를 허비한다면 얼마나 큰 비극인가.

내 친구 마일스 먼로(Myles Munroe)는 *Maximizing Your Potential*(당신의 잠재력을 극대화하라)이란 책에서 실패에 대한 두려움에 관해 다음과 같이 썼다.

> 무덤은 지구상에서 가장 부한 곳이다. 그곳에는 이루어지지 않은 모든 희망과 꿈, 쓰이지 않은 모든 책, 불리지 않은 모든 노래, 세상에 알려지지 않은 모든 발명, 발견되지 않은 모든 치료제가 있기 때문이다. 이 모두는 누군가가 너무 두려워서 '첫 단계를 밟지 않았기' 때문이다.[18]

먼로의 말에 동의하면서 강력히 촉구하고 싶다. 하나님이 당신에게 주신 은사를 절대 썩히지 말라.

이제부터 내가 하려는 이야기는 당신에게 전혀 뜻밖일 수 있다. 우리모두는 디모데를 매우 높이 평가하기 때문이다. 하지만 바울의 서신서를 보면 디모데는 게으른 종과 같은 방향으로 향하고 있었다! 하나님이 그에게 주신 은사는 잠자고 있었다. 그는 그 은사에 관심을 갖지 않고 있었다. 다행히 그에게는 그를 그런 상태로 방치하지 않은 좋은 믿음의 아버지가 있었다.

바울은 '아들'에게 쓴 두 번째 서신서에서 지체하지 않고 바로 본론으로 들어간다. "네 속에 있는 하나님의 은사를 다시 불 일듯 하게 하기 위하여 너로 생각하게 하노니"(딤후 1:6). 여기서 "불 일듯 하게"에 해당하는 헬라어는 한 단어로, '아나조프레오'(anazōpuréō)이며 "불을 되살리다"라고 정의된다.[19] 하지만 '헬라어-영어 사전'은 이 단어를 "뭔가가 다시 시작되게 하다, '재개하다'"로 정의한다.[20] 디모데 안에 있는 하나님의 은사는 가동되지 않고 있었기 때문에 다시 시동을 걸어야 했다. 그렇다면 그 은사는 어떻게 해서 잠자게 되었던 것일까? 바울은 바로 다음 구절에서 그 원인을 설명한다.

> 하나님이 우리에게 주신 것은 두려워하는 마음(영)이 아니요 오직 능력과 사랑과 절제하는 마음이니(딤후 1:7).

'두려움'에 해당하는 헬라어는 '델리아'(delia)로, '겁'으로 번역하는 것이 가장 정확하다. 여기서 바울은 이렇게 말하고 있다. "디모데야, 하나님이 네게 주신 은사가 '겁'의 영 때문에 잠자고 있다." 더 쉽게 표현하면 "디모데야, 네가 겁을 먹은 탓에 하나님이 네게 주신 은사가 움직이지 않고 있다."

누구나 이런 경험이 있다. 우리 모두는 겁을 먹어서 뭔가를 하지 못한 적이 있다. 그런데 이런 두려움의 궁극적인 근원은 '영'이다. 두려움은 영적인 힘이다. 따라서 두려움을 영적인 차원에서 다루지 못하면 뿌리는 그대로 남아서 또 다시 문제가 도진다.

두려움에 맞선
나의 싸움

내가 이 모든 것을 누구보다 잘 아는 이유는 수년 동안 이 두려움의 영과 싸웠기 때문이다. 원래 나는 이것이 내 성격상 약점일 뿐이라고 생각했다. 하지만 1990년대 초의 한 집회 중에 그것이 완전히 오판이었다는 사실을 발견했다. 그 집회는 어느 작은 시골 교회에서 겨우 사흘간 진행될 계획이었지만 하나님의 역사로 3주로 늘어났다. 매일 밤 교회는 발 디딜 틈도 없이 사람들로 꽉 찼고, 많은 사람이 구원과 치유를 받는 놀라운 역사가 나타났다. 내 안에 있는 하나님의 설교 은사가 풀가동을 했다. 실로 놀라웠다. 저녁 예배에 참석하기 위해 무려 150킬로미터 밖에서까지 사람들이 찾아왔다. 낮에 빈 성전에 들어갔던 기억이 난다. 마치 하나님의 임재가 예배당 안에 아예 자리를 잡은 것처럼 느껴졌다.

그런데 마지막 주의 어느 저녁, 상황이 급변했다. 전날 밤 일부 찬양 리더들이 나를 비판했다는 사실을 알게 되었다. 교회 리더가 예배 직전에 그들의 말을 내게 전해 주었다. 그들의 말은 독선적으로 보였지만 악의가 있는 것까지는 아니었다. 하지만 이상하게 그들의 말을 머릿속에서 떨쳐 낼 수가 없었다. 전날 밤의 비판에 온 신경이 집중되어 곧 시작될 예배에 집중할 수가 없었다. 목사는 허튼소리이니 잊어버리라고 했고, 우리는 이전 예배 때처럼 함께 기도한 뒤에 예배당으로 들어갔다.

그날 밤은 모든 것이 무미건조했다. 지난 2주 동안 했던 것처럼 하려고 했지만 정신이 헝클어져 있었다. 집중할 수가 없었다. 당장이라도 강단에서 내려가 뒷문으로 도망치고 싶었다. 반 아이들 앞에서 연설을 망쳐 얼굴이 새빨개진 십대 아이처럼 무기력해졌다. 기름 부음이 없었다. 내게 하나님의 임재가 느껴지지 않았다. 너무 힘들어서 예배를 평소보다 일찍 마치고 숙소로 돌아갔다.

하나님에 대한 화가 치밀어 오르기 시작했다. "왜 저를 도와주시지 않았나요? 왜 이번 예배를 이렇게 망치도록 놔 두셨나요? 버림받은 기분이에요. 이번 메시지는 엉망이었어요. 내일 밤 아무도 돌아오지 않을 거예요. 아니, 저부터가 돌아가고 싶지 않아요."

다음날은 나아지기를 기대하며 잠자리에 들었다. 이튿날 아침 눈을 떴는데 여전히 마음이 무겁고 우울했다. 기도를 해 봤지만 소용이 없었다. 또 잘못될지 모른다는 걱정이 커지기 시작했다. 그날 오후 나는 3시간 동안 기도를 했다. 실패에 대한 두려움과 사투를 벌였다. 무거운 마음을 억지로 추스르고 자리에서 일어나 예배당으로 향했다.

그날 밤 예배도 전날만큼이나 무미건조했다. 아무런 열정이 느껴지지 않았다. 이번에도 뒷문으로 탈출하고 싶었다. 소개를 받고 자리에서 일어나 몇 분간 횡설수설했다. 단 하나의 생각도 정리되지 않았다. 어느 순간 머릿속에서 한목소리가 들렸다. "왜 그런 말을 했어? 설교가 산으로 가고 있구나. 다 망쳤어!"

어느 순간, 도저히 견딜 수가 없었다. 결국 600명 앞에서 고백했다. "뭐가 문제인지 모르겠지만 어젯밤에 이어 오늘도 제가 좀 이상합니다. 오늘도 다 함께 일어나서 저와 함께 기도해 주시지 않겠습니까?"

온 성도가 함께 기도하던 중에 하나님이 내게 말씀하셨다. 24시간 만에 처음으로 하나님의 음성이 들려왔다. 하나님은 바울이 디모데후서 1장 7절에서 한 말을 기억나게 하셨다. "아들아, 너는 네 뒤쪽에 있는 예배 팀을 두려워하고 있다. '두려움의 영'을 물리치고 내가 주는 말을 선포해라."

하나님이 시키시는 대로 했더니 이 성경 구절을 본문으로 담대한 메시지가 선포되었다. 21번의 예배 중에 그날 밤이 가장 은혜로웠다. 사람들의 75퍼센트가 앞으로 나와 두려움의 영과 싸워왔노라 고백했다. 가운데 통로는 기도를 받고 이 영에서 해방되려는 사람들로 가득 찼다.

몇 주 뒤 목사는 내게 전화를 걸어와 너무도 은혜로운 예배였다고 말했다. 한편, 나를 비판했던 리더들은 간음, 간통, 만취 같은 악한 죄를 짓고 있었다. 그 사실이 집회 이후 2주 사이에 드러나, 한 사람을 빼고 모두 교회를 떠났다. 목사는 그때부터 찬양 팀이 연합해서 은혜로운 예배를 이끌고 있다고 말했다. 그때가 내 인생, 그리고 내 목회가 크게 변한 시점이었다.

개인적으로는 그때가 두려움과의 오랜 싸움이 끝난 시점이었다. 그 뒤로는 두려움에 사로잡힌 탓에 예배 중에 은사를 발휘하지 못하는 일이 없었다. 가장 중요한 발견은 '두려움의 영'을 향해 직접적으로 말해야 한다는 것이었다. 예수님이 광야 시험 중에 사탄에게 하나님 말씀을 직접적으로 선포하셨던 것처럼 말이다. 예수님은 사탄의 공격을 누그러뜨려 달라고 '하나님'께 요청하지 않았다. 직접 사탄에게 단호하고도 강하게 선포하셨다.

교체를 당한 엘리야

열왕기상 17-19장을 읽어 보길 바란다. 그곳에는 나처럼 엘리야가 이스라엘의 이세벨 여왕에게 겁을 먹은 사건이 기록되어 있다.

이 위대한 선지자는 갈멜 산에서 이스라엘 국가 전체와 담대히 맞섰던 인물이다. 850명의 거짓 선지자들, 아합 왕, 여러 귀족들 앞에서도 눈 하나 꿈쩍하지 않았던 인물이다. 온 나라가 보는 앞에서 하나님은 엘리야의 기도에 불로 강력하게 응답하셨다. 엘리야는 거짓 선지자들을 모두 처형하라는 지시도 내렸다. 그는 하나님께 받은 은사를 강력하게 사용했다.

그런 다음 기도함으로 3년 반에 걸친 긴 가뭄을 종식시켰다. 무엇보다도 그는 왕실의 전차를 따라잡았다. 이 모든 일은 단 하루 만에 일어났다! 단 하루의 사역으로는 그야말로 전무후무하다!

그런데 해가 지기도 전에 이세벨은 이 소식을 듣게 되었다. 그때부터 진짜 전쟁이 시작되었다.

> 이세벨이 사신을 엘리야에게 보내어 이르되 내가 내일 이맘때에는 반드시 네 생명을 저 사람들 중 한 사람의 생명과 같게 하리라(왕상 19:2).

이세벨의 위협에 관해서 살펴보기 전에 먼저 영이 서퍼와 같다는 말을 하고 싶다. 서퍼가 올라탈 파도를 필요로 한다면 영은 올라탈 말을 필요로 한다. 성경은 이렇게 말한다. "너를 치려고 제조된 모든 연장이 쓸모가 없을 것이라 일어나 너를 대적하여 송사하는 모든 혀는 네게 정죄를 당하리니 이는 여호와의 종들의 기업이요"(사 54:17).

우리를 대적하여 송사하는 모든 혀를 정죄해야 한다는 사실에 주목하라. 이것은 하나님의 일이 아니라 우리의 일이다. 예수님은 광야에서 사탄의 목소리를 잠재워 달라고 하나님께 요청하지 않았다. 우리가 공격을 당할 때 무작정 하나님께 해결해 달라고 요청부터 하지 말아야 한다.

분명 이세벨의 말은 강력한 두려움의 영을 지니고 있었다. 그의 말을 들은 엘리야가 어떤 반응을 보였는지 눈여겨보라. "그가 이 형편을 보고 일어나 자기의 생명을 위해 도망하여"(왕상 19:3).

수많은 거짓 선지자들과 왕을 비롯해서 국가 전체에 맞섰던 이 남자가 이제 줄행랑을 치고 있다. 그는 나라 밖으로 도망쳐 광야 속으로 하루를 더 들어갔다. 그제야 나무 아래에 앉아서 '죽여 달라고' 기도했다.

이럴 수가! 같은 사람이 맞는가? 도대체 어떻게 된 것인가? 엘리야는 혼란과 낙심, 절망에 빠지고 비전을 완전히 잃어버렸다. 이것이 겁을 먹은 영의 증상들이다. 안타까운 사실은 대부분의 사람들이 이면의 영을 다루지 않고 증상만 다룬다는 것이다.

나도 그날 밤 하나님이 이 악한 영의 방식을 밝혀 주시기 전까지 오랫동안 이런 증상과 씨름했다. 그로 인해 내 은사를 제대로 사용하지 못했고 그 원인도 알 수 없었다.

엘리야는 포기했다. 그래서 하나님은 낙담한 그를 여행길로 이끄셨다. 그가 시내 산까지 40일간의 긴 여행을 하는 동안 한 천사가 나타나 음식을 주었다. 그가 시내 산에 도착했을 때 하나님의 첫 물음은 이것이었다. "엘리야야 네가 어찌하여 여기 있느냐?"(왕상 19:9)

잠깐! 뭐라고? 하나님은 그를 여행길로 이끄셨고, 천사를 시켜 내내 음식을 공급해 주셨다. 그런데 목적지에 도착하지 왜 거기 있냐고 물으신다. 도무지 앞뒤가 맞지 않아 보인다.

하지만 그렇지 않다. 여기서 우리가 알아야 할 것이 있다. 우리가 두려움에 사로잡히면 대개 하나님은 우리를 다루기 위해 중립적인 곳으로 보내신다. 그것은 우리를 사랑하시기 때문이다. 그 집회 때 어떻게 해야 할지를 몰랐다. 하지만 엘리야는 그렇지 않았다. 그는 무시무시한 적들에게 어떻게 담대히 맞설 줄 알고 있었다. 그런데 이 여왕에게는 겁을 집어먹었다.

자, 하나님의 질문 이면에는 어떤 질문이 있었을까? 하나님은 온갖 악을 진두지휘하고 있는 여왕에게 왜 맞서지 않느냐고 물으신 것이다. 엘리야는 도망치지 않고 오히려 악한 여왕을 저지시켜야 옳았다.

엘리야는 질문 이면의 질문에 대답하지 않고 주제를 바꾸어 하나님을 진정으로 섬기는 사람은 자기밖에 남지 않았다고 불평했다. 죽는 소리로 동정심으로 이끌어내려는 시도였다.

> 내가 만군의 하나님 여호와께 열심이 유별하오니 이는 이스라엘 자손이 주의 언약을 버리고 주의 제단을 헐며 칼로 주의 선지자들을 죽였음이오며 오직 나만 남았거늘 그들이 내 생명을 찾아 빼앗으려 하나이다(왕상 19:10).

하나님은 이런 반응을 완전히 무시하고 똑같은 질문을 다시 던지셨다. "엘리야야 네가 어찌하여 여기 있느냐?"(왕상 19:13) 이번에도 엘리야는 정확히 똑같은 불평을 늘어놓는다(14절 참조). 그는 다 포기했다. 악의 뿌리를 다룰 마음이 전혀 없었다.

이번에도 하나님은 그의 '우는 소리'를 완전히 무시하고 더없이 충격적인 명령을 내리셨다.

> 너는 네 길을 돌이켜 광야를 통하여 다메섹에 가서 이르거든 하사엘에게 기름을 부어 아람의 왕이 되게 하고 너는 또 님시의 아들 예후에게 기름을 부어 이스라엘의 왕이 되게 하고 또 아벨므홀라 사밧의 아들 엘리사에게 기름을 부어 너를 대신하여 선지자가 되게 하라(왕상 19:15-16).

마지막 말을 눈여겨보았는가? "너를 대신하여 선지자가 되게 하라." 엘리야가 두려움에 굴복했기 때문에 하나님은 그를 다른 사람으로 대체하셨다. 계속해서 열왕기하를 읽어 보면 엘리야는 이후 5년의 대부분을 후계자를 훈련시키는 데 보냈다. 더 충격적인 소식이 또 있다. 그는 결국 하사엘과 예후에게 기름을 붓지 못했다. 후계자 엘리사가 그 일을 대신해야 했다.

엘리사는 두려움에 굴복하지 않았다. 그는 실로 담대해서 그 어떤 악앞에서도 뒷걸음질하지 않았다. 하나님은 그런 엘리사에 관해서 이렇게 말씀하셨다. "예후의 칼을 피하는 자를 엘리사가 죽이리라"(왕상 19:17). 아합과 이세벨의 악한 왕조는 예후와 엘리사에 의해 무너졌다. 나는 이것이 원래 엘리야의 임무였다고 생각한다. 하지만 두려움 탓에 운명이 바뀌었다. 물론 엘리야는 게으른 종과 달리 하나님의 성품을 알았다. 하지만 그의 운명을 보면 두려움이 우리의 은사와 소명에 어떤 영향을 끼칠 수 있는지를 똑똑히 볼 수 있다.

두려움으로 인해 후퇴하지 않기로 굳게 결심하는 것이 너무도 중요하다. 우리가 두려움을 향해 돌진할 때 하나님이 뒤를 받쳐주실 것이다. 두려움은 얼마든지 무찌를 수 있다. 단 우리가 하나님의 말씀과 약속으로 정면으로 돌진해야 한다.

다시 말하지만 하나님은 우리 편이시다. 하나님은 우리를 믿어 주시며, 우리 안에 두신 은사가 꽃을 피우기를 원하신다. 뒷걸음질하지 말라. 그 누구 혹은 그 무엇에도 당신의 사명과 운명으로 가는 길을 포기하지 말라.

13장

은사를 통해
소명을
발견하다

여러분 자신이 어떤 사람이며 여러분에게 맡겨진 일이 무엇인지 조심
스럽게 살핀 다음에 그 일에 몰두하십시오 … 여러분은 저마다 창조적
으로 최선의 삶을 살아야 할 책임이 있습니다(갈 6:4-5, 메시지성경).

이제 하나님이 주신 은사를 발견하고 개발하는 주제로 넘어갈 차례이다. 앞서 말했듯이 단순히 재능과 능력을 어떻게 개발할지 논하는 것은 이 책의 목적이 아니다. 특별한 경우가 아니면 누구나 충분한 연습을 하면 뭐든 능숙하게 해낼 수 있다.

우리 가족은 노래에 관해서는 그렇지 않다고 주장할지도 모른다. 그리고 그 주장이 옳을지도 모른다. 그래서 현실적인 예를 들어보도록 하겠다. 내가 한 악기를 1만 시간 동안 연습하면 형편없는 연주자에서 벗어나 평범한 연주자 정도는 될지도 모른다. 충분한 시간과 노력을 들이면 내 피아노나 기타 연주가 들어줄 만할 수도 있다. 하지만 아무리 집중해서 연습해도 음악은 나의 '카리스마'일 수 없다. 음악은 하나님 나라의 건설을 위한 나의 소명일 수 없다.

하나님의
개입

이번 장의 앞부분에서는 바울의 말 중 "여러분 자신이 어떤 사람이며 여러분에게 맡겨진 일이 무엇인지 조심스럽게 살핀 다음"이라는 부분에 초점을 맞추도록 하자. 소명과 은사를 발견하기 위한 정해진 공식 따위는 없다. 자신이 무엇을 잘하는지 발견하는 데 도움이 되는 자료가 많지만, '소명'과 '카리스마'를 발견하여 영원한 열매를 맺기 위해서는 우리 창조주의 도움이 필요하다.

때로는 우리의 재능을 쉽게 발견하도록 하나님이 직접적으로 개입해 주기도 하신다. 예를 들어, 하나님이 내게 글을 쓰라고 말씀하신 경우가 그렇다. 1991년의 그 여름날 아침에 기도 중에 하나님의 음성을 듣지 않았다면 나는 글을 쓸 시도조차 하지 않았을 것이다. 누가 말해도 펜을 잡지 않았을 것이다. 또 다른 예는 다윗 왕이다. 다윗 왕은 곰과 사자로부터 자신의 양떼를 보호할 수 있었다. 그렇지 않았다면 자신이 전사인 줄 몰랐을 것이다. 이런 일이 일어난 뒤 누군가 나서서 이스라엘을 블레셋의 손에서 구해내야 할 상황이 발생했다. 다윗은 과거에 무시무시한 맹수들을 물리쳤던 경험이 있었기 때문에 남들은 다 뒷걸음을 칠 때 용감히 나서서 골리앗에 맞서 싸울 수 있었다. 하나님은 다윗이 주변 상황을 통해 자신의 은사를 발견할 수 있도록 도와주셨다.

기드온을 보면 나와 많이 비슷하다는 생각이 든다. 하나님은 그를 전사로 부르기 위해 몇 번의 양털 시험을 통해 그를 설득시키셔야 했다.

먼저, 하나님께 우리의 '카리스마'를 발견하도록 개입해 달라고 기도하고, 그렇게 해 주실 줄 믿는 것이 중요하다. 성경은 하나님이 믿음으로 그분을 부지런히 찾는 자에게 상을 주신다고 말한다. 하나님은 의심하면서 소극적으로 그분을 찾는 자에게 상을 주시지 않는다. 예수님도 비슷한 말씀을 하신다.

구하라 그리하면 너희에게 주실 것이요 찾으라 그리하면 찾아낼 것이요
문을 두드리라 그리하면 너희에게 열릴 것이니 구하는 이마다 받을 것이요
찾는 이는 찾아낼 것이요 두드리는 이에게는 열릴 것이니라(마 7:7-8).

자신의 '카리스마'를 반드시 찾겠다는 열정이 있어야 한다. 이 책이 당신에게 자신의 은사를 발견하고 활용하겠다는 불타는 열정을 불어넣기를 바란다. 이런 열정을 품으면 마지못해 구하고 찾고 두드리지 않고, 예수님이 위에서 묘사하신 것처럼 끈질기게 구하고 찾고 두드리게 된다. 하나님은 우리의 요청을 들어주기 싫어서 우리를 힘들게 하시지 않는다. 단지 우리가 요청하는 것에 대해 열정을 품기를 원하셔서 끈질긴 요청을 요구하신다.

고등학교 시절 나는 천문학을 좋아해서 밤하늘을 연구하고 싶었다. 그래서 고성능 망원경을 사고 싶었다. 고성능 망원경은 너무 비싸서 살 엄두도 내지 못했지만 계속해서 천문학에 관한 책과 잡지를 읽었다. 도서관에서 한 번에 4-5권을 빌려와 하루 종일 읽었다. 때로는 몇 번이나 반복해서 읽은 다음, 그 책들을 반납하고 더 많은 책을 빌려 왔다. 그렇게 천문학에 관해 읽다보니 고성능 망원경을 향한 갈망은 견딜 수 없을 정도까지 커졌다.

결국 그 망원경을 살 돈을 마련하기 위해 특별한 아이디어를 찾았다. 나는 수영과 라켓 클럽의 테니스 강사였는데 여름 방학에만 강습을 했다. 그런데 나는 우리 클럽에서 누구도 하지 않은 일을 모색하고 시도했다. 나는 클럽 이사회의 허락을 받아 가을 시즌에 방과 후 개인 레슨을 하기로 했다. 계획대로만 된다면 고성능 망원경을 살 돈을 모을 수 있었다. 그리고 결국 해냈다! 나는 그 망원경을 갖는 것을 당연하게 여기지 않았다. 만약 내 갈망이 지독히 강렬해지기 전에 누군가가 그 망원경을 내게 주었다면 곧 열정이 시들해져서 그것을 창고에 처박고 거들떠보지도 않았을지 모른다.

하나님은 우리의 요청을 듣기 싫어 귀를 막는 분이 아니다. 하나님은 우리의 요청을 들어주기 싫어서 시간을 질질 끄는 분이 아니다. 단지 우리가 그분 나라의 건설을 위해 받는 은사를 당연하게 여기지 않기를 바라실 뿐이다. 꿈을 향해 가는 동안 필연적으로 나타날 역경을 뛰어넘을 정도로 우리의 열정이 강해져야 한다. 그러니 열정을 키우라. '카리스마' 혹은 은사를 알기 위해 적극적이고 열심히 찾으라.

그 다음으로, 하나님의 응답에 정해진 틀이 있지 않다는 사실을 알아야 한다. 하나님은 각 자녀에게 다르게 응답하신다. 우리가 입만 열면 예수님과의 '개인적인 관계'를 이야기하면서 하나님의 음성을 듣는 일에서는, 자신의 '카리스마' 혹은 은사를 알아내는 일에서는 획일적인 공식을 원하니 이상한 노릇이다. 하나님은 우리에게 개인적으로 다가가기를 원하신다. 하나님은 당신과 그분, 이렇게 둘 만의 특별한 것을 원하신다. 하나님인 귀한 자녀의 모든 기도에 똑같은 방식으로 응답하시지 않는다. 이것이 예수님이 끊임없이 구하고 찾고 두드리라고 명령하시는 이유이다. 하나님의 뜻을 열심히 찾는 것은 사실상 우리 자신에게 매우 유익한 일이다.

하나님의 뜻을 찾으면서 자신(그리고 남들)에게 질문을 던져야 한다. 질문은 탐색 과정에 필수적이다. 단, 우리가 사람의 지혜를 찾는 것이 아니라 사람들의 의견에서 하나님의 음성을 찾는 것임을 잊지 말아야 한다.

누구에게 의견을 물을지 아는 것이 중요하다. 격려하면서도 진실을 말하기를 두려워하지 않는 사람들을 찾아야 한다. 이런 사람은 많지 않다. 반면, 내가 듣고 싶은 말을 해 줄 사람은 지천에 깔려 있다. 그런가 하면 항상 비관적이고 비판적이며 부정적으로 말하는 사람들도 있다. 그들에게는 비전이 없다. 두 부류 모두 피하라. 믿음이 있고 성숙하며 지혜로운 사람을 찾으라. 믿음의 아버지나 어머니를 찾으라. 믿음의 길을 당신보다 더 오래 걸으며 실수에서 배운 지혜로운 이들을 찾으라.

염세적이거나 냉소적인 사람을 피해야 한다. 그런 태도는 대개 원한을 품은 사람들에게서 나오기 때문이다. 너그러이 용서할 줄 아는 사람을 찾으라. 그리고 기계적인 종교에 갇혀 있지 않고 시대의 흐름과 성령의 새로운 역사에 따라 움직일 줄 아는 사람을 찾으라. 무엇보다도 상황을 영원의 시각에서 볼 줄 아는 사람이어야 한다. 이런 사람을 찾으면 그와의 관계를 소중히 여겨 유지하기 위해 최선을 다하라.

세상에는 밝으면서 영적 시각이 결여된 사람이 많다. 그런 사람의 의견은 어느 정도만 신뢰해야 한다. 그들의 조언을 들을 때는 언제나 하나님 말씀과 기도의 필터로 걸러서 들으라.

예외가 있기는 하지만 부모, 배우자, 목사는 다 우리가 잘 되기를 바라며 대개 지혜로운 조언을 해 준다. 젊은 시절 나는 아버지에게 목회의 꿈을 밝혔다. 아버지 세대에는 자식들에게 '안전한 길'로 가라는 잔소리를 많이 했다(믿음의 삶에는 걸림돌). 우리 아버지도 크게 다르지 않으셨다. "얘야, 그 길은 불안정하지 않니?" 아버지는 내가 수학과 과학에 재능을 보였고 자신도 40년 동안 엔지니어로 일하셨기 때문에 내게 엔지니어의 길을 권하셨다. 그것이 안전한 커리어 선택이었다. 나는 그 말을 따랐다가 6년간의 불행한 대학 생활을 견뎌야 할 줄 전혀 예상하지 못했다! 나는 그 방면에 재능이 있었지만 그것은 내 삶을 향한 하나님의 소명이 아니었기 때문에 행복하지 않았다.

엔지니어로서 내 첫 번째 직장은 IBM이었다. 하루는 상사가 나를 따로 불러 말했다. "자네, 왜 여기 있는가? 자네는 사람들과 어울리기를 좋아하지 않나? 자네는 사람들을 만나는 일을 해야 하는 사람이야." 유명한 목사들도 몇 번이나 나에게 말했다. "자네에게서 복음 전도의 소명이 보이네."

홀로 앉아 기도할 때마다 하나님은 내 마음을 목회 쪽으로 향하게 하셨다. 당시 나는 목회에 아무런 관심도 없었는데 말이다. 내가 만난 목사들은 하나같이 이상해 보였다. 하지만 내 마음은 늘 창조주께 민감하게 열려 있었다.

내 소명이 목회라는 신호가 계속해서 나타났다. 결국 아버지의 조언을 뒤로 할 수밖에 없었다. 물론 나는 아버지를 공경했고 하나님은 그것을 기뻐하셨다. 하지만 계속해서 엔지니어로 살 수는 없다고 확신했다. 하나님의 뜻을 끊임없이 묻고 찾았기 때문에 하나님은 나를 다른 길로 가게 놔두지 않으셨다. 심지어 아버지가 나를 사랑하는 마음으로 해 준 조언도 목회를 향한 나의 끌림을 어찌지 못했다.

하나님의 뜻을 분명히 알고 나자 1년 반의 탐색을 통해 불붙은 열정이 더욱 활활 타올랐다. 단, 학업을 아직 4분의 3만 마친 상태였다. 나는 일단 졸업을 한 뒤에 목회를 하기로 결정했다. 결과적으로 그것은 잘한 결정이었다. 덕분에 성경 학교에서 가르쳐 주지 않는 전략들을 배울 수 있었다. 하나님은 우리를 훈련시키기 위해 모든 경험을 사용하신다!

은사를 발견하기 위한 또 다른 핵심 요소는 건강한 교회에 심겨지는 일이다. 성경은 이렇게 말한다. "이는 여호와의 집에 심겼음이여 우리 하나님의 뜰 안에서 번성하리로다"(시 92:13). 콩 심은 데 팥이 나지 않는다. 땅은 건강한 교회이며, 그곳에서 충성을 다하다보면 하나님이 주신 은사가 나타날 것이다. 경제계, 교육계, 정부, 체육계를 비롯한 어느 영역으로 부름을 받는지는 중요하지 않다. 어디서든 번성할 것이다. 이것이 하나님이 정하신 법칙이다.

던져야 할
질문들

이제 자신과 지혜로운 친구들에게 던져야 할 질문들에 초점을 맞추어 보자. 적절한 사람들에게 적절한 질문을 던지면 자신이 무엇에 은사가 있는지 깨닫는 데 도움이 될 수 있다. 몇 가지 질문의 예를 들어보자.

선천적으로 무엇을 잘하는가

이것은 좋은 출발점이다. 숫자를 잘 이해하는가? 문장을 멋들어지게 만들어 내는가? 뭔가를 쌓기를 잘하는가? 동영상을 제작하는 솜씨가 남다른가? 옷을 잘 만드는가? 행사를 조직하는 데 소질이 있는가? 천부적인 운동감각을 갖고 있는가? 냄새를 귀신 같이 맡는가? 세부적인 것을 보는 눈이 탁월한가? 뭐든 당신의 강점을 찾으라.

노래를 잘 부르고 사람들을 하나님의 임재 가운데로 이끌려는 열정이 있다면 그것은 당신이 찬양 인도자나 관련 사역으로 부름을 받았을지 모른다는 신호이다. 인간의 몸에 관심이 많고 약에 심취해 있다면 그것이 하나의 신호일 수 있다. 그런 경우에는 의료 분야로 부름을 받았는지 하나님께 진지하게 물어야 한다. 예를 들자면 끝이 없다.

하지만 이런 신호만으로 최종 결정을 내려서는 곤란하다. 나는 매우 뛰어난 테니스 선수였다. 나는 3년 동안 테니스 강사로 활동했고 웨스트버지니아 주 고등학교 테니스 토너먼트에서 우승하기도 했다. 하지만 기도 가운데 프로 테니스 선수는 내 소명이 아니라는 것을 알았다.

지인 중에는 PGA투어에서 뛰는 뛰어난 골퍼인 아렌 베들리(Aaron Baddeley)가 있다. 하지만 PGA 2년 차인 2004년 그는 극심한 슬럼프를 겪었다(그는 124위로 한 해를 마감하는 바람에 2005년에 턱걸이로 PGA에 잔류할 수 있었다). 힘든 한 해가 끝나갈 무렵 한 토너먼트에서 뛸 때 그는 우리 집에 머물렀는데 안타깝게도 본선 진출에 실패했다. 우리는 함께 비행기를 타고 메시지를 전하기로 약속된 라스베이거스로 향했다. 그곳의 콘퍼런스에서 예배를 드리던 중 하나님은 그의 마음에 4번이나 말씀하셨다. "나는 너를 목회로 부르지 않았다. 나는 너를 골프선수로 불렀다."

당시 베들리는 골프에 전념하기를 거부해 오고 있었다. 그는 내가 하는 일을 하기를 원했다. 그는 나처럼 여행을 다니면서 콘퍼런스나 교회에서 메시지를 전하고, 절반의 시간만 골프에 투자하기를 원했다. 하지만 그날 저녁 그는 자신의 소명과 은사에 전념하기로 작정했다. 2년 뒤 그는 세계 골프 랭킹에서 16위에 올랐고, 결국 4번의 PGA 우승컵과 호주 마스터스(Australian Masters) 우승컵을 들어올렸다. 그는 15년째 현역으로 뛰고 있는 선수이다. 덕분에 그는 교회 문턱을 넘을 생각이 없는 이들에게 하나님의 메시지를 전할 만한 영향력을 얻었다.

나와 친하게 지내는 알(Al) 목사의 교회에 오래전 성경을 가르치기를 좋아하던 사람이 있었다. 그는 교육 목사가 되기를 원했다. 그런데 그는 자동차를 수리하는 재능도 남달랐다. 그는 그 도시의 다른 지역에 있는 한 대형 교회에서 교육 목사로 일하기로 내정되었다. 그는 알 목사와 점심 식사를 하는 자리에서 이 소식을 알렸다. 그런데 지혜로운 알 목사는 그에게 이런 말을 했다. "당신을 위해 기도하고 있는데 당신은 전임 목회자로 부름을 받지 않았다는 생각을 지울 수가 없네요. 자동차를 다루는 당신의 능력은 누구보다 뛰어납니다."

남자는 목사의 조언을 귀담아듣지 않고 다른 교회로 갔다. 1년 뒤 남자의 삶은 피폐해졌다. 교육 목사로 정식 임명되는 일이 점점 미루어지는 동안 그의 가정은 흔들렸고 재정적으로도 어려움을 겪었다. 어느 주일 하나님은 그에게 이렇게 말씀하셨다. "나는 너를 목사로 부른 적이 없다. 나는 너를 교회에서 성경을 가르치는 자동차 전문가로 불렀다."

남자는 알 목사에게로 돌아와 그의 조언을 듣지 않을 것을 회개했다. 모교회로 돌아온 그는 자동차를 고치는 사업에 다시 집중했다. 어느 날 밤, 하나님은 그에게 자동차의 엔진 문제를 진단하는 컴퓨터를 장착하는 아이디어를 주셨다. 이에 그는 컴퓨터에 정통한 친구와 함께 디지털 엔진 진단 시스템을 개발했다. 이 진단 장비가 엔진을 진단하는 데 소요되는 시간은 시중에 나와 있는 장비들의 4분의 1에 불과했다. 그는 이 독특한 발명품으로 노스캐롤라이나 주 전역에 정비소를 열었다. 나중에 그는 알 목사에게 찾아와 웃으며 말했다. "저는 자동차를 고치는 일로 부름을 받았습니다!"

무엇이 활력을 주는가

하루는 내 조수가 평소에 하는 활동의 '활력 수준'을 기록해 보라고 권했다. 활력을 완전히 갉아먹는 활동은 -2, 활력을 약간 떨어뜨리는 활동은 -1, 약간의 활력을 더해 주는 활동은 +1, 활력을 강하게 일으키는 활동은 +2로 해서 점검해 보라고 했다.

부서 회의, 서류 작업, 여행을 위한 짐 꾸리기처럼 -2나 -1에 해당하는 활동들이 있었다. 몇몇 활동은 +1에 해당했다. 하지만 +2에 해당하는 활동은 두 가지뿐이었다. 그것은 강연과 저술이었다. 결과는 내 예상 밖이었다.

이를 보자 내가 글을 쓸 때는 시간이 가는 줄 모른다는 사실을 깨달았다. 이른 아침에 글을 쓰기 시작해서 시계를 보면 어느새 오후가 되어 있는 경우가 많다. 많은 글을 쓰고 나면 정신적으로 피곤하면서도 활력이 느껴진다.

메시지를 전할 때도 비슷하다. 내가 시간 제약을 두지 않던 시절에는 2시간 넘게 설교하는 일이 다반사였다. 나는 30분 정도밖에 지나지 않았다고 느꼈지만, 청중도 그렇게 느꼈을지는 모를 일이다.

나는 창의성이 뛰어난 아들 알렉(Alec)이 시간 가는 줄 모르고 몇 시간씩 창의적인 작업을 하는 것을 자주 보았다. 녀석은 우리 단체의 창의적인 부서에서 두각을 나타내고 있다. 아내는 여성 모임에서 어울릴 때면 시간 가는 줄 모르고 여성들과 어울린다. 아내는 한껏 수다를 떨고 나면 힘이 솟는다.

앨버트 아인슈타인(Albert Einstein)은 한 번에 몇 시간씩 작업하곤 했다. 육체적으로 기진맥진해지면 그는 철제 쟁반을 잡고 그 손을 무릎 위에 놓은 채 의자에 앉아서 졸았다. 그러다 깊은 잠에 빠지면 쟁반이 손에서 미끄러지며 바닥에 떨어졌다. 쨍그랑 소리가 나면 그는 잠에서 깨어 다시 작업에 몰두했다.

이것이 은사를 판단하기 위한 쉬운 방법 중 하나이다. 진정한 은사를 사용해서 하는 활동은 정신적으로나 육체적으로 피곤할지라도 활력이 솟아난다. 진정한 은사를 발견해서 활용하면 몇 시간의 연습이나 경쟁, 작업이 불과 몇 분처럼 느껴진다. 따라서 스스로에게 물으라. "어떤 활동이 내게 활력을 주고 시간 가는 줄 모르게 만드는가?"

이 질문에 대한 답은 당신의 재능이 어디에 있는지를 잘 보여 주는 지표이다.

무엇에 끌리는가

무엇이 당신의 관심을 사로잡는가? 무엇을 할 때 살아 있는 기분을 느끼는가? 노래할 때 가슴이 부풀어 오르는가? 아무도 노래를 부르지 않는데 혼자만 노래를 부르곤 하는가? 반면, 내게 노래는 노동이다. 노래만 하면 곧바로 피곤해진다. 그래서 노래는 내 은사가 아니다. 자리에 가만히 앉아서 남들과 함께 화음을 맞추는 것이 내게는 고역이다. 나는 직접 노래하는 것에 아무런 관심도 없다. 하지만 내 주변에 노래를 사랑하는 이들도 있다.

어떤 잡지에 흥미를 느끼는가? 어떤 유튜브 동영상에 호기심을 느끼는가? 어떤 취미에 끌리는가? 학교에서 가장 좋아하는 과목은 무엇인가? 서점에 가면 어떤 종류의 책에 주로 눈길이 가는가?

자, 정말 중요한 질문을 하겠다. 돈을 받지 않아도 할 수 있는 것은 무엇인가? 대부분의 프로 운동선수들은 돈을 받지 않아도 자신의 운동을 할 것이다. 우리 아버지는 토요일 아침이면 나를 앞에 앉혀 놓고 증기 기관 같은 기계들이 어떻게 작동하는지 설명하곤 하셨다. 어느 토요일 아침 아버지가 보일러를 그리면서 1시간 넘게 설명하셨던 기억이 난다. 나는 지루해서 연신 하품을 했다. 그때 엔지니어가 내 소명이 아니라는 것을 깨달았어야 했다. 나는 아버지를 너무 사랑해서 도저히 그 시간이 정말 싫다고 말할 수 없었다. 재정적인 안정 때문에 엔지니어의 길을 간 것은 큰 실수였다. 제발 나 같은 실수를 하지 말라. 단순히 돈을 벌기 위해서 직업을 선택했다가 불행하게 사는 사람이 얼마나 많은가.

앞서 말했듯이 오래전 내가 다니던 교회의 사모가 만족할 만큼 월급을 줄 수 없다고 말했을 때 나의 반응은 "상관없습니다!"였다. 나는 이런 종류의 사역에 끌렸기 때문에 재정이 줄어들어도 얼마든지 할 용의가 있었다. 일단 그 일을 시작하고 나자 담임목사와 손님들을 위해 일주일에 70시간을 일하는 것이 전혀 힘들지 않았다. 나를 섬기는 자리로 불러 준 담임목사 부부에게 오히려 내가 돈을 주어야 한다는 말을 자주 했다.

자랑을 한다고 생각하는 독자들이 있을까 봐 이 말은 꽤 망설였다. 하지만 내 동기가 순수하다고 믿어 주길 바라는 마음에서 말하겠다. 처음 사역을 시작했을 때 아내와 나는 책 인쇄를 전부 메신저 인터내셔널에 기부하기로 결심했다. 현재 나는 20권이 넘는 책을 썼고, 책 한 권을 쓰고 편집하는 데 400-450시간이 걸린다. 이는 지금까지 내가 글을 쓰는 데 거의 9천 시간을 들였다는 뜻이다. 주말을 포함해서 하루에 8시간씩 글을 쓰는 작업을 3년 이상 한 셈이다. 요컨대 나는 3년 이상 무보수로 일했다. 그렇게 할 수 있었던 것은 글쓰기가 내 은사요 소명이기 때문이다.

이 일을 계속해서 무보수로 하는 것과 엔지니어로 연봉 20만 달러를 받는 것 중에서 선택하라면 나는 2번 생각할 것도 없이 이 일을 선택할 것이다. 이것이 사도 바울이 다음과 같이 말한 이유이다.

> 나는 보수를 받든 받지 않든 복음의 청지기 직분을 받았다 그렇다면 내
> 상은 어디에 있는가 내 상은 자발적으로 보수 없이 재정적인 지원을 받을
> 권리를 내세우지 않고 사람들의 마음속에 계속해서 복음을 불어넣는 데

있다(고전 9:17-18, TPT).

누구에게 끌리는가

우리가 누구에게 끌리는지를 봐도 우리의 소명과 은사에 관해 많은 것을 알 수 있다. 우리 안에 있는 은사를 일깨우고 활성화시켜 줄 수 있는 사람들이 있다. 자신과 같은 부류를 찾으라. 은사와 소명이 자신과 비슷한 사람들을 찾으라. 그들은 우리가 누구이며 하나님이 우리에게 어떤 은사를 주셨는지 파악하는 데 매우 중요한 사람들이다. 같은 부류는 우리를 받아주고 이해해 주는 사람들이어야 한다.

나는 다른 목사들과 한자리에 앉아서 사역과 하나님의 말씀에 관해 논하기를 좋아한다. 하지만 사업가들을 만나 이야기하는 것도 중요하다. 사역과 사업은 둘 다 나의 강점 분야이다.

사역 단체를 운영하는 것은 사업체를 운영하는 것과 비슷한 면이 많다. 아내와 나는 기업가의 기질을 발휘해야만 했다. 우리가 젊은 시절에는 원하는 것과 같은 사역 단체가 없었다. 모델로 삼을 만한 단체가 전무해서 새로운 길을 개척해야만 했다. 이런 이유로 우리는 기업가들의 도움으로 사역을 위한 더 효율적인 방식들을 찾아낼 수 있었다.

인테리어 설계를 좋아한다면 다른 설계자들과 어울리는 자리가 편하다. 의사라면 다른 의사들과 대화할 때 아이디어가 활력이 솟는다. 음악가라면 다른 음악가들과 어울릴 때 영감이 솟는다. 예를 들자면 끝이 없지만, 어쨌든 자신과 같은 부류를 찾으면 자신의 은사를 발견하고, 심지어 이끌어내는 데 도움이 된다.

다시 말하지만, 하나님과 개인적인 시간을 보내면서 구체적으로 우리를 어떤 일로 부르셨는지 묻는 시간을 갖지 않고 이런 질문만 탐구한다고 정답이 나오지는 않는다. 내가 젊은 시절 대다수 목사들의 말을 그대로 받아들였다면 한 도시를 선택해서 그곳에 교회를 세우고 목사가 되었을 것이다. 나와 아내의 독특한 소명과 은사를 봐 준 사람은 많지 않았다. 하지만 우리가 마음에서 느끼는 방향으로 우리를 이끌어 준 지혜로운 이들이 분명 있었다.

은사를
개발하라

이제 이번 장의 포문을 열었던 구절의 두 번째 부분으로 관심을 돌려 보자. "여러분은 저마다 창조적으로 최선의 삶을 살아야 할 책임이 있습니다"(갈 6:5, 메시지성경). 하나님은 우리 모두에게 삶을 세우고, 그 기초 위에 그분의 나라를 세울 잠재력을 주셨다. 하지만 살다보면 단순히 잠재력을 가지고 있는 것만으로는 부족하다는 현실을 마주할 때가 온다. 잠재력을 실현해아 한다.

인생의 끝에 이르러 우리에게 아직도 내놓을 것이 있다는 사실을 깨닫는다면 얼마나 안타까운가. 심판대에서 우리가 하나님이 맡겨 주신 것을 개발하지 않아 이루지 못한 일, 특히 영향을 미치지 못한 인생들을 보게 된다면 그 후회의 고통은 이루 말할 수 없을 것이다.

지금 결단하라. 아무것도 남지 않게 완벽히 빈손으로 생을 마감하겠다고 다짐하라. 당신 안에 있는 전부를 쏟아 내어 완전히 비우겠다고 결심하라. 세상은 당신이 가진 것, 하나님이 당신에게 주신 은사를 필요로 한다.

하나님이 주신 은사에 관한 흥미로운 통찰이 잠언 18장 16절에 담겨 있다.

사람의 선물(은사)은 그의 길을 넓게 하며 또 존귀한 자 앞으로 그를 인도하느니라.

우리의 은사는 길을 넓히고 존귀한 자 앞으로 인도한다. 여기서 길을 넓힌다는 데는 두 가지 측면이 있다. 첫째, 우리의 은사는 잠재력이 실현될 길을 열어 준다. '현재의 나'에서 '잠재력을 이룬 나'로 갈 길을 열어 준다. 둘째, 우리의 은사는 더 높은 단계로 갈 길을 열어 준다. 높은 단계로 올라갈수록 더 높은 수준의 기술이 필요하다는 점을 명심하라. 이번에도 솔로몬의 글을 보자.

네가 자기의 일에 능숙한 사람을 보았느냐 이러한 사람은 왕 앞에 설 것이요 천한 자 앞에 서지 아니하리라(잠 22:29).

다윗을 생각해 보라. 사무엘상 16장을 보면 사울 왕은 하나님의 영이 떠난 탓에 악령이 시달렸다. 괴로웠던 그는 종들에게 마음을 달래 줄 솜씨 좋은 음악가를 찾아서 데려오라고 명령했다.

그러자 한 종이 대답했다. "베들레헴 사람 이새의 아들이 '솜씨 좋게' 연주하는 것을 보았습니다"(삼상 16:18, AMP). 다윗은 단순히 음악가의 '은사'를 가진 것이 아니라 실제로 '숙련된' 음악가였다. 다윗은 어떻게 해서 '숙련된' 음악가가 되었을까? 은사를 개발했기 때문이다. 덕분에 더 높은 단계로 갈 길이 열렸다.

많은 사람이 은사를 제대로 개발하지 않아 소명의 길에서 더 높은 단계로 올라가지 못하고 있는 것은 아닐까? 은사를 어느 정도까지 개발하느냐가 어느 수준까지 올라가느냐를 결정하는 것은 아닐까?

이전 장에서 인용했던, 바울이 디모데에게 한 말을 다시 보자. 단, 이번에는 AMP 성경으로 그가 영적 아들에게 내린 처방까지 보자.

> 너희가 직접적으로 받은 너희 안의 은사를 경시하지 말라 … 이런 의무를
> 연습하고 기르고 그것들에 관해 숙고하라 (너희의 사역으로서) 이런 의무에
> 전심전력을 다함으로 너희의 발전이 모든 사람에게 분명히 드러나게
> 하라(딤전 4:14-15, AMP).

이 지혜로운 말씀에서 배울 것이 정말 많다. 모든 분야에서 두각을 나타내는 사람들이 있다. 그들을 보면 단순히 특별한 재능을 타고 난 덕분이라고 여기가 쉽다. 실제로 그들은 우리처럼 은사를 타고 났다. 하지만 그들은 거기서 멈추지 않고 그 은사를 열심히 개발했다. 다시 말해, 우리가 직접 눈으로 보지 못했다고 해서 그들이 은사를 개발하기 위해 열심히 노력하지 않은 것이 아니다.

이전 장에서 언급했듯이 바울은 디모데에게 하나님이 주신 은사를 '경시하지' 말라는 경고로 시작한다. 은사에 관심을 제대로 기울이지 않는 것이 곧 경시하는 것이다. 바울은 디모데에게 은사 개발에 온 힘을 쏟아 모든 사람이 그의 발전을 볼 수 있게 하라고 말하면서 '연습하고' '기르고' '숙고함'으로 그렇게 할 수 있다고 설명한다. 이 세 가지를 차례로 간단히 살

펴보자.

연습하라

메리엄-웹스터 사전에 따르면 연습은 "능숙해지기 위해 반복적으로 실행하거나 일하는 것"을 의미한다. 개인적으로 연습을 얼마나 많이 했느냐에 따라 사람들 앞에서 얼마나 잘할지가 결정된다. 언제나 평소 연습한 만큼만 실전에서 할 수 있다. 누군가가 사람들 앞에서 선보이는 눈부신 공연에만 놀라워하고 일관되게 그런 수준을 보일 수 있기까지 수주, 수개월, 수년의 뼈를 깎는 훈련과 노력이 있었다는 사실을 보지 못하기 쉽다.

인간 행동과 성과를 연구하는 과학자들에 따르면 어떤 한 기술에서 능숙해지고 숙달될 때까지 약 만 시간의 연습이 필요하다고 한다. 하지만 플로리다주립대학(Florida State Univsersity)의 K. 안데르스 에릭슨(Anders Ericsson) 교수는 "연습하면 발전한다"라는 기존의 관념에 의문을 제기한다. 그는 발전하겠다는 분명한 의지와 집중력으로 하지 않고 하는 시늉만 해서는 백날 연습해도 실력이 늘지 않는다고 말한다. 그는 실질적인 성장으로 이어지는 연습에 대해 '목적 의식이 있는 연습'(purposeful practice)이란 용어를 만들어 냈다. 그의 말을 들어보자.

> 목적 의식이 있는 연습을 간단하게 정리하자면 이렇다. 안전지대 밖으로 나가되 집중력, 분명한 목표, 그 목표를 이루기 위한 계획, 발전 상황을 점검하기 위한 방법을 갖고 나가는 것이다.[21]

분명한 의도를 갖고 현재의 한계에 부딪히지 않으면 성장하지 못한다.

목적 의식을 품지 않으면 '적당한' 수준에서 안주하기 쉽다. 그러면 게을러지고, 게으름은 우리의 성과에 악영향을 끼치고 더 이상의 배가를 불가능하게 만든다.

특히, 강점이 있는 분야를 개발하면 막대한 배가를 낳을 수 있다. 그렇다고 약한 부분을 보완하거나 새로운 기술을 습득하지 말아야 한다는 뜻은 아니다. 다만 투자 대비 가장 큰 효과를 거둘 수 있는 분야를 집중적으로 공략해야 한다는 뜻이다.

새로운 기술을 습득하는 것도 좋지만 소명이 있는 분야를 경시하지 말라. 요지는 이것이다. 성장은 자동적으로 이루어지지 않는다. 의도성이 필요하다. 꾸준히 연습해서 은사가 있는 분야에서 '숙련된' 사람이 되지 않으면 잠재력을 온전히 실현할 수 없다. 이것이 우리가 개인적인 성장을 위해 노력해야 하는 이유이다. 누구나 큰일을 이루고 싶지만 그러기 위해 필요한 연습을 열심히 하려는 사람은 그리 많지 않다. 연습은 큰 보상을 얻기 위해 치러야 하는 대가이다.

기르라

연습이 실천적인 측면이라면 기르는 것은 교육적인 측면이다. 기른다는(cultivate) 것은 "교육이나 훈련으로 개발하거나 개선하는 것, 성장과 발전을 촉진시키는 것"을 의미한다.[22]

'기르다'라는 단어는 '코치'란 단어를 떠올리게 만든다. 우리 스스로 할 수 없는 건설적인 비판과 지도를 해 주는 코치는 개인적인 성장과 발전에 필수적이다. 자기 분야에서 높은 경지에 이른 사람들은 하나같이 그 과정에서 남들의 코치와 지도를 받았다. 코치의 핵심은 상대방의 잠재력을 보고 거칠게 몰아붙여서라도 그 잠재력을 끌어내 주는 것이다.

코치는 멘토와 멘티, 아버지와 자녀, 어머니와 자녀, 선생과 학생, 감독과 선수, 스승과 도제, 인턴 과정을 통해서 이루어질 수 있고, 우리 주변에 가득한 책이나 훈련 코스, 자료 등을 통해 간접적으로 이루어질 수 있다.

재능이 있는 분야에서 교육을 받기 위한 또 다른 방법은 비슷한 재능을 가진 사람들을 모으는 일이다. 앞서 말했듯이 '자신과 같은 부류'를 찾는 일이다. 재능과 열정이 비슷한 사람들과 함께 있으면 서로 돕고 성장시켜줄 수 있다.

1930년대와 40년대 (잉클링스(Inklings)로 알려진)한 무리의 작가들이 옥스퍼드대학교(University of Oxford) 근처 선술집의 한 방에 모였다. 문학을 사랑하는 이들 중에 C. S. 루이스(Lewis)와 J. R. R. 톨킨(Tolkien)이 있었다. 이 모임의 목적은 각자의 미완성 작품을 읽고 비평하는 것이었다. 바로 이 모임에서 톨킨과 C. S. 루이스는 각각 《반지의 제왕》(The Lord of the Rings)과 《나니아 연대기》(The Chronicles of Narnia)의 영감을 얻었다. 같은 부류의 힘이 얼마나 대단한가!

숙고하라

'숙고하다'는 찬찬히, 깊이 생각하는 것이다. 하던 일을 멈추고 그동안 배운 교훈을 깊이 돌아볼 때만 가능한 종류의 성장이 있다. 자신의 성과와 발전 상황을 솔직히 점검하고 평가하면 관심을 기울이거나 개선해야 할 점을 발견할 수 있다.

내 친구 존 맥스웰은 청중과 독자들에게 '평가된 경험'이 최고의 스승이라는 말을 자주 한다. 자신의 발전 상황을 돌아보면서 코치와 동료들의 피드백을 마음 깊이 새기는 동시에 자신의 은사를 개선하고 활용할 혁신적인 방안에 관해 고민하라. 하나님과 자기 자신에게 적절한 질문들을 던지라. 내가 무엇을 바꾸어야 하는가? 가장 많이 성장해야 할 영역은 무엇인가? 더 관심을 기울어야 하는 영역은 무엇인가? 새로운 단계로 올라서기 위해 무엇을 뚫고나가야 하는가?

반성의 시간은 결코 허비하는 시간이 아니다.

하나도
남기지 말라

마지막으로, 바울이 디모데에게 한 말을 다시 보자.

> 이런 의무를 연습하고 기르고 그것들에 관해 숙고하라. (너희의 사역으로서)
> 이런 의무에 전심전력을 다함으로 너희의 발전이 모든 사람에게 분명히
> 드러나게 하라 (딤전 4:15, AMP).

지금까지 우리가 논한 모든 것에는 하나님이 부르시고 은사를 주신 것에 전심전력을 다해야 한다는 조건이 따른다. 소명은 온전한 헌신을 요구한다. 하나님이 맡기신 일에 전심전력을 다한다면 우리의 발전이 모두에게 분명히 보이고 우리의 잠재력이 배가될 것이다.

우리는 각자 맡은 은사를 잘 관리하고 최선을 다해서 살아갈 책임이 있다. 은사를 얼마나 개발하느냐에 따라 소명의 영역에서 얼마나 발전하고 얼마나 많은 열매를 맺을 수 있는지가 결정된다.

하나뿐인 인생이니 우리가 가진 전부를 쏟아 부어야 한다. 아무것도 남가지 말고 모두 비우자. 자신을 하나님께 돌려 드리는 선물로 온전히 드리자. 이것이 진정한 삶이다. 이렇게 할 때 삶을 온전히 경험할 수 있다.

14장

세상을
바꾸길 원한다면
연합하라

우리를 너희와 함께 그리스도 안에서 굳건하게 하시고 우리에게 기름을 부으신 이는 하나님이시니(고후 1:21)

최근 추수감사절 휴일에 우리 가족은 저녁식탁에 둘러앉았다. 아내는 군침을 흘리지 않고는 배길 수 없는 만찬을 준비했다. 맛있는 식사 후 우리는 기분 좋게 배를 두드리며 즐거운 시간을 보냈다. 문득 아버지로서 뭔가 가족들, 그리고 동참한 몇몇 팀원에게 뭔가 의미 있는 말을 해 주어야 한다는 의무감 비슷한 것을 느꼈다.

속으로 조용히 기도를 드리자 마음속에 할 말이 떠올랐다. "여러분, 이제 제 나이도 60대가 되었습니다. 이쯤에서 뭔가 기억에 남을 만한 말을 해야 할 것 같은 부담감이 오네요. 아내와 나에게 지난 40년 동안 하나님과 동행하면서 했던 가장 중요한 일을 꼽으라면 '꾸준함을 유지한' 것이라고 말하고 싶네요.

사실, 포기하고 싶을 때가 한두 번이 아니었어요. 개인적인 이익을 위해, 혹은 시련 중에 조금이라도 덜 힘들고자 진리를 타협하고 싶을 때도 많았죠. 하지만 우리는 진리를 닻으로 삼아, 아무리 힘든 상황에서도 굳게 부여잡기로 선택했어요.

욥이 고통 중에 한 말은 정말 지혜롭기 짝이 없어요. '그러할지라도 내가 오히려 위로를 받고 그칠 줄 모르는 고통 가운데서도 기뻐하는 것은 내가 거룩하신 이의 말씀을 거역하지 아니하였음이라'. 저는 정말 많이도 실수를 했지요. 그럴 때마다 하나님과 사람 앞에서 재빨리 회개하고 용서를 구했어요. 꾸준히 진리에 순종한 결과, 지금 복을 누리고 있지요. 실로 엄청난 복을 말이에요. 하나님은 정말 은혜로우시죠."

진리에 꾸준히
순종한 결과

진리에 꾸준히 순종한 결과로 찾아오는 큰 복은 '기름부음'이다. 이것을 이해하려면 위대한 즉위식의 현장으로 가야 한다. 그곳에서 성부 하나님은 예수님을 하늘과 땅의 왕으로 즉위시키셨다.

> 주께서 의를 사랑하시고 불법을 미워하셨으니 그러므로 하나님 곧
> 주의 하나님이 즐거움의 기름을 주께 부어 주를 동류들보다 뛰어나게
> 하셨도다(히 1:9).

여기서 "그러므로"라는 단어에 주목하라. 한 가지 핵심 진리를 이해하는 데 이 단어가 중요한 역할을 한다. 예수님은 두 가지 부분에서 변함없는 모습을 보인 결과, 막대한 유익을 낳으셨다. 우리는 그분의 본보기를 기준으로 삼아야 한다. 예수님은 '의'를 사랑하셨다. 여기서 의에 해당하는 헬라어는 '디카이오수네'(dikaiosúne)로, "더 높은 권위의 주장에 대한 순종"으로 정의된다.[23] 동시에 예수님은 '불법'을 미워하셨다. 불법을 '싫어하는' 크리스천이 많지만 그것은 예수님의 마음과 좀 다르다. 예수님은 불법을 미워하신다. 불법에 해당하는 헬라어는 '아노미아'(anomía)로, 본질적인 의미는 "하나님의 권위에 대한 불순종"이다. 예수님은 하나님의 권위를 부정하는 모든 것을 미워하셨다. 예수님이 그 어떤 어려움과 고난 속에서도 변함없이 순종하셨던 것은 그분의 삶에 그 어떤 동류보다 강한 기름부음이 이루어진 이유다.

내가 왜 배가에 관한 책을 '기름부음'에 관한 논의로 마무리할까? 답은

간단하지만 중요하다. 답은, 기름부음은 하나님이 영원한 배가를 위해 주신 능력을 증폭시키기 때문이다. 우리가 은사를 사용해서 하는 일을 원활하게 하는 강화제 정도로 생각하면 편하다.

멋진 목소리로 말하는 사람을 보면 부럽기 짝이 없다. 그런데 별로 매력적이지 않은 목소리로 말하는데 내 마음 깊은 곳을 움직여 변화를 이끌어내는 사람들이 있다. 차이는 '기름부음'에 있다. 알찬 콘텐츠로 메시지를 전하는 사람들이 있는가 하면, 특별한 것도 없는 메시지로 내 마음 깊은 곳을 울려 행동의 변화를 이끌어내는 사람들이 있다. 차이는 '기름부음'에 있다.

정부, 비즈니스, 미술, 교육 등, 어느 분야로 부름을 받았든, 하나님의 모든 종은 기름부음을 받아 같은 효과를 경험할 수 있다. 다윗 왕은 다음과 같이 말했다.

> 그러나 주께서 내 뿔(큰 힘과 큰 은혜의 상징)을 들소의 뿔 같이 높이셨으며 내게 신선한 기름을 부으셨나이다(시 92:10).

이 구절은 많은 것을 말해 준다. 조사를 해 보니 이 구절에 관한 주요한 주석서들은 '들소'가 아닌 "당신은 나를 매우 강하게 만드셨습니다"라는 개념에 더 강조점이 있다는 데 의견을 같이 하고 있다. 기름부음은 기쁨을 가져온다. 하나님은 이것을 '기쁨의 기름'으로 부르시며, 성경에 따르면 이 기름은 우리의 '힘'이다(느 8:10 참조). 사실상 이 시편은 기름부음이 우리를 강하게 한다고 선포하고 있다.

나는 이것이 달란트와 므나 비유에서 보여 주는 중요한 암묵적 사실

중 하나라고 생각한다. 이 사실은, 은사를 배가한 두 종의 노동이 기름부음을 통해 원활해졌다는 것이다. 내가 '암묵적'이란 표현을 사용한 것은 이 사실이 이전의 성경 구절들에서 도출한 것이기 때문이다. 두 종이 배가하기 위해서는 주인의 지시에 끝까지 순종하고 불순종을 미워하는 것이 중요했다. 그렇게 할 때 기름부음이 이루어져 그들의 일이 원활해졌다.

다윗은 기름이 '새로워지는' 것을 말한다. 그렇다. 기름부음은 한 차례의 사건이 아니라 하나님께 꾸준히 순종할 때 계속해서 새로워지는 복이다. 기름부음은 한 번은 받고 나면 끝인 것이 아니다. 삼손은 기름부음을 받았지만 그것을 계속해서 새롭게 유지하지 못했다. 그는 타협하고 불순종했다. 그는 불법을 미워하지 않았다. 하나님이 몇 번은 넘어가 주셨지만 결국 죄는 그를 파멸시켰다. 성경은 다음과 같이 말한다.

> 그의 힘이 없어졌더라 들릴라가 이르되 삼손이여 블레셋 사람이 당신에게
> 들이닥쳤느니라 하니 삼손이 잠을 깨며 이르기를 내가 전과 같이 나가서
> 몸을 떨치리라 하였으나 여호와께서 이미 자기를 떠나신 줄을 깨닫지
> 못하였더라(삿 16:19-20).

삼손은 기름부음이 사라졌다는 사실을 몰랐다. 이것이 다윗이 밧세바로 인해 하나님께 불순종한 뒤 다음과 같이 간절히 기도한 이유이다.

> 하나님이여 내 속에 정한 마음을 창조하시고 내 안에 정직한 영을 새롭게
> 하소서 나를 주 앞에서 쫓아내지 마시며 주의 성령을 내게서 거두지
> 마소서 주의 구원의 즐거움을 내게 회복시켜 주시고 자원하는 심령을 주사

나를 붙드소서(시 51:10-12).

깊은 곳에서 터져 나온 다윗의 부르짖음은 기름부음을 거두어 가시지 말아 달라는 간청이었다. 그리고 그는 그것이 하나님께 '일관되게' 충성하고 순종하는 삶에 달려 있다는 것을 알았다.

기름부음과 그것이 누구에게 주어지는지에 관해서 계속해서 살펴보자. 이번 장의 첫머리에서 소개한 바울의 진술을 다시 보자.

우리를 너희와 함께 그리스도 안에서 굳건하게 하시고 우리에게 기름을
부으신 이는 하나님이시니(고후 1:21).

여기서 "기름을 부으신"에 해당하는 헬라어 단어는 '크리오'(chriō)다. 이 단어의 정의는 "초자연적인 '재가', 축복, 능력과 함께 사람에게 일을 맡기는 것, '기름 붓는 것, 배정하는 것, 임명하는 것'"이다.[24] 이 정의에서 간과하지 말아야 할 핵심 단어들이 있다. '재가'라는 단어는 "행동에 대해 권위자가 허락 혹은 승인하는 것"을 의미한다. 간단히 말해, 기름부음은 '행동해도 좋다는 하나님의 승인'이다. 예수님은 이렇게 말씀하신다. "주의 성령이 내게 임하셨으니 … 내게 기름을 부으시고"(눅 4:18). 이 기름부음은 예수님이 뭔가를 해도 좋다는 하나님의 승인이었다. 사도 바울도 같은 의미로 이렇게 말했다. "하나님이 나사렛 예수에게 성령과 능력을 기름 붓듯 하셨으매 그가 두루 다니시며 선한 일을 행하시고…"(행 10:38). 이번에도 행동에 대한 승인이다.

'크리오'의 또 다른 핵심 요소는 '배정 혹은 임명하다'이다. 하나님의 섬

기는 일에는 언제나 시험 기간이 있다. 배정 혹은 임명받기 전에 먼저 순종의 시험을 통과해야 한다.

8장에서 소개한 마이크의 이야기를 보면 그의 중요한 시험은 하나님이 전 재산인 2백 달러를 내라고 요구하신 것이었다. 나와 아내가 통과해야 했던 시험은 나의 처음 두 책에 아무 출판사도 관심을 보이지 않을 때와 대중의 관심이 거의 없을 때에도 글을 쓰라는 하나님의 명령에 계속해서 순종할지에 관한 시험이었다.

예수님은 "청함을 받은 자는 많되 택함을 입은 자는 적으니라"라는 말씀을 한 번 이상 하셨다(마 20:16, 22:14). 여기서 나는 '많되'라는 단어가 그분께 속한 모든 사람을 지칭한다고 믿는다. 우리 모두는 하나님의 부름을 받았다. '택함'이란 단어는 '임명된'을 의미하며, 안타깝게도 예수님에 따르면 이 숫자는 '적으니라.' 그 이유는 무엇일까? 승인 과정을 거쳐야 하기 때문이다. 다음 구절을 찬찬히 읽어 보라. "그리스도 안에서 인정함을 받은 아벨레에게 문안하라"(롬 16:10).

아벨레는 운명을 향해 가려는 모든 이들과 마찬가지로 시험을 받았다. 그는 그 시험을 통과해 '선택' 혹은 '승인'을 받은 것이 분명하다. 성경에 기록은 없어도 성경의 원칙들을 통해 우리는 아벨레가 기름부음을 받아 은사를 원활히 사용했으리라는 점을 알 수 있다.

부름을 받은 영역에서 때가 되지 않았는데도 스스로 승인하고 성급히 행동하는 이들이 너무도 많다. 하지만 그들이 구해야 할 것은 자신의 승인이 아니라 하나님의 승인이다.

옳다 인정함을 받는 자는 자기를 칭찬하는 자가 아니요 오직 주께서 칭찬하시는 자니라(고후 10:18).

우리 집의 추수감사절 식탁으로 돌아가 보자. 나는 그곳에 모인 가족들과 팀원들이 '꾸준한 순종'(의를 사랑하고 불법을 미워하는 것)이 운명을 이루는 데 매우 중대하다는 사실을 알기를 바랐다. 그것은 변함없이 순종할 때 하나님의 기름부음을 받기 때문이다.

지난 삶을 돌아보면 우리 부부는 매우 힘든 시기에 하나님께 순종했다. 이런 순종이 비생산적으로, 심지어 우리의 성장과 행복, 인기 같은 개인적인 유익에 해로운 것처럼 보일 때가 많았다. 그런 유익에서 점점 더 멀어지는 것만 같았다. 하지만 단기적으로는 불리해 보였던 것이 결과적으로 우리의 운명으로 가는 중요한 문을 여는 열쇠였다.

부름 받은
당신의 임무

'당신은 부름을 받았다.' 당신은 누구 못지않게 부름을 받았다. 심지어 위대한 믿음의 영웅들 못지않게 부름을 받았다. 당신의 소명은 교회 안에 있지 않을 가능성이 높다. 목회자로 부름을 받은 사람은 소수이기 때문이다. 당신은 부름을 받은 영역에서 두각을 나타낼 특권을 받았다.

- 다니엘은 바벨론 정부에서 '두각을 나타냈다'(단 6:3 참조).
- 요셉은 대국인 애굽에서 '두각을 나타냈다'(창 41:39 참조).
- 뵈뵈는 겐그레아에서 복음을 전하는 목사로 '두각을 나타냈다'(롬 16:1

참조).

당신의 소명도 전혀 다르지 않다. '당신은 독특한 은사를 받았다.' 하나님은 당신에게 사명을 이루는 데 필요한 능력을 불어넣으셨다.

브살렐의 작업 팀에 관한 성경의 기록을 눈여겨보라. "브살렐과 오홀리압과 및 마음이 지혜로운 사람 곧 여호와께서 지혜와 총명을 부으사 성소에 쓸 모든 일을 할 줄 알게 하신 자들"(출 36:1). 이들은 모세나 아론처럼 하나님의 말씀을 선포하고 백성을 목회할 능력은 없었다. 하지만 이 장인들은 손으로 성소를 만드는 재주가 있었다.

당신도 하나님이 주신 기술로 그분의 성소를 세울 은사를 받았다. 단, 이 성소는 구약의 성막이나 신약의 성전을 지을 때 사용된 금, 은, 청동, 보석, 해달 가죽, 세마포, 조각목 같은 재료로 만들어지지 않는다. 오늘날 하나님의 성소는 살아 있는 돌들 곧 인간들로 만들어진다. 이 살아 있는 돌들은 세움을 받아 하나님의 처소를 이룬다(벧전 2:5, 엡 2:20-22). 당신은 하나님의 영광을 위해 사람들을 세울 은사를 받았다.

당신은 배가할 능력이 있다. 우리는 하나님이 주시는 은사들의 청지기이며, 우리가 이 은사가 낳은 열매를 배가하여 하나님께 돌려 드리는 것이 그분의 뜻이다. 배가하기 위해서는 하늘의 전략을 구해야 한다. 원칙은 리더들이 가르쳐 줄 수 있다. 하지만 이 독특한 하나님의 전략은 개인적인 것이다. 책이나 교실에서 배울 수 없다.

리더들은 당신이 하나님을 찾고 그분의 음성에 귀를 기울이도록 격려만 할 수 있을 뿐이다. 하찮아 보이는 일에서도 그분께 순종하라. 배가하는 것은 대개 사소해 보인다. 가장 거대한 나무 중 하나로 자라는 것은 모든 씨앗보다 작은 겨자씨라는 사실을 잊지 말라.

당신은 투자를 통해 배가한다. 투자는 다양한 형태를 띠지만, 어쨌든 꼭 움켜쥔 손을 풀면 복의 추수를 누린다. 씨앗이 심겨지지(투자되지) 않은 채로 남아 있으면 하나로 남지만, 투자되면 배가되어 큰 추수로 돌아온다. 그리고 그 추수는 자신의 창고에 쌓아둘 수도 있고 다시 투자할 수도 있다. 투자하기를 멈추지 마라. 투자는 더 큰 열매를 맺기 위한 열매이다.

당신의 촉매는 섬김이다. 당신의 동기가 섬김이 아니라면 원치 않는 상황을 초래한다. 남들의 눈에는 잘나가는 것처럼 보여도 속으로는 열정이 고갈된다. 등불이 계속해서 침침해져만 가다가 꺼지기 직전에 이른다. 하지만 감사하게도 하나님은 꺼져가는 등물을 끄시지 않는다. 하나님은 계속해서 당신을 일깨워 다시 불을 붙여 주려고 하신다(사 42:3). 어떤 일을 하든 섬기고, 위선이 아닌 진심으로 사랑하고, 모든 시련을 이겨 내기 위해 최선을 다하라.

기름부음을 사모하라. 기름부음은 당신을 강하게 해 준다. 기름부음은 영원한 열매를 맺도록 당신의 일에 순풍을 보내 준다. 당신이 부름을 받은 분야에서 강점을 키워 주고 두각을 나타내게 해 준다. 세상 속에서, 심지어 교회 안에서도 하나님이 주신 은사를 이기적으로 혹은 세상적인 목적으로 사용하는 이들이 있다. 기름부음은 그들과 차별되게 해 준다.

믿음을 가져야 한다. 믿음은 하나님이 주신 잠재력을 배가할 유일한 길이다. 믿음이 없으면 "하나님을 기쁘시게 하지 못하나니"(히 11:6). 믿음을 키우려면 하나님의 말씀을 들어야 한다. 성경은 그렇게 말한다. "믿음은 들음에서 나며 들음은 그리스도의 말씀으로 말미암았느니라"(롬 10:17). 듣고 또 듣고 다시 들으면 하나님의 말씀이 마음에 단단히 뿌리를 내린다.

이것이 이 책을 두고두고 읽는 것이 지혜로운 이유이다. 하지만 그냥 읽기만 하지 말라! 책을 내려놓고 이런 진리가 당신에게 어떻게 적용되는지 깊이 묵상하라. 그리고 나서 그에 따라 행동하라. 이 책에서 체계적으로 풀어놓은 하나님의 말씀을 읽고 묵상하고 기도함으로 당신의 영 안으로 불어넣으라. 지금 인생의 생황이 어떠하든 상관없이 당신이 배가로 부름을 받았다는 사실이 믿겨질 때까지 그렇게 하라. 이 확신은 외적인 환경의 소리를 완전히 잠재울 때까지 커져야만 한다.

마지막으로 하나님이 당신의 편이심을 기억하라! 그분은 이렇게 말씀하신다.

> 여호와의 말씀이니라 너희를 향한 나의 생각을 내가 아나니 평안이요
> 재앙이 아니니라 너희에게 미래와 희망을 주는 것이니라(렘 29:11).

성경은 또 이렇게 강조해서 말한다.

> 만일 하나님이 우리를 위하시면 누가 우리를 대적하리요 자기 아들을
> 아끼지 아니하시고 우리 모든 사람을 위하여 내주신 이가 어찌 그 아들과
> 함께 모든 것을 우리에게 주시지 아니하겠느냐(롬 8:31-32).

이런 말씀에 귀를 기울이라. '이 세상의 신' 곧 참소하고 낙심시키는 자에게서 비롯한 부정적인 소리에는 귀를 닫으라. 당신의 창조주는 당신의 아버지이시며, 당신이 부름을 받은 일에서 성공하기를 원하신다.

믿음의 아버지로서 나도 당신의 편이다. 당신이 나보다 더 멀리 가기

를 응원한다. 우리는 같은 왕을 섬기고, 같은 나라의 시민이며, 같은 집안의 식구들이고, 같은 신앙과 같은 사명을 갖고 있다. 그 사명은 바로 하나님이 영원토록 거하실 전을 짓는 일이다.

함께 일하자. 연합하자. 하나님의 영광이 다시 그분의 처소를 가득 채우도록 함께 애쓰자. 세상의 문제들에 대해 다른 해법은 없다. 나는 당신을 사랑한다. 무엇보다도 성부 하나님과 성자 예수 그리스도와 성령이 당신을 깊이 사랑하신다. 그리고 사랑은 영원히 변하지 않는다.

능히 너희를 보호하사 거침이 없게 하시고 너희로 그 영광 앞에 흠이 없이 기쁨으로 서게 하실 이 곧 우리 구주 홀로 하나이신 하나님께 우리 주 예수 그리스도로 말미암아 영광과 위엄과 권력과 권세가 영원 전부터 이제와 영원토록 있을지어다. 아멘.

모두에게
열려 있는
구원

네가 만일 네 입으로 예수를 주로 시인하며 또 하나님께서 그를 죽
은 자 가운데서 살리신 것을 네 마음에 믿으면 구원을 받으리라. 사람
이 마음으로 믿어 의에 이르고 입으로 시인하여 구원에 이르느니라(롬
10:9-10).

하나님은 당신이 온전한 삶을 살기를 원하신다. 하나님은 당신, 그리고 당신을 위해 예비하신 계획에 대해 강한 열정을 품고 계신다. 그런데 당신이 운명으로 가는 여행을 시작할 방법은 하나뿐이다. 그것은 하나님의 아들 예수 그리스도를 통해 구원을 받는 것이다.

하나님은 예수님의 죽음과 부활을 통해 당신이 사랑받는 아들이나 딸로서 그분의 나라에 들어갈 길을 마련해 주셨다. 예수님의 십자가 희생 덕분에 영원하고도 풍성한 삶을 값없이 누릴 수 있게 되었다. 구원은 하나님이 당신에게 주시는 선물이다. 당신은 구원을 받기 위해 뭔가를 할 필요도 없고 할 수도 없다.

이 귀한 선물을 받기 위해 먼저 하나님을 떠나 혼자 살았던 죄를 인정하라. 이 죄가 당신이 지은 모든 죄의 뿌리이기 때문이다. 이 회개는 구원을 받기 위한 필수적인 조건이다. 사도행전을 보면 베드로는 5천 명이 구원을 받던 날 이 점을 분명히 밝혔다. "너희가 회개하고 돌이켜 너희 죄 없이 함을 받으라"(행 3:19). 성경은 우리 모두가 죄의 노예로 태어났다고 선언한다. 이 노예 상태는 고의적인 불순종의 패턴을 시작한 아담의 죄에 뿌리를 두고 있다. 회개는 자신과 거짓의 아비 사탄에게 순종하던 삶에서 당신에게 생명을 내어 주신 새로운 주인 예수 그리스도께 순종하는 삶으로 돌아서는 것이다.

예수님을 당신 삶의 주인으로 모셔야 한다. 예수님을 '주님'으로 삼는 것은 삶(영, 혼, 육체)의 주인 자리를 그분께 내어 드린다는 뜻이다. 그분께 당신의 존재 전체와 당신이 가진 전부를 드리는 것이다. 이렇게 하는 순간, 하나님은 당신을 어둠에서 그분 나라의 빛과 영광 속으로 옮겨 주신다. 이제 당신은 죽음에서 생명으로 이동해 그분의 자녀가 된다!

예수님을 통해 구원을 받고 싶다면 다음과 같이 기도하라.

하늘에 계신 아버지,

제가 당신의 의로운 기준에 미치지 못하는 죄인임을 고백합니다. 죄로 인해 저는 영원한 심판을 받아 마땅합니다. 저를 이 상태로 놔 두지 않으셔서 감사합니다. 당신의 독생자 예수 그리스도를 보내 주심을 믿습니다. 그분은 동정녀 마리아에게 태어나셨고 십자가에서 저의 죄를 대신하여 죽으셨습니다. 그분은 3일째 다시 살아나셔서 제 구주로 당신의 우편에 앉아 계신 줄 믿습니다. 그래서 오늘 당신을 떠나 살았던 과거를 회개하고 제 삶을 온전히 예수님께 바칩니다.

예수님, 당신을 저의 구주로 고백합니다. 당신의 영을 통해 제 삶 속으로 들어와 저를 하나님의 자녀로 변화시켜 주십시오. 지금까지 붙들고 살아온 어두움의 것들을 버립니다. 오늘부터 더 이상 제 자신을 위해 살지 않겠습니다. 저에게 영생을 주시려고 자신을 내어 주신 당신을 위해 살겠습니다. 당신의 은혜로 그렇게 살 수 있는 줄 믿습니다.

주님, 감사합니다. 이제 제 삶은 온전히 당신의 장중에 있습니다. 당신의 말씀에 따라 저는 수치를 당하지 않을 것입니다.

예수님의 이름으로 기도드립니다. 아멘.

하나님의 가족이 된 것을 환영한다! 다른 신자에게 이 기쁜 소식을 알리기를 바란다. 아울러 성경을 믿는 교회에 등록하여 믿음을 키워 줄 다른 신자들과 신앙생활을 하는 것이 중요하다. 이제 당신은 가장 놀라운 여행을 시작했다. 계시와 은혜, 하나님과의 교제 안에서 매일 자라가기를 간절히 기도한다!

이 책의 사용법

이 책에서 당신은 삶의 목적을 찾고 열정에 불을 붙이며 잠재력을 실현시킬 수 있도록 해 줄 성경적인 통찰과 전략을 발견하게 될 것이다. 이어지는 '은사 체크'에는 각 장에서 배운 것을 자신에게 적용할 수 있도록 도와줄 자기 성찰의 질문들이 실려 있다. 하나님이 당신에게 주신 은사를 배가하는 법에 관해서 더 알고 싶은 사람들을 위해서 개인적으로 혹은 그룹 차원에서 사용할 수 있는 동영상 강의, 가이드북, 여타 온라인 자료를 마련했다. 이런 자료뿐 아니라 우리가 마련한 모든 제자 훈련 자료는 www.MessengerX.com에서 찾을 수 있다 지금까지 수백만 명이 우리의 자료를 사용했다. 우리의 목표는 지역과 언어와 경제적 상황에 상관없이 모든 사람이 이 자료를 이용할 수 있게 하는 것이다. 궁금한 것이 있으면 언제라도 나와 메신저 인터내셔널의 우리 팀에 연락하면 성실히 답해 주겠다.

당신을 응원한다.

DISCUSSION QUESTIONS

내 안에 숨은 보물을 발견하다,

은사 체크

LESSON 1
프롤로그

1. 에베소서 2장 10절에 따르면 하나님은 당신이 태어나기도 전에 당신을 위한 것들을 계획하셨다. 이 계획을 알기 위해 노력해 본 적이 있는가? 그것을 발견하기 위한 과정에는 어떤 장애물이 있었는가?

2. 당신은 분명한 목적을 위해 태어났다. 스탠의 이야기에 비추어 당신은 자신의 은사와 능력을 어떻게 보고 있는가? 그것을 하나님 나라의 건설에 중요한 사항으로 보는가? 이니면 스탠처럼 온시의 중요성을 이헤하지 못헸는가?

3. 우리가 하나님의 뜻을 행하면 강해진다. 당신의 믿음을 강하게 하기 위해 어떤 일을 하고 있는가? 현재 하는 일에 열정을 느끼고 있는가? 그렇지 않다면 이유는 무엇인가?

LESSON 2
<u>(1장)</u>

1. 성경적인 은혜는 하나님의 구원 선물만 있는 것이 아니라 우리의 삶을 위해 능력을 주시는 것도 포함된다. 지금까지 하나님의 은혜를 어떻게 보았는가? 이번 장을 읽고 나서 은혜를 보는 시각이 어떻게 달라졌는가?

2. 하나님이 당신을 위해 예비하신 운명을 이루는 것은 당신의 능력 밖에 있다. 왜 하나님은 이것을 이런 식으로 만드셨을까? 어떻게 하면 하나님의 능력 주시는 은혜를 풍성하게 받을 수 있을까?

3. 꽤 많은 하나님의 자녀, 아니 모든 자녀가 은사를 받는가? 당신은 어떤 은사와 능력을 받았는가? 이런 은사가 남들에게 어떻게 유익한가?

LESSON 3
<u>(2장)</u>

1. 성경은 현재의 자신을 솔직히 평가하라고 권고한다. 나는 적절한 때가 오기
   도 전에 사역을 시작하려고 했던 이야기를 나누었다. 어떻게 하면 당신은 나
   와 같은 실수를 피할 수 있을까? 당신은 지금 무엇을 할 은사를 갖고 있는가?

2. 자신의 은사를 알고 그 은사를 사용하는 사람은 행복하다. 다른 누군가의 은
   사를 추구하는 사람은 비참하고 스트레스가 가득하다. 당신의 소명과 다른
   재능을 추구하고 싶었던 직이 있는가? 그렇다면 이유가 무엇이었는가?

3. 우리의 은사는 단순히 건물로 신자들을 모으기 위한 것만이 아니라 우리가
   영향을 미치는 영역을 위한 것이기도 하다. 어떻게 하면 매일의 삶을 하나님
   나라의 건설을 위해 사용할 수 있을까? 당신의 직업적 재능을 하나님 나라의
   목적을 위해 사용할 수 있을까?

1. 이번 장을 읽기 전에 자신을 청지기로 보았는가? 그 이유는 무엇인가?

2. 당신이 받은 은사는 당신을 위한 것이 아니라 당신을 통해 다른 사람에게 주신 것이다. 다시 말해, 당신은 하나님이 다른 사람에게 주시려는 것을 지니고 있다. 이 사실로 볼 때 당신의 은사를 충성스럽게 관리하는 것이 왜 중요한가? 당신이 청지기 직분을 소홀히 하면 어떤 일이 벌어지는가?

3. 당신은 하나님이 주신 은사를 세 가지 방식 중 하나로 사용할 수 있다. 자신의 은사로 하나님 나라를 건설할 수 있다. 자신의 은사로 자신의 유익을 추구할 수 있다. 자신의 은사를 무시할 수도 있다. 즉 사용하지 않을 수 있다. 당신은 재능을 어떻게 사용하고 있는가? 하나님이 주신 것을 관리하는 방식을 어떻게 바꾸어야 하는가?

LESSON 5

<u>(4장)</u>

1. 청지기를 분명히 정의하는 하나의 특징이 있다. 그것은 바로 충성이다. 당신은 지금까지 충성을 어떻게 정의했는가? 이번 장을 읽고 나서 시각이 어떻게 변했는가?

2. 은사의 배가는 내 힘으로 이룰 수 없다. 그것은 하나님의 은혜를 의지할 때만 가능하다. 자신의 힘으로 은사를 배가하려고 애쓰고 있는가? 어떻게 하면 고군분투하는 것이 아니라 쉬면서 은사를 배가할 수 있을까?

3. 하나님은 물질을 반대하시지 않는다. 물질이 우리를 소유하는 것을 반대하실 뿐이다. 우리가 은사를 배가하는 것이 왜 하나님께 중요하다고 생각하는가? 우리의 은사를 배가하는 것이 어떻게 하나님을 영화롭게 하고 남들에게 더 큰 영향을 미치게 하는가?

LESSON 6

(5장)

1. 배가를 낳는 시각을 가지고 있는가? 아니면 현상 유지의 태도를 가지고 있는가? 편하게 살면 그만이라고 생각하는가? 아니면 계속해서 한계에 도전하는가?

2. 게으르고 수동적이면 배가를 이룰 수 없다. 우리는 열심히 일할 뿐 아니라 열정적으로 일해야 한다. 당신은 열심히 일하고 있는가? 그리고 자신의 일에 열정을 품고 있는가? 충분하다 싶은, 혹은 남들보다 나은 성공을 거두고 난 후 안주해 있는가?

3. 나는 글을 쓰기 시작하면서 많은 좌절, 거부, 실망을 경험했다. 하지만 하나님이 시키신 일에 계속해서 순종하다보니 좋은 날들이 찾아왔다. 당신의 삶을 위한 은혜의 자리에 머물러 있는가? 내 이야기를 읽고 좌절과 실망 가운데서도 하나님께 끝까지 순종할 용기가 생겼는가?

LESSON 7

(6장)

1. 좌절감 혹은 불만족은 배가를 위해 우리의 믿음을 자극하는 촉매제 역할을
할 때가 많다. 당신이 삶의 특정한 영역에서 자라도록 하나님이 촉구하고 계
시는가? 그렇다면 그 촉구하심에 어떻게 반응하고 있는가?

2. 개인적으로 자신이 원하는 것이 없어서 불만족을 느끼면 하나님이 기뻐하시
지 않는다. 반면, 남들의 필요와 하나님 나라의 건설을 위한 불만족이라면 하
나님이 기뻐하신다. 당신의 불만족은 둘 중 무엇에서 비롯하고 있는가?

3. 25만 권의 책을 나누어 준 이야기를 생각해 보라. 하나님의 약속을 붙잡고
더 큰 배가를 이루기 위해서 믿음이 중요한 이유는 무엇인가? 모두 다 아니
라고 해도 하나님께 순종하는 것이 왜 중요한가?

1. 하나님의 공급하심이나 개입하심은 전략적 아이디어의 형태로 나타날 때가 많다. 하나님이 주신 아이디어 덕분에 상황이 변한 적이 있는가? 어떤 과정으로 변했는가?

2. 지혜를 받는 것이 가장 중요한 일이다. 지금 인생의 어떤 영역에서 지혜가 필요한가? 하나님의 지혜를 받기 위해 그분께 어떻게 나아가야 할까?

3. 전략적 아이디어는 하나님이 선물이며, 이 아이디어를 받으면 훨씬 더 큰 열매로 가는 문이 열린다. 놀라운 배가가 가능해진다. 아이디어를 받은 뒤에는 어떤 단계들을 밟아야 할까?

LESSON 9

1. 하나님은 당신의 마음속에 사람들을 향한 사랑을 불어넣으셨다. 따라서 당신은 '나누고 섬겨야' 한다. 지금 당신은 어떤 식으로 남들에게 나누고 그들을 섬기고 있는가? 나눔과 섬김의 영역에서 성장할 수 있는 창의적인 방법들이 있을까?

2. 지혜로운 사람은 나눔을 사랑과 섬김의 행위로만 보지 않고 '투자'로 본다. 당신은 나눔과 섬김을 통해 어떤 유형의 투자수익을 기대할 수 있을까? 섬김과 나눔을 투자로 보면 그것들에 대한 태도가 어떻게 변할까?

3. 당신은 '카리스마'와 '금전적 나눔' 모두에서 시험을 받을 것이다. 그런 시험 도중, 추수가 늦어지고 애쓴 만큼 결과가 나타나지 않는 시기를 지날 것이다. 포기하고 싶을 때 어떤 반응을 보여야 할까? 어떻게 하면 낙심하지 않을 수 있을까?

LESSON 10

(9장)

1. 예수님은 섬김이 진정한 위대함으로 가는 길이라고 말씀하신다. 예수님은 섬김을 어떻게 실천하셨는가? 그 섬김의 결과는 무엇인가? 위대함으로 가는 하나님의 길은 세상의 길과 어떻게 다른가?

2. 리브가의 이야기를 생각해 보라. 그녀의 섬김은 어떤 면에서 남달랐는가?

3. 이기적인 동기로도 배가할 수 있지만 그 영향은 영원하지 않다. '얻기' 위해 섬기는 것과 '주기' 위해 섬기는 것이 차이점은 무엇인가? 이타적으로 섬기는 것이 왜 중요한가?

LESSON 11
(10장)

1. 아버지는 개인이나 조직을 이끌고 키우고 문화를 구축하는 사람이다. 그런 의미에서 아버지는 다양한 직책을 지닐 수 있다. CEO, 목사, 소그룹 리더, 부장, 상관, 선생, 감독 등이 아버지이다. 이 외에도 다 열거하자면 끝이 없다. 당신의 삶 속에서는 누가 아버지 역할을 맡고 있는가? 그는 어떤 면에서 당신에게 아버지인가?

2. 충성스러운 아들이나 딸은 아버지의 방식대로 배가하는 사람이다. 당신이 리더의 방식을 따르는 것이 왜 중요한가? 왜 그렇게 해야 조직 내에 비전, 방식, 문화의 불일치가 나타나지 않을까?

3. 남에게 속한 것을 배가하려면 자신을 번식시켜야 한다. 당신과 비슷한 은사를 가진 사람들을 찾아서 당신이 배운 지혜와 방식을 가르치고 있는가? 남들이 당신처럼 할 수 있도록 키우고 있는가? 그렇지 않다면 그런 일을 어떻게 시작할 수 있을까?

LESSON 12

1. 두려움은 언제나 하나님의 성품을 모르는 데서 비롯한다. 하나님의 본성에 대한 잘못된 시각이 당신의 은사와 소명을 관리하는 데 어떤 영향을 미쳤는가?

2. 자신을 하나님께 온전히 드리고 그분의 말씀에 순종하며 살면 그분과의 진정한 관계가 가능해진다. 당신이 하나님과 그런 관계로 나아가지 못하도록 방해하는 마음가짐이나 행동이 있는가?

3. '하나님을 겁내는 것'과 '하나님을 두려워하는 것' 사이에는 큰 차이가 있다. 그 차이는 무엇인가? 하나님을 두려워하는 것이 그분을 친밀히 아는 데 왜 중요한가?

LESSON 13

1. 두려움은 많은 꿈을 훔쳐간 도둑이다. 두려움은 소리 없이 찾아와 우리의 삶을 지배하며, 일단 그 마수에 붙잡히면 삶이 지독히 괴로워진다. 이 두려움을 제대로 다루지 않으면 우리의 운명이 바뀐다. 두려움이 어떤 식으로 당신의 운명을 바꾸려고 시도했는가?

2. 디모데는 자신의 은사를 경시하지 말라는 질책을 들었다. 자신의 은사를 경시하는 것이 왜 위험한가? 이번 장에서 규명한 이유들 중, 은사를 경시하는 어떤 이유가 가장 피부에 와닿는가? 이유는 무엇인가?

3. 두려움은 영이다. 당신은 이 영을 어떤 식으로 맞닥뜨렸는가? 이 영을 어떻게 극복하고 무찔러야 하는가?

LESSON 14

(13장)

1. 소명과 은사를 발견하기 위한 정해진 공식은 없다. 자신이 무엇을 잘하는지
   발견하는 데 도움이 되는 자료가 많지만, 자신의 소명과 은사를 찾기 위해서
   는 창조주의 도움이 필요하다. 소명과 은사에 관한 통찰을 달라고 하나님께
   요청해 본 적이 있는가? 하나님이 무엇을 보여 주셨는가?

2. 자신의 소명을 찾으면서 자신(그리고 남들)에게 질문을 던져야 한다. 질문은 탐
   색 과정에 필수적이다. 믿을 만한 사람들을 찾아 당신에게서 무엇이 보이는
   지 물으라.

3. 단순히 잠재력을 갖고 있는 것만으로는 부족하다. 그 잠재력을 실현해야 한
   다. 은사를 개발하는 것이 왜 중요한가? 은사를 의도적으로 키우고 개발하면
   어떤 일이 벌어지는가?

LESSON 15

(14장)

1. 기름부음은 하나님이 영원한 배가를 위해 주신 능력을 증폭시킨다. 기름부음을 어떻게 기를 수 있는가? 기름부음은 은사를 발휘하는 데 어떤 영향을 미치는가?

2. 어떻게 하면 당신의 삶 속에서 기름부음이 새로워질 수 있을까? 기름부음을 당연하게 여기면 어떤 일이 벌어지는가?

3. 당신은 인생의 어떤 영역으로 부름을 받았는가? 그 영역에서 기름부음이 어떻게 당신으로 하여금 두각을 나타나게 해 줄 수 있을까?

1. Zodhiates, Spiros. *The Complete Word Study Dictionary: New Testament*. Chattanooga, TN: AMG Publishers, 2000.

2. Arndt, William, Frederick W. Danker, and Walter Bauer. *A Greek–English Lexicon of the New Testament and Other Early Christian Literature*. Chicago: University of Chicago Press, 2000.

3. Louw, Johannes P., and Eugene Albert Nida. *Greek–English Lexicon of the New Testament: Based on Semantic Domains*. New York: United Bible Societies, 1996.

4. Louw, Johannes P., and Eugene Albert Nida. *Greek–English Lexicon of the New Testament: Based on Semantic Domains*. New York: United Bible Societies, 1996.

5. Louw, Johannes P., and Eugene Albert Nida. *Greek–English Lexicon of the New Testament: Based on Semantic Domains*. New York: United Bible Societies, 1996, and Zodhiates, Spiros. *The Complete Word Study Dictionary: New Testament*. Chattanooga, TN: AMG Publishers, 2000.

6. Zodhiates, Spiros. *The Complete Word Study Dictionary: New Testament*. Chattanooga, TN: AMG Publishers, 2000.

7. Louw, Johannes P., and Eugene Albert Nida. *Greek-English Lexicon of the New Testament: Based on Semantic Domains*. New York: United Bible Societies, 1996.

8. Zodhiates, Spiros. *The Complete Word Study Dictionary: New Testament*. Chattanooga, TN: AMG Publishers, 2000.

9. Louw, Johannes P., and Eugene Albert Nida. *Greek–English Lexicon of the New Testament: Based on Semantic Domains*. New York: United Bible Societies, 1996.

10. Louw, Johannes P., and Eugene Albert Nida. *Greek–English Lexicon of the New Testament: Based on Semantic Domains.* New York: United Bible Societies, 1996.

11. "Enthusiasm." Merriam-Webster.com. 2020년 3월 18일 확인. https://www.merriam-webster.com/dictionary/enthusiasm.

12. "Breakthrough." Dictionary.com. 2020년 5월 5일 확인. https://www.dictionary.com/browse/breakthrough.

13. Baker, Warren, and Eugene E. Carpenter. *The Complete Word Study Dictionary: Old Testament.* Chattanooga, TN: AMG Publishers, 2003.

14. Zodhiates, Spiros. *The Complete Word Study Dictionary: New Testament.* Chattanooga, TN: AMG Publishers, 2000.

15. https://www.barna.com/research/digital-babylon/. 2020년 1월 10일 확인.

16. Zodhiates, Spiros. *The Complete Word Study Dictionary: New Testament.* Chattanooga, TN: AMG Publishers, 2000.

17. Louw, Johannes P., and Eugene Albert Nida. *Greek–English Lexicon of the New Testament: Based on Semantic Domains.* New York: United Bible Societies, 1996.

18. Myles Munroe, *Maximizing Your Potential* Expanded Edition, Kindle. Shippensburg, PA: Destiny Image, 2013, 145.

19. Zodhiates, Spiros. *The Complete Word Study Dictionary: New Testament.* Chattanooga, TN: AMG Publishers, 2000.

20. Arndt, William, Frederick W. Danker, Walter Bauer, and F. Wilbur Gingrich. *A Greek—English Lexicon of the New Testament and Other Early Christian Literature.* Chicago: University of Chicago Press, 2000.

21. Anders Ericsson, *Peak: Secrets from the New Science of Expertise.* New York: Houghton Mifflin Harcourt, 2016, 22. 안데르스 에릭슨, 《1만 시간의 재발견》(비즈니스북스 역간).

22. "Cultivate." Dictionary.com. 2020년 2월 1일 확인. https://www.dictionary.com/browse/cultivate.

23. Zodhiates, Spiros. *The Complete Word Study Dictionary: New Testament.* Chattanooga, TN: AMG Publishers, 2000.

24. Louw, Johannes P., and Eugene Albert Nida. *Greek–English Lexicon of the New Testament: Based on Semantic Domains.* New York: United Bible Societies, 1996.